浙江省软科学研究计划重点项目（2017C25018）
教育部人文社会科学研究规划基金项目（15YJA630039）
浙江省哲学社会科学规划课题（18NDJC226YB）　　　资助出版
浙江省高校重大人文社科项目攻关计划项目（2016QN039）
浙江省高等学校中青年学科带头人培养计划
浙江科技学院"科大青年英才"培养计划

高能级科技
创新平台研究

——杭州城西科创大走廊的案例分析

刘洪民　孟　祺　著

中国财经出版传媒集团
中国财政经济出版社

图书在版编目（CIP）数据

高能级科技创新平台研究：杭州城西科创大走廊的案例分析／刘洪民，孟祺著 .—北京：中国财政经济出版社，2019.3

ISBN 978-7-5095-8838-3

Ⅰ.①高… Ⅱ.①刘… ②孟… Ⅲ.①技术革新-案例-杭州 Ⅳ.①F124.3

中国版本图书馆CIP数据核字（2019）第037021号

责任编辑：彭　波　　　　责任印制：刘春年
封面设计：卜建辰　　　　责任校对：黄亚青

中国财政经济出版社 出版

URL：http：//www.cfeph.cn
E-mail：cfeph@cfemg.cn

（版权所有　翻印必究）

社址：北京市海淀区阜成路甲28号　邮政编码：100142
营销中心电话：010-88191537
北京财经印刷厂印装　各地新华书店经销
710×1000毫米　16开　18.5印张　300 000字
2019年3月第1版　2019年3月北京第1次印刷
定价：68.00元
ISBN 978-7-5095-8838-3
（图书出现印装问题，本社负责调换）
本社质量投诉电话：010-88190744
打击盗版举报热线：010-88191661　QQ：2242791300

前言
Foreword

　　创新驱动和发展无疑是当今时代的最强音。《浙江省国民经济和社会发展第十三个五年规划纲要》提出要聚力建设区域创新平台和载体，全力打造具有重要影响力的科创中心，加快建设高能级科创平台。高能级科技创新平台作为支撑浙江创新驱动的重要载体和核心力量，在浙江科技、经济与社会发展中发挥着极其重要的作用。特别是近年来，科技创新平台建设以前所未有的力度和速度，成为浙江"互联网＋"世界科技创新高地行动计划的重要支撑。杭州、宁波温州国家自主创新示范区先后在2015年和2018年获批，两大重大创新平台成为推动浙江高质量发展的新引擎。杭州城西科创大走廊，作为浙江"面向未来、决胜未来"的重大战略部署，自2016年建设伊始，这条长约33公里，平均宽约6.8公里，汇集浙大紫金港校区、阿里巴巴、未来科技城、之江实验室、西湖大学、梦想小镇、青山湖科技城、浙江农林大学……，规划总面积约224平方公里的创新生态廊道，就被人寄予了"中国硅谷"的厚望。目前科创大走廊已聚集杭州40%以上的独角兽企业，成为名副其实的杭州创业创新高地。本书以杭州城西科创大走廊为案例对象，对深入探讨高能级科技创新平台建设的创新规律和政策走向具有重要意义。

　　我国40年科技改革的成就是多方面的，最根本、最基础的成就之一，就是创新生态的改善。正如《科技日报》改革开放40周年评论所载，良好的创新生态，是最为有效的创新政策。通过杭州城西科创大走廊这一高能级科技创新平台创新生态系统的试验区和政府生态化治理创新政策的改革实践，从生态系统角度去设计创新驱动发展相匹配的制度，为国家自主创新示范区实施政府内的组织创新与流程再造，形成内部管理的"创新生态"，并为加快政府创新管理的能力迁移积累经验和可以推广的政策措施，无疑凸显出强烈的时代意义。杭州城西科创大走廊被称为"中国硅谷"的最有力竞争者之一。作为最典型的新经济集聚地区和高能级科创平台的代表，硅谷在加州1%的土地上汇聚了1/10的人口，聚集了逾16600家高科技公司，加州将近一半的企业并购发生在硅谷，硅谷还吸引了3/4的风投和4/5的天使投资，是美国乃至全球知识、技术与资金的集散地（陈鑫等，2015）。但与此同时，我们对标的对象也正经历着深度变革。2018年9月，《经济学人》（The Economist）杂志发表了"*A victim of its own success：Silicon Valley is changing，and its lead over other tech hubs narrowing*"一文，深度分析了硅谷这一全球科技创新中心正在发生的变化。文章认为硅谷领先优势正在失去，巨大的成功背后，正逐步浮现出一系列深层次问题：第一，旧金山湾区成为美国生活成本最高的地区；第二，节节高升的薪酬和商务成本限制企业发展；第三，"自给自足"的文化正在切断人才流动；第四，大量替代型的创新城市正在崛起；第五，形成了初创中小企业难以发展壮大的生态；第六，分布式创新模式不再需要集中一处办公；第七，受到限制移民等一系列问题的困扰。硅谷的创新成功之道值得持续学习，但发展中的问题也给杭州城西科创大走廊和其他区域高能级科技创新平台建设更多的启示和借鉴，希望本书的探索能尽绵薄之力。

本书按照高能级科技创新平台基础篇、战略篇、创新生态篇、产融协同篇的内在逻辑框架和之间的内在深层关系，在以下几个方面取得了一定研究成果。一是阐述了高能级科创平台的内涵以及基于新兴信息技术的平台生态化治理的特征，从不同的视角探讨了高能级科创平台的体系结构与运营模式。从企业级科创平台、产业链级科创平台和生态级科创平台三个层次体系构建了高能级科技创新平台的总体框架。从产业公共技术服务平台的维度，解析了平台的内涵、基本功能、系统架构、运行机制架构和知识管理流程。从产业集群区域创新集成和交易平台的维度，探讨了平台设计的原则、功能模块和总体结构设计。二是全方位论述了高能级科创平台的战略管理，构建了包括协同创新进展显示板、风险演变显示板、项目组合管理显示板、合作网络演变显示板以及合作界面环境显示板的可视化战略信息监控平台,从技术环境监控的关键活动特征、技术环境监控的主要模式、战略技术监控体系三方面探讨了高能级科创平台的技术环境监控系统,基于SWOT战略分析的基本框架分析了科创大走廊建设成为全球领先的信息经济科创中心的战略态势。三是基于创新生态视角,分析了创新位势、网络交互度与区域创新能力之间的关系,从平台产业集群的治理与创新模式、技术创新优势区域创新知识市场等三个方面剖析了产业集群治理与创新生态,基于三螺旋及创新生态系统理论提出了杭州城西科创大走廊创新生态体系建设的科学架构。四是从目标协同、动力协同、行为协同、政策协同等四个维度阐述了产融协同创新的理论,并分析了科创大走廊产融协同创新中心的应用场景。

本书由浙江科技学院刘洪民、孟祺共同撰写完成,刘洪民提出总体写作方案并对全书统一审定。研究生刘炜炜参与了部分章节的撰写和部分资料的搜集、校对工作。

本书作者在围绕高能级科创平台主题研究过程中,陆续从各自的研究成果中整理出多篇学术论文,分别发表在《科研管理》《科技进步与对策》《科技管理研究》《技术经济与管理研究》《科学管理研究》等期刊上,它们也构成了本书相关章节内容的一部分。

本书的出版得到浙江省软科学研究计划重点项目(2017C25018)、教育部人文社会科学研究规划基金项目(15YJA630039)、浙江省哲学社会科学规划课题(18NDJC226YB)、浙江省高校重大人文社科项目攻关计划项目(2016QN039)、浙江省高等学校中青年学科带头人培养计划、浙江科技学院"科大青年英才"培养计划资助。项目研究过程中许多领导、专家和同事给予了大力支持,中国财政经济出版社的编辑更是给予了通力合作,在此作者一并表示感谢!

由于作者水平有限,加之高能级科创平台研究是一项综合性较强的新课题,所分析的案例——杭州城西科创大走廊本身正处于快速发展期,科创大走廊从提出建设到现在也不过两年多时间,可供借鉴的经验尚比较缺乏,本书只是进行了一些探索性研究,难免存在诸多不足和遗憾之处,还请各位专家和读者批评指正,便于我们在后续的研究工作中不断加以改进。

刘洪民
2019年元月于杭州小和山

目录
Content

第一篇　基础篇

第一章　绪论 …………………………………………………………… 3

 第一节　本书研究的目的和意义 ………………………………… 3
 第二节　国内外相关研究及文献述评 …………………………… 5
 第三节　本书的结构安排和逻辑主线 …………………………… 12
 第四节　杭州城西科创大走廊案例的基本情况 ………………… 15

第二章　高能级科创平台的内涵与生态化治理 ……………………… 23

 第一节　高能级科创平台的内涵特征 …………………………… 23
 第二节　基于新兴信息技术的平台生态化治理 ………………… 33

第三章　高能级科创平台的体系架构 ………………………………… 43

 第一节　高能级科创平台的总体架构 …………………………… 43
 第二节　产业公共技术服务平台 ………………………………… 46
 第三节　产业集群区域创新集成和交易平台 …………………… 52

第四章　高能级科创平台建设主体与运营模式 ……………………… 65

 第一节　高能级科创平台生态圈及角色分布 …………………… 65
 第二节　高能级科创平台的建设运营模式 ……………………… 80

第二篇　战略篇

第五章　基于协同创新的高能级科创平台的战略管理 …………… 87
第一节　平台的风险预控与组合管理 ………………………… 87
第二节　平台合作网络的变化与控制 ………………………… 93
第三节　平台合作界面环境的评估与优化 …………………… 96

第六章　高能级科创平台技术环境监控系统 …………………… 100
第一节　技术环境监控的关键活动特征 ……………………… 100
第二节　技术环境监控的主要模式及绩效 …………………… 108
第三节　平台的战略技术监控体系 …………………………… 114

第七章　科创大走廊建设全球信息经济科创中心的战略分析 …… 127
第一节　研究设计 ……………………………………………… 127
第二节　杭州城西科创大走廊的 SWOT 分析 ……………… 129
第三节　基于 AHP 和 Delphi 法的区域竞争力量化评价 …… 135

第三篇　创新生态篇

第八章　创新位势、网络交互度与区域创新能力 ………………… 143
第一节　基本概念 ……………………………………………… 143
第二节　网络交互能力影响城市创新能力的机理 …………… 148
第三节　创新网络位势、网络交互能力对城市创新能力影响的
　　　　 实证分析 ……………………………………………… 160
第四节　嵌入全球创新网络提升创新能力的案例研究 ……… 165

第九章　高能级科创平台产业集群治理与创新 …………………… 172
第一节　平台产业集群的治理与创新模式 …………………… 172

第二节　产业集群创新平台的构成要素……………………… 182
　　第三节　平台产业集群的技术创新优势……………………… 185
　　第四节　平台产业集群区域创新知识市场…………………… 193

第十章　科创大走廊创新生态系统建设……………………………… 196
　　第一节　区域创新生态系统建设的理论基础和发展实践…… 196
　　第二节　科创大走廊创新生态体系的基本架构及主要问题… 206
　　第三节　创新生态系统的框架构建及主体创新活动分析…… 209
　　第四节　基于创新生态系统建设的生态化治理的对策建议… 215

第四篇　产融协同篇

第十一章　金融与全球科创中心建设的国际经验…………………… 223
第十二章　产业和金融的协同创新…………………………………… 236
第十三章　科创大走廊产融协同创新的应用场景…………………… 248

第五篇　研究结论

第十四章　基础篇的研究结论………………………………………… 255
第十五章　战略篇的研究结论………………………………………… 257
第十六章　创新生态篇的研究结论…………………………………… 259
第十七章　产融协同篇的研究结论…………………………………… 261

参考文献………………………………………………………………… 263
附录……………………………………………………………………… 278

第一篇

基础篇

高能级科技创新平台作为支撑创新驱动的重要载体和核心力量，在区域科技、经济与社会发展中发挥着极其重要的作用。杭州城西科创大走廊这一重大高能级科技创新平台，作为浙江"面向未来、决胜未来"的重大战略部署，自2016年建设以来，通过着力打造"基础创新—种子仓—孵化器—加速器—中试基地—产业园"创新创业闭环，在热带雨林式的创新创业生态建设方面已初见成效。因此，迫切需要围绕集聚建设高能级科技创新平台展开相关理论研究。同时，基于杭州城西科创大走廊作为案例分析对象，也具有重要的现实意义。作为全书的开篇，基础篇主要就高能级科创平台的基本内涵与生态化治理、高能级科创平台的体系架构、高能级科创平台建设主体与运营模式等展开研究分析。

第一章 绪 论

本章作为全书的开篇,首先分析了本书研究的基本理论价值和应用价值;其次就科技创新平台、创新生态系统、生态化治理、产融协同等相关研究主题进行了国内外的文献梳理和评述;再其次从高能级科技创新平台的基础篇、战略篇、创新生态篇及产融协同篇等四个维度阐述了本书的结构安排和逻辑主线;最后对本书所分析的案例对象——杭州城西科创大走廊的基本情况进行了介绍。

第一节 本书研究的目的和意义

高能级科技创新平台无疑是区域产业经济提升、区域经济发展以及科学技术进步的重要环节。《浙江省国民经济和社会发展第十三个五年规划纲要》(以下简称《纲要》)把创新驱动列为首位战略。《纲要》提出要聚力建设区域创新平台和载体,全力打造具有重要影响力的科创中心,加快建设高能级科创平台。"十三五"是浙江省强化创新驱动、完成新旧发展动力转换的关键期,是优化经济结构、全面提升产业竞争力的关键期,是加强制度供给、实现治理体系和治理能力现代化的关键期。浙江省委省政府明确提出了"全面推进创新发展,加快经济转型升级,坚持把创新摆在发展全局的核心位置,把创新驱动列为首位战略,加快形成以创新为引领和支撑的经济体系和发展模式"的要求。高能级科技创新平台作为支撑浙江创新驱动的重要载体和核心力量,在浙江科技、经济与社会发展中发挥着极其重要的作用。特别是近年来,科技创新平台建设以前所未有的力度和速度,成为浙江"互联网+"世界科技创新高地行动计划的重要支撑。杭州、宁波温州国家自主创新示范区先后在2015年和2018年获批，两大重大创新平台成为推动浙江高质量发展的新引擎。

面对更加激烈的国内外科技与经济竞争，国内主要发达地区都已将建设一流的科技创新平台作为实现跨越式发展的战略举措，如上海市加快建设具有全球影响力的科技创新中心的战略部署等。针对浙江省"十三五"时期的特殊关键期和创新的新要求，必须强化创新极核功能，集聚建设高能级科技创新平台。从区域创新系统的视角看，省域层面需要一个能带动全省创新驱动的示范性高能级科创平台；地域层面也需要有一个能带动各地产业创新发展的高能级科创平台，这就要求从浙江全省和地方等层面构建布局合理的各类高能级科创平台。从传统产业转型升级的视角看，当前浙江省产业结构正在进行深度调整，原来支撑块状经济发展的要素已不再具有优势，传统产业要走向中高端，必须全面重组生产要素，需要新的思路和新的战略平台。从新兴产业培育的视角看，战略性新兴产业的灵魂是技术创新，浙江省重点发展的九大战略性新兴产业如新一代信息技术产业、新能源产业、节能环保产业、高端装备制造业等领域在关键技术、核心技术上亟待突破，亟须高能级科技创新平台的支撑。与此同时，随着新兴信息技术的发展与运用，以互联网、大数据、云计算等技术为支撑的平台已在多个方面演进和创新，全球范围内一批用户基数庞大、技术积累丰富、资金实力雄厚的平台型企业纷纷涌现，新兴平台特征相较于传统的平台发生了颠覆性变革，给平台的治理带来了很大挑战。良好的创新生态，是最为有效的创新政策。以创新生态作为政策工具，从生态系统角度去设计创新驱动发展相匹配的制度是新时代对政府治理的新要求。在此大的背景下，集聚建设高能级科技创新平台并加强高能级科创平台相关软科学的理论和对策研究，显得尤为及时并附有战略性，也凸显了本书的重要理论价值和应用价值。一方面是对中国情境下产业集聚及科技创新平台治理机制的探索和发展，另一方面是从应用层面提高我国及地方区域科技创新平台建设的科学性。

第一，中国情境下创新平台集聚模式和创新集聚治理机制的探索。在对创新集聚内涵、特征界定的基础上，借鉴国外创新平台集聚建设经验，结合我国转型发展的特殊背景和浙江省创新驱动发展的实际，明确浙江省创新集聚大平台的思路和途径，提出适合浙江发展的科创大平台创新集聚建设模式和治理机制，为政府、科创平台、企业等不同主体制订相关规划和决策提供理论依据。

第二，提高区域科技创新平台创新政策体系的科学性，为打造全国创业创新生态的先行区和最优区提供借鉴。通过杭州城西科创大走廊这一高能级科技创新平台创新生态系统的试验区和政府生态化治理创新政策的改革实践，从生态系统角度去设计创新驱动发展相匹配的制度，为国家自主创新示范区实施政府部门内的组织创新与流程再造，形成内部管理的"创新生态"并加快政府创新管理的能力迁移积累经验和可推广的政策措施。

第二节 国内外相关研究及文献述评

基于本书研究主题的需要，将与本书密切相关的国内外研究文献分为三部分进行梳理和评述：科技创新平台、创新生态系统及生态化治理。

一、科技创新平台研究现状

平台建设是科技创新的基础能力建设，是一项具有基础性、战略性的科技工作。从现有研究来看，国外在创新平台方面的研究较为丰富，如Johnson和Ravipreet（2003）、Maura和Rodney（2008）等，但多集中于对某类平台的分析，极少从区域科技与经济发展的高度出发对其进行整合研究。国内学者已经注意到了这些现象，如郝立勤等（2006）、李立等（2007）等，但还仅局限于相关政策的探讨，尤其在平台空间布局方面，尚未给出具体的选择思路。

科技创新平台是公共服务平台的一种应用类型，国内公共服务平台的研究已较丰富。这些研究可大致分为综述评论性研究（桂萍，2008）、方法路径研究（郑旭，2012）及行业应用研究（肖君，2013；陈家宽，2012）三个大类。科技创新平台的研究是基于公共服务平台研究的细化和深入，呈现了鲜明的科技创新平台发展路径与特色。李啸（2008）考察和总结浙江科技创新平台建设的问题和经验,建议科技平台建设应面向社会并扩大平台开放度;薛捷(2008)对比分析广东省10个典型专业镇科技创新平台的建设案例,归纳了三种科技创新平台建设模式,使科技平台建设研究具有了较规范的模式经验。相对于这类选择从实践到理论、从微观到宏观的研究,许强(2010)、孙庆(2010)选择不同视角界定公共科技创新平台的组织性质,并具体阐述平台中企业、科研机构、高校和政府的角色定位。在此基础上,具体分析平台创新过程中部门间相互影响、平台内技术流动和溢出及其创新关系,从而提出如何进一步提升平台效率的相关建议。

另外,随着我国各地区创新平台建设的兴起,有关区域创新平台的研究也逐渐升温,并取得了一定的研究成果。例如,王雪原(2011)等通过对创新平台的形式、功能、服务对象以及运行方式等分析,揭示了创新平台的本质;龚丽敏(2012)等通过关注产业集群内部的创新平台,发现了产业集群特征、创新平台治理模式与功能定位的一般匹配模式;张振刚等(2008)定义了产业集群共性技术创新平台,并基于政府视角将其分为政府主导、政府合作与政府鼓励三类。丛海彬等(2015)对浙江省区域创新平台空间分布特征及其影响因素进行了专题探讨,其运用核密度估计、探索性空间分析、地理探测器等方法,分析了浙江省区域创新平台空间分布与聚类特征及其影响因素,结果表明,近年来,浙江省区域创新平台数量整体呈现"南少北多"的不均匀分布态势;区域创新平台核密度空间分布,存在显著的南北差异,总体表现为浙北地区大面积、连片的核分布与浙南地区小规模、零星的核分布并存;浙江省区域创新平台存在明显的空间集聚分布特征,环杭州湾地区为空间热点与核心区域;空间分异的主要影响因素为政府财政支持、科研人员投入与教育事业投入等。

吴越和宋思远(2018)以阿里巴巴西溪园区、海创园首期与梦想小镇为例,对杭州城西科创大走廊"互联网+"新兴产业园区空间形态对比进行了研究,认为杭州城西科创大走廊实践中已出现启发性的产业园区混合模式探索,其中包含单一企业巨型园区、中小企业孵化园区、"特色小镇"等模式萌芽。杭州城西科创大走廊不同于以往硅谷的单一园区模式,其中包含着巨型企业单一园区(如阿里巴巴西溪园区)、中小型标准孵化园区(如未来科技城海创园)以及代表目前中国城市建设新思路的小尺度园区梦想小镇，是具有高度混合性的城市区域，能够激发蓬勃的创新创业活力。与此同时，混合性提供了不可多得的探索未来园区模式的样板。

二、创新生态系统研究现状

当前，创新生态系统作为全球化经济变革时代创新创业的重要基础，日益受到研究学者的重视，相关研究主要从创新生态系统理论、创新生态系统的主要影响因素、创新生态系统的运行与演化等三个方面来展开。

（一）创新生态系统理论

创新生态系统的概念最先是由美国竞争力委员会在《创新美国——挑战与变革》报告中提出，其核心是追求创建创新型和技术领导型的国家。由于创新生态系统是由多层次结构所组成，因此学者对于创新生态系统的研究也主要从国家创新系统、区域创新系统、产业创新系统和企业创新系统展开。在现有相关研究中，国家创新生态系统属于宏观层面；区域、产业创新生态系统属于中观层面；企业创新生态系统则属于微观层面。微观、中观和宏观层面的创新生态系统的文献分别研究了产品与服务、技术创新能力的产生和演化过程，反映了创新表现形式由具体向抽象转化，其系统结构则是由表层转向深层。

（1）国家创新生态系统。对于国家创新生态系统的概念，现阶段并没有相对统一的表述，比较有代表性的是 Jackson 提出的"国家创新生态系统是以技术发展与创新为目标的参与者形成的动态经济关系"。有关国家创新生态系统的研究，多数集中于概念、运行模式和激励措施等领域。对于国家层面创新生态系统的研究，国内学者涉猎不多，任雪萍、黄志斌（2008）以及曹建东（2008）等少许学者从生态学的视野来审视国家创新体系。

（2）区域创新生态系统。Cooke 教授在对创新系统相关理论总结和当时社会发展的实际需求的基础之上，首先提出了区域创新生态系统的概念。Richard Josph 总结了区域创新系统的规范市场、研发技术、融资、政策制定、发展教育以及技术传播等六项主要功能。国内学者对于区域创新生态系统的研究则主要集中在技术创新和区域经济发展领域，其中黄鲁成

(2003)将生态学的相关理论应用于区域创新生态系统的构建中,并以此为基础提出了区域创新生态系统的概念。

(3)产业创新生态系统。多数学者认为产业创新生态系统在某种程度上可以视为一种在一定空间和时间范围内由产业集聚及其相关的环境相互作用所组成的一个体系,在该体系内不同个体通过资金、物质以及信息的流动构成一个能够自我组织和自我调节的系统。在产业创新生态系统要素构成的研究中,Martin Fransman(2008)提出了"五要素构成理论",即产业创新生态系统是由产业体系、硬件、软件、创新型人才以及外部环境等五要素构成。国内学者对于产业创新生态系统的研究主要是针对某一特定的产业进行。

(4)企业创新生态系统。企业创新生态系统从企业的角度出发,通过研究如何使系统内企业充分利用外部环境和资源,从而提升创新系统内部的创新效率,推动系统整体的发展。在对企业创新生态系统的形成机理的研究中,Lambooy指出企业创新生态系统的形成是以核心企业为依托,依靠高校、科研机构、政府以及金融机构等组织相互作用所形成的网络结构。

(二)创新生态系统的主要影响因素

Foddi和Usaia在对欧洲的区域创新系统进行研究时,将区域创新系统中的环境因素纳入驱动要素之中,并且尝试将环境因素对区域创新系统的创新能力的影响进行量化。而影响区域创新系统的环境要素又可以分为内部环境要素和外部环境要素。对于创新生态系统的主要影响因素的研究,国内外学者大多从外部环境和内部环境两个方面入手。对于不同层次的创新生态系统,其内外部影响因素也有所差别。事实上,不同的影响因素对于不同层次的创新生态系统常常是模糊、任意的。

(三)创新生态系统的运行与演化

(1)创新生态系统的运行模式与规律。对于创新生态系统的运行模式与规律的研究,有些学者借助相对成熟的案例进行分析和总结,其中Kayano Fukuda和Chihiro Watanabe将美国和日本分别在工业时代、信息时代以及后信息时代中国家创新系统的发展状况进行了对比,发现国家创新系统的发展对于国家经济的全面发展有着非常巨大的推动作用,并总结了美国和日本经济交替持续发展的运行机制。

(2) 创新生态系统的演化特征与机理。创新生态系统是一个模拟自然生态系统的概念,在自然生态系统中存在着能量的流动与物质的循环,创新生态系统也存在着类似的循环模式。在创新生态系统中存在着技术、专利和信息的贮存和转移,也就是在创新系统内部知识的转移构成了创新生态系统的演进。黄鲁成最先总结出包括稳定性调节机制、多样性调节机制以及静态均衡调节机制在内的三种系统调节机制。另外,对于区域技术创新生态系统中的创新主体来说,也存在着通过人们所不能控制的制约因子而发挥作用的制约机制。冉奥博和刘云认为系统的演进特征主要分为功能特征和动态特征等。

三、生态化治理研究现状

治理理论最早发源于公司治理(corporate governance),学术界探索公司这种组织的治理方式大概已经有百余年的历史了。20世纪90年代以后,不仅是公司的治理问题,政府、NGO及一些国际组织的治理问题引起经济学家政治学家的广泛关注,甚至一些国际机构也专门撰文论述治理的问题。全球治理委员会(commission on global governance)认为,"公共治理"是各种公共的或私人的机构管理其共同事务的诸多方法的总和,是使相互冲突的或不同利益得以调和,并采取联合行动的持续过程。在学术界,Stoker(1998)认为,治理是指统治方式的改变,公共部门和私人机构的界限模糊化,Ohler(2005)等认为,治理能力(governance capabilities)主要包括:对本"系统"特点优劣短长的分析和认知能力、对政策和问题的聚焦能力、促使行动者横向协作能力、政策执行能力、政策学习能力、政策调整能力等。上述观点在国际上都广为流传。

在国内,治理理论在近年来得到迅速传播,得到了理论联系实际的探索,如胡鞍钢、王名和汪玉凯等人的研究。人们认识到,治理与传统的管理是不同的,它是一种以协商为主的行为,是多元化、网络化的合作管理(孙蕊、张景奇,2013)。目前,公共治理理论的相关研究主要分为三类:

（1）公共治理模式研究（多层级治理、多中心治理和网络治理）和公共治理评估研究（评价标准、评价体系等）；（2）对治理主体、治理工具、治理结构和治理机制等关键要素的研究；（3）认为治理过程是政府、市场和社会三方互动的过程，需要政府治理、市场治理和社会治理三个层面展开研究。

生态化治理方面目前探讨的还较少，较早关注的为科技治理以及科学、技术与创新的治理问题。随着跨地区及国际上科技问题的逐渐增多，加之与民生相关的科学技术迅速发展，科技发展呈现出复杂化、民生化与多主体参与等特点，从治理视角解读科技管理已成为西方学界的热门话题，尤其在能源、转基因、纳米技术等领域。但我国学者对科技治理的研究，无论是理论体系构建，还是科技治理参与主体、组织机制及国际性治理等均刚刚起步。科技治理作为公共治理在科技政策与科技管理领域的延伸，侧重于对前沿科技研发和应用环节进行监督与管理，涉及政府、科学共同体、媒体和公众之间的互动。Klaus 等（2006）认为，科技治理是指科技政策领域所涵盖的共存形式的社会事务，包括民间社会自律、公私问题调节和政府权威监管等方面。Irwin（2006）认为，科技治理并不是公共管理领域的一个新范式，而是一种新的对公民、科技与社会三方关系的再定位，是政府、科学团体与公众之间的直接对话与交流。Perry 和 May（2007）指出，随着新知识经济和自由主义思想对科技管理领域影响的加深，治理理论在科技政策中所发挥的作用越来越大，并对科技政策产生了重要影响。

经合组织（OECD）较早关注了各国创新政策治理（innovation policy governance）及科学、技术和创新治理（science technology innovation governance, STI Governance），并为此出台了一系列的研究报告。在 OECD 国家，"创新政策"（innovation policy）大多被看作是研发政策（R&D Policy）的扩展（OECD，2008）；科技、技术和创新治理（STI Governance）是指与创新相关的一套公共制度安排，如激励结构与规则等，这些制度安排往往改变公共和私人行动者互动的方式。在这里，OECD 特别强调了互动和统筹协调的重要性，认为在协调不同部门、不同机构创新政策时，往往比较困难。不会统筹协调的政府大多会出现治理失效的问题（OECD，2012）。我国学者认为创新政策应该是经济政策（产业政策）和科学技术政策相互协调的产物,其实质是技术创新的政府激励,即政府通过对技术行为的影响来促进或影响技术创新过程,采用政策措施促进技术创新的产生及其扩散(陈劲,2013)。柳卸林(2015)建议决策部门应从创新生态的角度重新思考我国科技管理模式,从培育更具竞争力的创新生态系统着手,提高国家科技管理的效率和产业创新的能力。这些观点加深了人们对我国科技治理体系问题的认识。

四、研究现状的简要评述

(1)通过文献回顾可以看出,我国学者的研究内容主要集中于对某类平台的分析、区域创新平台运行机制建设、平台成员角色定位和平台评价指标体系构建等方面。科技创新平台是由政府牵头、联合产学研而形成的网络式联盟组织,从此角度的分析较少。同时,当前对科技创新平台建设与布局模式的宏观研究较少,从建设主体或运营主体视角对现有运营模式进行总结较少,基于平台产业创新集聚的治理逻辑、治理机制的研究尚未见有深入的文献报道。

(2)国内外学者对创新生态系统的研究经历了对系统内要素构成和资源合理分配的静态分析、系统内部各主体之间的动态作用机制和系统内部驱动要素之间的相互作用关系等不同的研究阶段,但是在某些方面还有待进一步完善。第一,我国创新生态系统的研究还处于初级阶段,需要更加全面地对创新生态系统理论进行深层次的挖掘;第二,要想对创新生态系统进行深层次的研究就必须找到兼顾其系统特征、生态特征及现实特征的定性和定量方法;第三,国外学者对于创新生态系统的研究多是通过总结创新生态系统的成功案例经验来发展创新生态系统理论,国内学者需要结合我国实际情况进行更多有针对性的实证研究,完善符合我国实际的创新生态系统相关理论。浙江省创新生态位居全国前列,浙江高能级科技创新平台的建设具有典型性,在浙江科技、经济与社会发展中发挥着重要作用,基于浙江高能级科技创新平台创新创业生态系统的研究显得尤为必要。

(3)生态化治理是为了实现区域创新生态系统的良性发展,生态圈的众多创新主体共享观念、彼此合作,在相互依存的生态系统中分享权力、共同治理的过程。目前针对生态化治理的专题研究还未见报道，但关于科学、技术与创新的治理问题与生态化治理联系日益密切，在生态化治理过程中，通常而言，政府强调其服务而不是统治功能，也更加开放和开明，在着力提高公共服务水平的同时，减少在产业技术领域的管制。生态化治理是对传统的政府管理模式进行批判和继承基础上所形成的新模式，同时，也为政府科技经济体制改革提供了一种新的视角，需要进一步深入探讨。

第三节　本书的结构安排和逻辑主线

根据高能级科技创新平台的研究特征和基本的学术规范要求，本书按照第一篇基础篇、第二篇战略篇、第三篇创新生态篇、第四篇产融协同篇的逻辑框架来展开论述。

第一篇为基础篇，主要包括四章内容。第一章绪论部分，作为本书研究的逻辑起点，给出了整个研究的目的意义、框架和视角，进行了国内外相关领域的研究现状及文献述评。第二章主要论述高能级科创平台的内涵与生态化治理，从高能级科创平台的内涵特征、主要发达国家科技创新平台建设概况及对我国科技创新平台建设和浙江省所倡导实施的高能级科创平台的创新实践的借鉴意义等进行了分析。同时重点探讨了基于新兴信息技术的平台生态化治理，就平台服务功能、创新模式、治理架构的新变化及生态化治理的内涵和特征等展开了解析。第三章主题为高能级科创平台的体系架构，侧重从不同的视角探讨高能级科创平台的体系结构。一是以制造业为例，从企业级科创平台、产业链级科创平台和生态级科创平台等三个层次体系构建了高能级科技创新平台的总体框架；二是从产业公共技术服务平台的维度，解析了产业公共技术服务平台的内涵、基本功能、系统架构、运行机制架构和知识管理流程；三是从产业集群区域创新集成和交易平台的维度，探讨了区域创新集成和交易平台的内涵与结构、平台设计的原则、平台的功能模块和平台的总体结构设计。第四章从高能级科创平台建设主体与运营模式的视角，分析了高能级科创平台生态圈及角色分布、平台区域创新系统的要素、三螺旋视角下的平台主体协同创新和高能级科创平台的三类建设运营模式的优缺点。

第二篇为战略篇，主要包括三章内容。第五章主体为高能级科创平台的战略管理，主要涉及平台的风险预控与组合管理、平台合作网络的变化与控制以及平台合作界面环境的评估与优化。作为协同创新动态全景图的重要组成部分，本章构建了协同创新的进展显示板、风险演变显示板、项目组合管理显示板、合作网络演变显示板以及合作界面环境显示板。可视化战略信息监控平台可使创新管理者更有效地实施事前控制和前瞻性决策，通过对创新过程动态优化，实现协同创新可持续性发展的战略目标。第六章主要探讨高能级科创平台的技术环境监控系统，从技术环境监控的关键活动特征、技术环境监控的主要模式及绩效和平台的战略技术监控体系三个方面来展开。相关实证研究表明，促使高能级科创平台采用新技术以提高竞争力的重要因素是平台本身技术监控能力。为了监测技术环境的变化，平台需要构建自身的技术监控系统以寻找和获得技术资源。本章分析了技术环境的内涵以及技术监控的关键活动，探讨了技术监控模式。从技术信息的战略重要性和易理解程度两个维度出发，对结构化探索式技术监控系统的构建做出分析并研究战略技术监控和一般技术监控的不同之处。第七章探讨科创大走廊建设全球信息经济科创中心的战略，利用区位熵法对杭州城西科创大走廊信息产业的集聚程度进行了测量。基于SWOT战略分析的基本框架，分析了科创大走廊建设成为全球领先的信息经济科创中心的内部运行的优势、劣势以及外部环境的机会、威胁，构建了定性的评价指标体系并进行了矩阵分析。利用AHP和Delphi法对关键影响要素指标进行了赋值和评分，对科创大走廊的区域竞争力进行了评价，并就加强科创大走廊区域创新生态系统建设提出了政策建议。

第三篇为创新生态篇，本书认为，高能级科技创新平台创新的生态由技术实现的生态、从技术到产品的生态体系及从产品到产业的生态体系三个方面构成。在此创新生态体系中，各创新主体都在进行着实时、多边互动，共同发挥作用，使相关各方共生演进，共同创造价值、获取价值和分享价值。第三篇主要包括四章内容。第八章论述了创新位势、网络交互度与区域创新能力的关系，探讨了创新位势、网络位势影响区域创新能力的机理，进行了创新网络位势、网络交互能力对城市创新能力影响的实证。

第九章为产业集群治理与创新生态,主要从平台产业集群的治理与创新模式、平台产业集群的技术创新优势、平台产业集群区域创新知识市场等三个大的方面展开。本章认为,美国的硅谷有着无可匹敌的技术创新活力,但世界上也有相当一部分的产业集聚不仅没有显示出技术创新优势,反而由于缺乏创新而一步步走向衰落。众所周知,产业集聚中成员之间的关系主要是靠非正式机制来协调的,也就是说,它与企业内部使用管理权威来协调内部关系的方法不同,它并没有强制性和权威性。由于集聚内的成员之间是相互独立的,对产业集群的集聚效应和更大利益的追求使它们走到了一起。但由于各自利益的不一致性,集聚成员容易产生机会主义的倾向。如果机会主义蔓延,则会出现"柠檬市场"现象,这样将会极大地抑制集聚理论上创新优势的发挥。由此可见,产业集聚的形成是取得协同创新效应的必要条件,但不是充分条件。产业集聚是否能够真正实现其协同创新的功能,关键在于能否对其进行有效的集聚治理。第十章为科创大走廊创新生态系统建设。本章基于对区域创新发展重要学术理论——三螺旋及创新生态系统理论的分析和区域创新生态系统的国际发展实践,提出了杭州城西科创大走廊创新生态体系建设的科学架构,分析了科创大走廊创新短板及面临的挑战,建立了基于政产学研用多重创新主体的基础社区创新生态系统理论框架,并构建了包含创新核心层、创新支持层、创新环境层的区域创新生态系统构成要素基本框架,从技术创新、知识创新、服务创新、制度创新四个层面剖析了科创大走廊创新生态系统的创新活动。在此基础上,根据未来全球产业集聚的生态化竞争趋势,从政府在创新生态系统中创新政策独特作用的发挥及生态系统内"雨林"环境的培育等方面提出了加强科创大走廊创新生态系统建设的对策建议。

第四篇为产融协同篇,主要包括三章内容。第十一章为产融协同创新的国际经验,国际经验表明金融支持对全球科创中心建设的作用举足轻重,美国硅谷、日本筑波科学城、以色列特拉维夫、中国台湾新竹等地区的实践都证实了这一点,这对杭州城西科创大走廊及国内其他区域建设全球科创中心有重要启示;第十二章涉及产融协同创新的理论分析,在产融协同创新中,应通过目标协同、动力协同、行为协同、政策协同,不同知识主体之间以知识为运动介质产生非线性交互作用,各知识主体按照协同方式进行整合,实现产融之间知识优势的互补与融合;第十三章为科创大走廊产融协同创新中心的应用场景,指出应构建覆盖创新创业全链条的多层次、多渠道、多元化投融资支撑体系,打造更具活力的创新创业生态系统。

第五篇为研究结论,分别对基础篇、战略篇、创新生态篇、产业金融协同篇的研究结论进行归纳总结。

第四节 杭州城西科创大走廊案例的基本情况

一、基本发展布局和创新资源

杭州城西科创大走廊聚焦高校、科研院所、特色小镇等创新载体,依托城西优越的生态环境和创新基因发展布局,规划区域东西向长约33公里,南北向宽约7公里,空间范围以文一西路、市域铁路杭临线(规划)为交通主轴,东起浙江大学紫金港校区,以紫荆花路为界,西至浙江农林大学,以临安大学路为界,南至科技大道、鹤亭大街、102省道、留和路南侧山脊线,北至青山湖北侧山脊线、横畈工业区北侧建设用地边界、留祥路西延线(规划)、荆长大道(规划)、杭长高速、灯彩街,形成以特色小镇为节点的东西向带状空间,总面积约224平方公里(见图1.1和表1.1)。

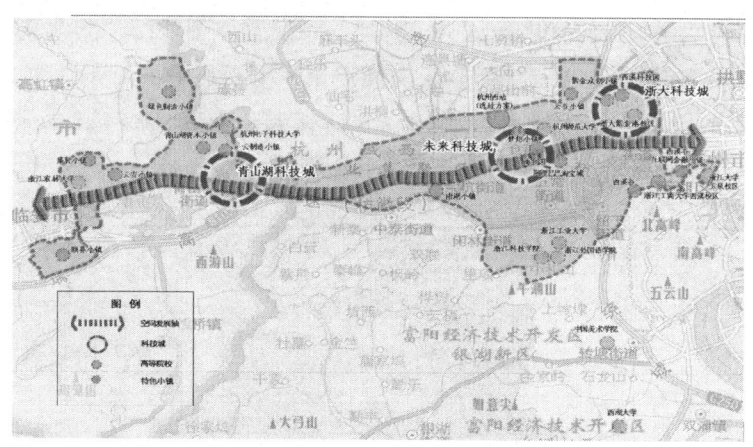

图 1.1 杭州城西科创大走廊总体空间布局

表 1.1　　　　　　　　科创大走廊创新资源集聚情况

面积	约 224 平方公里
院校资源	浙江大学、浙江农林大学、浙江工业大学、杭州电子科技大学、浙江工商大学、西湖大学、浙江中医药大学、浙江科技学院、浙江外国语学院、杭州师范大学、浙江警察学院、浙江长征职业技术学院、浙江万向职业技术学院、杭州科技职业技术学院、杭州外国语学校
创新平台	西湖区：紫金众创小镇、互联网金融小镇、工创谷小镇、云谷、西溪谷、浙江知识产权交易中心、云谷国际学校、支付宝总部、浙商创投总部； 余杭区：未来科技城、梦想小镇、海创园、南湖小镇、健康小镇、创投小镇、淘宝小镇、浙江省医疗器械审评中心、浙江省医疗器械检验院余杭分院、创新药物早期成药性评价公共服务平台、浙江大学医学研究中心、杭师大科园、恒生科技园、华立创客社区等； 临安区：青山湖科技城、云安小镇、颐养小镇、云制造小镇、青山湖资本小镇、集贤小镇、绿色制造小镇、香港大学浙江科技研究院、中科院长春应化所杭州分所、中国地质大学浙江研究院、浙江西安交通大学研究院、国电机械设计研究院、浙江省医学研究院、杭州电子科技大学现代信息技术研究院等
空间资源	允许建设区：10595 顷；有条件建设区：4670 公顷； 限制建设区：5584 公顷；禁止建设区：1580 公顷。 其中，涉及基本农田 2605 公顷

二、"一带、三城、多镇"的空间结构

"一带"，即东西向联结主要科创节点的科技创新带、快速交通带、科创产业带、品质生活带和绿色生态带。"一带"是空间联结、产业联动、功能贯穿的主要轴线，也是创新节点功能溢出、生活服务共享的主要联系通道。其发展导向为：依托科技大道、文一西路、留祥路西延线（规划）、102 省道、地铁 5 号线、市域铁路杭临线（规划）等交通主干线，加强东西向主要平台载体及要素联系。完善科研机构、教育、医疗、居住、商务等设施配套，集聚高质量、高密度的科创人才要素，促进形成集创新科研、生产应用、生活休闲于一体的科创要素集聚带。

"三城"，即紫金港（浙大）科技城、未来科技城、青山湖科技城。紫金港科技城位于科创大走廊的东首，是国内顶尖的科研教学平台，打造科创大走廊科技研发的核心功能板块。未来科技城位于科创大走廊的中东部、杭宣铁路以南，是产业研发、生活配套融合的区域，打造产城融合的科技

新城，建设"大服务"功能板块。青山湖科技城位于科创大走廊西部，包含青山湖和横畈两个片区，其中青山湖片区主要提供科技研发、生活配套服务，横畈片区定位是科技成果产业化基地。其发展导向为：紫金港科技城全面加强前沿科技创新，加快集聚高端科研资源，增强基础性创新研究力量，提高在国内外重点专项领域的科研竞争能力，强化综合性功能体系建设，打造以科研为核心、研发服务为支撑的新兴高能级板块。未来科技城和青山湖科技城，加快集聚国内外一流的科研机构、创新团队和科技服务机构，构建较完善的区域性创新服务体系，成为技术研发、产品孵化和成果转化基地，建设地方特色和国际品质的生态宜居空间。

"多镇"，即科创大走廊沿线分布的具备不同功能的特色小镇和创新区块。重点推进梦想小镇、云制造小镇加快发展，着重提升西溪谷互联网金融小镇、颐养小镇创建水平，积极谋划建设淘宝小镇、云安小镇、紫金众创小镇、云谷小镇、集贤小镇、绿色制造小镇、创投小镇、健康小镇、南湖小镇、青山湖资本小镇、工创谷小镇，以及海创园、生物医药创新平台、跨境电子商务港、天目医药港、西溪创意产业园等重要创新创业载体。其发展导向为：按照协同、绿色、低碳的理念，构筑较为完善的研发、中试、企业孵化、居住配套等研发服务体系。加快培育扶持特色小镇，形成完整的产业链，打造产城联动示范区。深化专业化研发和技术创新，增强智能制造和产业联动发展水平，打造整体性强、集约化程度高的特色化优质创新平台。依托自然生态资源，适度发展富有人文内涵、具有艺术气息的生态宜居区（见表1.2）。

表 1.2 科创大走廊主要特色小镇情况

序号	名称	发展重点	类型
1	梦想小镇	采用"有核无边"的空间布局，以互联网产业为特色，致力于打造成世界级的互联网创业高地，成为众创空间的新样板、特色小镇的新范式、信息经济的新增长点	省级创建类
2	云制造小镇	顺应"中国制造2025"，融合"互联网+"的产业发展趋势，以"制造+服务"核心理念为引领，深化新一代信息技术在制造业研发、生产、管理、服务全过程中的系统集成与应用，提高制造业的技术创新能力和生产性服务业发展水平，着力引进一批智能制造示范企业和工程技术服务企业，打造成为全省智能制造、服务型制造的集聚区和示范区	省级创建类

续表

序号	名称	发展重点	类型
3	西溪谷互联网金融小镇	按照"高新技术引擎、生态文化长廊、创新创意新地"的功能定位，着力打造以互联网金融产业为核心，电子商务、研发与技术服务、信息软件、股权投资、旅游休闲为重点的"一主五副"产业发展平台	省级培育类
4	颐养小镇	以临安锦南新城（街道）健康产业为基础，大力推进以健康管理、康复护理、健身康体、养生养老等"治未病"为特色的健康服务业；以人才集聚和科研创新为支撑，逐步形成"医养结合、以医助养、以研促医"的发展模式，促进产业转型升级和产城融合发展	省级培育类
5	云谷小镇	依靠云计算、大数据形成产业集聚，打造集"数字示范城、智能产业城、现代田园城"和"生态智慧岛"于一体的国际云计算和大数据产业中心	省级培育类
6	紫金众创小镇	以浙江大学紫金港校区为中心，形成"一心、一园、一街、一带、一区"布局，辐射以浙大紫金港校区为核心的半径10公里的区块。以完善中小企业创新生态系统为目标，以激发全社会创新创业热情为主线，以构建国际产学研合作平台为载体，创新体制机制、整合社会力量、集聚发展资源，以政产学研协同创新优势加快形成服务大众创业、万众创新的核心支撑	省级培育类
7	淘宝小镇	以阿里巴巴淘宝城为核心，大力发展电子商务、网络经济，强化研发、客服、网站运营、销售、技术、培训等功能，建设扶持中小卖家成长的孵化基地，打造国际一流的零售和创新创业基地	谋划类
8	云安小镇	以网络和信息安全为产业特色的开放型创新平台和创业基地，重点发展网络和信息安全产业，主要建设网络和信息安全研究中心、公共实验室、攻防基地、教育培训中心、成果展示与转化中心等服务平台，搭建以"创客帮"为主题的新型企业孵化平台和企业总部基地	谋划类
9	集贤小镇	以浙江农林大学为依托，重点建设生态产业研究院、美丽中国研究院、生态特色创业学院等，努力打造成国内知名的生态产业和高端人才的聚集地、生态文化和生态科技融合的高地、生态产业政策和"三农"研究的智库，成为科创大走廊上的"绿色硅谷"	谋划类
10	青山湖资本小镇	依托青山湖科技城的产业、创新及生态资源，以激发金融创新活力、吸引更多金融资本及配套服务机构集聚、加快推进金融业态创新发展、促进实体产业转型升级为目的，按照建设创新型、区域性金融生态系统的要求，构建综合性、多元化的金融服务组织体系，打造成为全国有影响力的金融创新小镇	谋划类

续表

序号	名称	发展重点	类型
11	绿色制造小镇	以横畈产业园区为基础,以大型空分设备、数控装备、电气设备、海洋装备系统等装备制造和健康产业发展为重点,引导创新型中小企业孵化及规模化发展,形成绿色制造、环保高效的产业发展新平台	谋划类
12	南湖小镇	依托南湖自然生态景观,强化滨湖三产发展和智慧产业集聚,打造产城融合、自然生态与城市生态融合、都市农业与近郊工业融合、河湖水系与都市功能融合的多功能、一体化、复合型慢生活小城	谋划类
13	创投小镇	依托五常湿地生态景观,以引进大型投资机构、上市企业投融资总部和各类股权投资机构、投资基金落户为主,建设成为全省重要的资本高地和金融产业集聚区	谋划类
14	健康小镇	以浙大医学院附属第一医院余杭院区、浙大医学研究中心、未来科技城健康谷、杭州大科技园和永乐产业园块等为基础,打造成为"产学研用"一体的高端生物健康产业集聚区	谋划类
15	工创谷小镇	以浙江工业大学为依托,围绕先进制造、信息经济、文创设计三大主题,重点建设工业机器人协同创新中心、激光先进制造研究院、数字化医学工程研究中心、中国中小企业研究院、中国(杭州)信息经济研究院、全球浙商发展研究院、工业设计研究院等,努力打造一条集人才、研发和转化等于一体的科技大纽带	谋划类

三、科创大走廊主要发展目标

(一) 全球领先的信息经济科创中心

在建设杭州国家自主创新示范区的总体框架下,深入实施创新驱动发展战略,向创新要红利,向改革要动力,向人才要后劲,加强开放合作,充分发挥浙江大学等知名高校、阿里巴巴等知名企业的"发动机"作用,推进政府、市场协同发力,推动新技术、新业态、新模式、新产业发展,努力打造全球领先的信息经济科创中心。

(1) 国际水准的创新共同体。整合国际国内创新资源,建设一批开放式创新平台,吸引一批高层次创新创业人才,引导数据流、技术流、物质流、人才流在科创大走廊的集聚，打造国际水平的创新联盟、外国人创业园。促进科技与经济的深度融合、人力资本与金融资本的碰撞，构筑跨地区、跨国界的技术评估、引进与转化平台，成为国际性的自然和人文共融、创新与产业互动的"创客家园""创新天堂"。

（2）国家级科技创新策源地。省市校企共同努力，合力共建网络大数据协同创新中心（之江实验室）。整合区域内科研院所、技术转移中心等科研资源，推动产业创新、技术创新逐步向知识创新延伸，向基础研究和应用基础研究领域拓展。发挥浙江大学、阿里巴巴等名校名企的创新源作用，瞄准科技前沿和顶尖水平，在网络信息技术等关键核心技术领域取得重大突破，为科技、产业持续发展提供源头创新支撑，成为国家级科技创新策源地。

（3）浙江创新发展的主引擎。致力于有效提高科研成果的技术转移与产业化效率，促进企业特别是民营企业在创新体系中的"全流程"参与和"双向互动"，建立以企业为主导的产学研用协同创新机制。聚焦七大产业的主攻方向和重点领域，推进产业智慧化与智慧产业化深度融合，形成以信息经济为引领、高端服务业为主导、智能制造业为支撑的科创大走廊产业新体系，成为引领浙江创新发展的主引擎。

（二）一廊三链的科创大走廊创新创业生态圈

依托"一带、三城、多镇"的走廊空间，围绕产业链强化创新链、围绕创新链部署资金链，推动科技与经济结合、技术与资本联姻、见物与见人并重，实现科技创新由"跟跑""并跑"向"领跑"跨越发展，打造形成一廊三链的科创大走廊创新创业生态圈。

（1）构筑生态廊。恪守"生态为基、功能高端"，积极导入优质公共服务设施，优先布局主城区优质教育资源、国际学校、高等级医院等，优化"畅通西部"综合立体交通解决方案，维护原生态环境，构建和谐共生的生态本底，打造生态、生产、生活的"三生"融合新型城市创新空间，建设高端人才创新创业的宜居之地。

（2）强化创新链。坚持"关键突破、协同创新"，以科技创新为核心，引进龙头领军型企业、高水平科研机构、海内外高层次人才，支持浙江大学、浙江工业大学、浙江工商大学、杭州电子科技大学、西湖大学等高校建设一批国际领先的科研机构，推动各类要素资源集聚、开放、共享，全方位推进产品创新、品牌创新、产业组织创新、商业模式创新。

（3）拓展产业链。倡导"需求导向、转化应用"，支持企业组建各类研发机构，积极鼓励企业、高校、科研机构等主体有效对接，打通科技成果转化和产业化的通道，推动科技创新成果从实验室走向市场，形成从基础研究到产业化的创新创业全产业链，打通从科技强到产业强、经济强的通道。

（4）部署资本链。秉持"产业为本、金融为用"，寻求与创业和天使投资基金的合作，支持创新创业企业在多层次资本市场挂牌、上市和融资、发行各类债券、资产支持证券（票据）、吸收私募投资基金，积极布局证券、保险、财务公司等金融牌照业务，构筑更加活跃的投融资体系，打通创新创业与资本融通的渠道，用资本链条链接产业和创新，助力科技创新与金融创新的融合。

（三）总体目标

到 2020 年，初步形成全球领先的信息经济科创中心基本框架体系，主要指标如表 1.3 所示。

表 1.3　"十三五"杭州城西科创大走廊发展主要指标

	指标名称	2020 年目标
创新投入	科技进步对经济增长贡献率（%）	65
	研究与试验发展经费支出占地区生产总值比重（%）	5
	各类基金资产管理规模（亿元）	2000
	小微企业的民间资本和创投资金投入（亿元）	1500
创新平台	高水平科研院所（含企业研究机构）（家）	100
	众创空间（家）	100
	高新技术企业（个）	1000
	科技型中小微企业（家）	10000

续表

	指标名称	2020年目标
创新人才	人才总量（万人）	30
	优秀科创团队（家）	100
	科创导师（个）	1000
	海内外高层次人才（名）	10000
	年接收大学生（名）	10000
发展质量	亩均增加值（万元）	1500
	亩均税收（万元）	100
	新产品产值率（%）	60
	战略新兴产业产值比重（%）	70
	全员劳动生产率（万元/人）	30

注：本节主体内容来源于杭州城西科创大走廊规划，详见杭州市人民政府、浙江省发展和改革委员会、浙江省科学技术厅关于印发《杭州城西科创大走廊规划》的通知 [EB/OL]. http://www.hangzhou.gov.cn/art/2016/8/22/art_933538_2123664.html，2016年8月22日。

第二章 高能级科创平台的内涵与生态化治理

本章主要从高能级科创平台的内涵和核心特征,发达国家科技创新平台建设概况及对我国科技创新平台建设的借鉴意义等方面进行分析。同时重点探讨基于新兴信息技术的平台生态化治理,就平台服务功能、创新模式、治理架构的新变化及生态化治理的内涵和特征等展开了剖析,最后就促进平台生态化治理和平台经济发展提出了对策建议。

第一节 高能级科创平台的内涵特征

一、科技创新平台的内涵

(一) 平台

"平台"一词在科技界被广泛使用,但迄今并无统一的说法和明确的定义。该词主要从计算机技术术语引用而来,根据中国计算机学会和全国自然科学名词审定,"平台"一词取自英语的"Platform","平台"一词所表达的含义有三个方面:(1) 它是一种具有基础性的支撑体系;(2) 它不仅包括硬件,而且包括软件,是硬件和软件的有机集成;(3) 它具有公共和共用的服务性质(国家科技基础条件平台建设战略研究报告,2006)。

目前,在科技界、产业界及地方政府的创新实践中,与科技相关的平台有多种称谓,学者们围绕平台的建设也进行了多方位的探讨,如表2.1所示(刘洪民,2013)。

表 2.1　　　　　　　　　科技类公共平台的基本情况

公共类平台	科技公共服务平台、公共科技创新平台、公共科技条件平台、创新创业公共服务平台、研发公共服务平台、产业技术公共服务平台等
创新类平台	区域创新平台、行业技术创新平台、产业技术创新平台、产业创新平台等
共性技术类平台	共性技术研发平台、产业共性技术创新平台、共性技术创新平台、产业共性技术转移服务平台等

（二）创新平台

创新平台应用更加广泛。与创新平台相似的概念包括一般意义上的技术服务组织（王珺等，2009）、政策导向的行业和区域创新平台以及偏学术内涵的知识密集型服务企业（Muller，2001）。技术服务组织指为企业创新活动提供各种技术服务的组织（王珺等，2009）。行业和区域创新平台指整合集聚相关创新资源，支撑行业和区域自主创新与科技进步的重大公共科技创新平台，是区域创新体系的重要组成部分，是科技创新活动的重要基础设施和条件保障。知识密集型服务企业指主要为其他企业提供知识密集高附加值服务的企业（Muller，2001）。

讨论行业和区域创新平台时常涉及产业集群创新平台。龚丽敏等（2010）对产业集群创新平台的界定是：为产业集群内部企业实现创新和价值链提升提供服务并具有一定程度公共性的组织，其外延类似王珺（2009）提到的技术服务组织。"为产业集群内部实现创新和价值链提升提供服务"是产业集群创新平台的目标，"一定程度公共性"是其性质。根据该定义，在产业集群内部提供金融、法律服务等完全盈利导向的机构不属于创新平台。龚丽敏等（2010）认为这样界定的优势在于，一方面，吸收政策导向创新平台概念的公共性特点；另一方面，尽量接近学术内涵的知识密集型服务企业概念。

（三）科技创新平台

从实践来看，科技创新平台是为创新活动提供支持与服务的系统，由技术装备、物理空间等硬件系统和制度政策机制、人才等软件系统组成，在科技创新的某个环节或某个阶段发挥基础性的支撑作用。科技创新平台的类型有很多种：从科技创新的环节划分，有服务于研究与开发的重点实验室等基础条件平台，服务于进一步提升科技成果成熟度的工程中心、中试基地等，服务于科技成果产业化的科技企业孵化器、科技园等；从创新平台建设的主体划分，有政府主办、企业主办、社会机构主办以及多方联合设立运营的平台；从科技创新的要素划分，可以有技术转移平台、人才平台、资本平台等。

本书对科技创新平台或高能级科创平台的界定和探讨是广义的，既包括区域空间形态等硬件系统，也包括区域制度创新机制等软件系统；既包括从科技创新的环节和要素层面的分析，也包括从创新平台建设的主体层面来分析；既包括平台的"实体组织"运行分析，也包括平台的"虚拟组织"运行分析等。例如，对制造业科技创新平台来说，基于当前的实践，近些年涌现的诸多工业云平台、工业互联网平台、分享制造平台、众创平台、众包平台等都属于制造业科创平台的范畴，如图2.1所示。

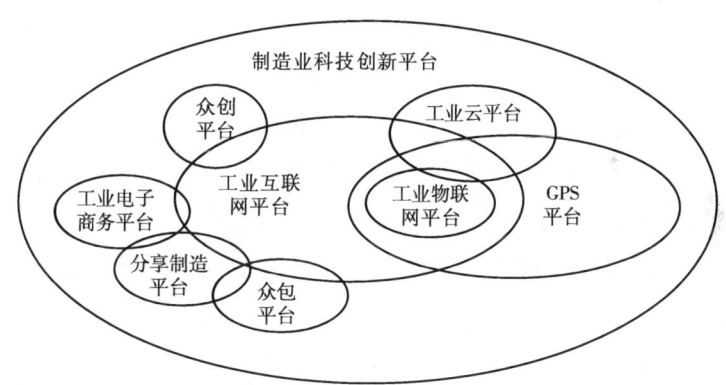

图 2.1 制造业科技创新平台的范畴

二、高能级科创平台的内涵

（一）高能级科创平台的基本内涵和主体特征

能级理论是现代量子物理学中的一个概念，是解释原子核外电子运动轨道的一种理论，电子吸收能量可以从低能级跃迁到高能级。将能级理论运用到科技创新平台中，主要是将科创平台各要素（主体）之间的关系与能级理论中的电子作对照,以此来说明各主体的特征及其之间的相互作用。一般认为,高能级科创平台的主体具备以下基本特征。

一是资源配置能力较强。高能级主体往往掌握着资金、技术、市场、信息、人才、服务等核心资源要素,并在经营管理、市场营销、产品研发、融资服务、资源整合、客户关系维护等方面具有突出优势,对产业链上下游的业务分工和资源配置具有强大的话语权和主导权。

二是经济增长贡献较大。高能级主体对地区经济增长的贡献体现在直接贡献和间接贡献两个方面。前者是指直接来源于高能级主体自身直接从事经营活动创造的增加值。后者是指高能级主体落户某一区域后,为满足其大规模和高层次的经营、商务、消费活动,而对当地产业链上下游产业及交通物流、信息服务、法律咨询、中介服务、教育培训、文化娱乐等相关配套产业的带动。

三是新经济占主体。新经济目前尚无统一的定义,一般认为新经济的实质就是信息化与全球化,核心是高技术创新及由此带动的一系列其他领域的创新。2016年政府工作报告中首次出现了"新经济"这一概念,其覆盖面和内涵比较宽泛,不仅仅是指第三产业中的"互联网+"、物联网、云计算、电子商务等新兴产业和业态,也包括工业制造中的智能制造、大规模的定制化生产等,还涉及农村三次产业融合发展等。本章研究中不对新经济的具体边界进行考量,而是特指高能级科创平台的"新经济"属性,其以知识经济、信息通信技术(ICT)、互联网等为基础的新型经济形态发挥的新动力源作用以及对周边区域的辐射带动作用。

四是税收拉动效应突出。与一般企业相比,高能级主体具有较强的纳税能力,一些高能级主体集聚的地区往往能够通过总分机构汇总合并纳税方式获得高额税收利益。

五是空间布局集聚现象明显。高能级主体往往选择在产业基础雄厚、交通发达、人才密集及综合配套环境较好的区域集聚。

(二)高能级科创平台的核心特征

以制造业高能级科技创新平台为例,如图2.2所示,其核心特征可以归纳为以下几方面:

第一，资源要素池化。资源要素池化是高能级科创平台建设的前提。企业把创新创业平台构建在云计算架构体系上，推动研发工具、仿真系统、模型库、管理软件、制造执行系统等大型应用软件和数据存储、治理、挖掘、分析逐步向云端迁移，通过虚拟化方式形成巨大的资源池，支撑企业更高效地汇聚、动态配置创新创业资源。

第二，业务系统集成化。业务系统集成化是高能级科创平台建设的基础。企业内部系统集成化是指把研发设计信息化、产品信息化、生产信息化、管理信息化、业务流程和组织再造等重点环节打通。只有做到系统之间的集成和互通，才能打通和整合企业内部、企业之间以及企业与用户之间的各类资源，实现数据要素与传统要素之间的跨界融合、资源动态协同和按需优化配置，从而提高企业的综合效益。

第三，服务能力开放化。服务能力开放化是高能级科创平台建设的重点。当前企业仅仅依靠内部的资源进行高成本的创新活动，已经难以适应快速发展的市场需求以及日益激烈的企业竞争。高能级科创平台拥有开放的边界，通过互联网搭建需求者和供给者双方共享的商业化平台，将全球互联网及行业先进的技术、知识、产品、理念、模式结合起来，将企业的研发设计、生产制造、物流、人才培训、检验检测等能力交易在线化、市场化，并通过质量认证、企业征信等配套服务完善能力交易市场，为制造企业发展及时提供最佳解决方案。

第四，参与机制灵活化。参与机制灵活化是高能级科创平台建设的重要保障。高能级科创平台在资源整合、管理模式、运行机制、开放服务等方面都需要结合企业实际需求，创新体制机制。确保能够充分挖掘释放"众"企业、"众"部门、"众"环节、"众"员工的创新创业潜力，激活传统企业的人和组织，助推形成基于互联网的新型制造业发展理念、战略、组织、流程、管理和业务模式。

第五，体系生态化。体系生态化是高能级科创平台建设的高级阶段。围绕生态系统主导权的竞争是产业竞争的最高形态，其本质是整合"平台＋服务提供商＋用户"生态资源，构建基于创新创业平台的生态。这要求企业在生态系统的形成、演化中不断优化自己的功能定位，及时更新拓展相关的管理参量和服务边界，在定位优化中不断提升自己的价值链，形成分工有序、协同创新的创新创业生态。

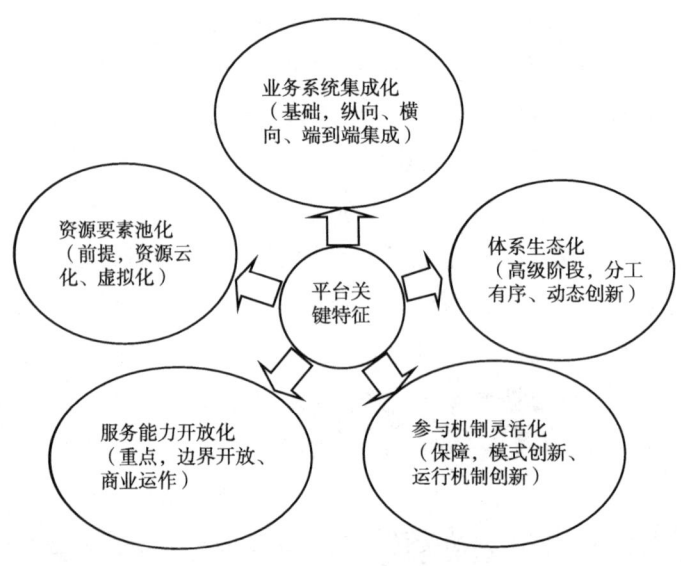

图 2.2　高能级科创平台的核心特征

三、建设高能级科创平台的背景和意义

2016年2月出台的《浙江省国民经济和社会发展第十三个五年规划纲要》，明确提出要"聚力建设区域创新平台和载体，全力打造具有重要影响力的科创中心，加快建设高能级科创平台"。这是"高能级科创平台"的官方正式应用，但学者们围绕"高能级科创平台"的研究却几乎缺失，仅是零星地发表在浙江本土的期刊上，也基本局限于从实践层面来探讨。典型的如《今日科技》在2017年第6期发表专题文章《构建高能级平台打造区域创新高地》，指出作为驱动浙江科技创新"一转四创"的"第一轮"，创新平台是浙江省厚植创新沃土，布局未来，打造一流创新生态链的战略选择。特别是近年来，创新平台建设以前所未有的力度和速度，成为浙江"互联网+"世界科技创新高地行动计划的重要支撑。浙江省创新平台建设初步形成了以杭州城西科创大走廊为"旗舰"，以国家自主创新示范区为"航母"，以重点企业研究院为"群舰"的三级列阵，构成了点线面、上中下交错的综合、立体、现代、生态的科技创新平台体系。李燕青在2018年第31期《杭州（周刊）》

以《高能级平台是实现高质量发展的重要基石》发文，指出高能级平台是支撑和参与长三角更高质量一体化发展的基础。应加快一批高层次战略平台的建设和谋划，成为瞄准全球、带动全省、示范长三角高质量发展的标杆。

面对激烈的国内外科技与经济竞争，国内主要发达地区都已将建设一流的科技创新平台作为实现跨越式发展的战略举措，如上海市加快建设具有全球影响力的科技创新中心的战略部署等。针对浙江省"十三五"时期的特殊关键期和创新的新要求，必须强化创新极核功能，集聚建设高能级科技创新平台。从区域创新系统的视角看，省域层面需要一个能带动全省创新驱动的示范性高能级科创平台，地域层面也需要有一个能带动各地产业创新发展的高能级科创平台，这就要求从浙江全省和地方等层面构建布局合理的各类高能级科创平台；从传统产业转型升级的视角看，当前浙江省产业结构正在进行深度调整，原来支撑块状经济发展的要素已不再具有优势，传统产业要走向中高端，必须全面重组生产要素，需要新的思路和新的战略平台；从新兴产业培育的视角看，战略性新兴产业的灵魂是技术创新，浙江省重点发展的九大战略性新兴产业，如新一代信息技术产业、新能源产业、节能环保产业、高端装备制造业等领域在关键技术、核心技术上亟待突破，亟须高能级科技创新平台的支撑。基于此背景，集聚建设高能级科技创新平台并加强高能级科创平台相关理论和对策研究，显得尤为及时并富有战略性。

四、主要发达国家和地区科技创新平台建设概况

科技创新平台在推动科技创新方面发挥了积极的作用，美国、欧洲、日本、韩国等主要发达国家和地区在科技创新平台建设方面处于领先地位（曾昆，2017）。

（一）美国科技创新平台建设情况

1999年，美国竞争力委员会发表《走向全球：美国创新新形式》的研究报告，首先提出了创新平台（platform for innovation）的概念，认为创新基础设施以及创新过程中不可缺少的要素：人才和前沿研究成果的可获得性；促进理念向创造财富的产品和服务转化的法规、财务和资本条件；使

创新者能够收回其投资的市场准入和知识产权保护等。上述任何一个因素的弱化都会削弱整个创新平台作用的发挥。

美国的科技创新平台属于政府引导型，由企业、高校和科研机构、政府及其他机构等组成。政府在其中的作用主要是引导，通过制订科技创新政策、法规、计划等引导科技创新发展方向，为科技创新营造良好环境。平台的经费一部分来源于政府设立的专项资金，另一部分来自企业投入配套。

（二）欧盟科技创新平台建设情况

2003年，欧盟委员会提出建设欧洲创新平台。平台通常选择若干对经济和社会发展有重大影响的领域，自下而上将企业、高校和科研机构、政府、相关机构组织在一起，共同制订欧洲的创新计划，确定重点领域、期限和行动计划，通过法律、经济、技术等领域创新带动创新计划的实施，提升欧洲整体创新能力，增强欧洲工业竞争力，促进欧洲经济增长。欧洲创新平台的重要特点是自下而上建立，在欧盟委员会的指导和推动下，平台通常由大企业牵头，中小企业、高校和科研机构、金融机构等共同参与。平台的经费来源一部分是政府资助，另一部分是参与方共同投资。欧洲创新平台是欧盟科研框架计划的重要支撑。英国、荷兰、德国等是欧洲科技创新平台建设比较好的国家。

英国技术战略委员会于2005年11月推出了创新平台，并把它作为一项重要的科技计划，通过将各政府部门、企业和学术界的专家集聚在一起，推动社会加强创新，开拓新的市场机遇。技术战略委员会属于非政府部门的公共执行机构，是创新平台的发起者和重要资助者，由英国商业、企业和制度改革部领导，但又有一定的独立性，资金主要来自英国创新、大学与技能部，也接受来自其他政府部门的资助。英国的创新平台设有领导小组，小组成员由技术战略委员会、原英国贸工部（2007年英国科技体系改革后由商业、企业和制度改革部继承贸工部的大部分管理职能）、各研究理事会、知识转让网（以促进知识转移为目的，成员包括众多企业、大学、研究所、金融机构以及技术团体，主要功能包括举办会议，帮助成员结识商界和学界的伙伴；免费提供在线服务；帮助成员获得资助机会等，还向参与创新平台竞争性投标项目的成员提供指导）以及政府相关部门的代表

第二章 高能级科创平台的内涵与生态化治理

组成。领导小组负责征求相关部门意见、发布白皮书、公布和管理项目、出台政策法规、举办研讨会、开展可行性或案例研究等。英国创新平台有一套适合自己的运行机制，技术战略委员会在充分调研基础上，提出建立创新平台；平台成立后，技术战略委员会邀请知识转移网、相关部门共同商讨平台的发展战略，明确平台未来工作方向和重点。创新平台的项目通过竞争性投标方式申请，创新平台可以为项目提供公共资金。公共资金主要由技术战略委员会、政府相关部门、各研究理事会、地方机构及其他资助机构（如基金公司、研究所等）提供。创新平台研发项目开发的产品和服务可以享受政府优先采购的待遇。

荷兰政府自2003年9月起成立荷兰创新平台，初期运行时间为三年半，2007年又启动二期平台。平台主要由政府、产业界、科研界的专家组成，平台主席由荷兰首相担任。在荷兰多层次的科技创新体系中，创新平台属于国家层面的协调和咨询机构，主要负责顶层设计，协助政府制订科技政策、提出科技支撑项目等。由于创新平台成员大多是产业界、科研界的专家，熟悉创新过程及问题，平台主席由首相担任，加之参与制订创新政策的相关政府部门（教育、文化和科学部以及经济事务部）参与，所以创新平台在决策效率和影响力上明显优于其他咨询机构。创新平台有其独特的运行机制，不直接向研发项目提供资助，而是通过研究确定创新的重点领域和重大战略，以及向政府提供政策建议，以此来引导项目资金分配。通过发起项目，创新平台直接影响政府的创新政策。平台下设项目办公室，专门负责启动、管理和监督项目执行，平台秘书负责管理项目办公室，并向首相汇报工作。

德国科技创新平台是典型的政府引导、市场化运作模式。平台成员由企业、高校、科研机构、行业组织、银行等构成。创新平台采取公司化管理模式，实现运行机制市场化、服务对象社会化、绩效考核科学化。政府并不直接参与创新平台建设，但通过政府投入、法律政策等方式引导平台发展，以此整合创新资源，促进创新主体间的合作，加速科技成果的扩散和产业化。德国科技创新平台的最大特点是形成紧密的官产学研用结合体系，史太白体系就是这方面的典型代表。该体系由基金会、技术转移中心、咨询中心、研发中心、史太白大学及其他参股企业组成。史太白体系早期的资助主要来自巴符州政府，州政府每年给予史太白基金会50万~200万马克的资金；后来，州政府改变直接拨款的资助方式，通过政府采购服务给予项目支持。为体现政府对科技创新的意图，史太白体系基金会理事会理事由巴符州州长府及科技等内阁部门、州议会党团代表在基金会理事会担任（占一半以上席位），他们负责制订基金会章程及服务准则。史太白体系充当了科技与产业之间的桥梁，将德国雄厚的科研力量和高端制造业有机结合起来，加速了技术转移，促进了科技界和产业界的良好互动。

（三）日韩科技创新平台建设情况

日本和韩国的创新平台属于政府主导型，以高校、科研机构、大企业为主体实行联合开发，强调产学研合作，经费主要来源于政府投入。

（四）主要发达国家科技创新平台建设的基本经验

第一，政府在平台建设中起着非常重要的作用。一方面，政府通过制订政策、法规等为平台建设创造良好的环境，引导平台发展；另一方面，政府为平台建设提供经费支持，保障平台的运行，如美国国家科学基金会有两个主要账户为创新平台提供技术装备支持：一是大型科研设备及设施建设账户（MREFC），负责支持大型科研设备及设施项目；二是中小型设施项目的研究及相关活动账户（R&RA）。在欧盟的"地平线2020"战略中，欧盟将研发经费占GDP的比例提高到3%，用以保证平台的日常运行和信息、通信等基础设施建设。日本政府在科研资金投入中设立专项调节费，用以支持创新平台的基础设施建设。

第二，整合和协调管理创新资源。为避免重复投资，提高创新资源使用效率，发达国家大力整合政府投资的创新资源，通过出台政策等方式加强创新资源管理。例如，美国、欧盟等纷纷出台正式的、具体的国家科研政策和计划，加强对创新资源的顶层引导和协调管理，其中比较有代表性的是美国、欧盟、英国。美国国家科学委员会每年都会向预算部门提出"制订跨部门计划和战略来确定跨部门的科研基础设施优先顺序"的建议；欧盟制定了《欧盟跨国使用研究基础设施计划》，明确规定欧盟内部要做到重大研发设施和仪器共享；英国科技办公室制定了《大型设施战略路线图》，明确规定了除非特殊情况，否则仪器设备和其他机构可以共享使用，严禁重复购买浪费资源。

第三，建立成功的"产学研用"或"政产学研用"运行模式。"产学研用"或"政产学研用"合作模式是平台成功运行的关键。企业始终是创新平台建设的主体，负责市场化运作创新平台，为平台提供配套资金，促进科技成果的资本化、市场化。高校、科研机构也是平台重要的参与方，与企业共同进行技术开发；政府是平台运作的重要指导者，为平台提供一定的资金支持，必要时与企业一起组成战略联盟，如美国政府与美国三大汽车制造商共同组成的"新一代汽车合作计划（PNGA）战略联盟"。日本和韩国政府在平台建设中的作用非常突出，形成了具有代表性的"官产学研用"模式，如日本政府出台了《产学共同研究政策》《人才交流政策》《知识产权与技术转移政策》《促进大学风险企业发展政策》等来促进产学研合作，还开发各种商业计划，创造商业机会，鼓励产学研三方加入创新平台中。有"韩国硅谷"之称的大德科技园也是政府、企业、大学等官产学研成功合作的典范。

第四，建立科学合理的考核评估机制。创新平台的持续良好运行，需要一套科学合理的考核评估机制对平台进行监督管理。考核评估机制的核心是设计一套科学合理的评价指标体系和绩效评价制度，以此加强平台的内部自律和社会监督。例如，美国国家科学基金会制定了《设备监管指南》，将内部自律和社会监督的考核机制用制度规范化，内部自律可以通过自我评价实现，社会监督则通过对负责人考核、用户满意度调查等方式实现。除美国之外，其他国家也有完善的绩效考核机制，以此确保创新平台的有效运行，保证国家财政投入的合理性。

美国、欧洲、日本、韩国等主要发达国家和地区在科技创新平台的建设经验如政府作用发挥、创新资源整合、"政产学研用"运行模式、科学的考核评估机制等方面对我国科技创新平台建设及浙江省所倡导实施的高能级科创平台的建设实践具有重要的借鉴意义。

第二节　基于新兴信息技术的平台生态化治理

随着新兴信息技术的发展与运用，以互联网、大数据、云计算等技术为支撑的平台已在多个方面演进和创新，全球范围内一批用户基数庞大、技积累丰富、资金实力雄厚的平台型企业纷纷涌现，通过提供开源系统，营造开放环境，促进跨界融合与业态创新，以新兴信息技术为支撑的平台经济发展浪潮已然来临，推动人们的社会生产和生活方式发生深刻变革。对基于新兴信息技术的平台生态化治理新趋势的研究分析，对以创建全球领先的信息经济科创中心为目标的杭州城西科创大走廊的建设具有重要的现实意义。

一、平台服务功能、创新模式、治理架构的新变化

随着新一代信息技术的发展，不同细分领域的平台不断涌现，如电商平台、物流平台、工业生产智能制造平台、医疗平台、金融支付平台以及便捷出行平台等，平台的服务功能、创新模式、治理架构已出现明显转变，这种拥有全新特性和影响力的平台以迅猛的速度渗透于经济社会各领域，由产业组织方式已快速发展为一种经济形态。如图2.3所示，相对于传统的平台，基于新兴信息技术的平台的关键特征发生了显著演进和变革。

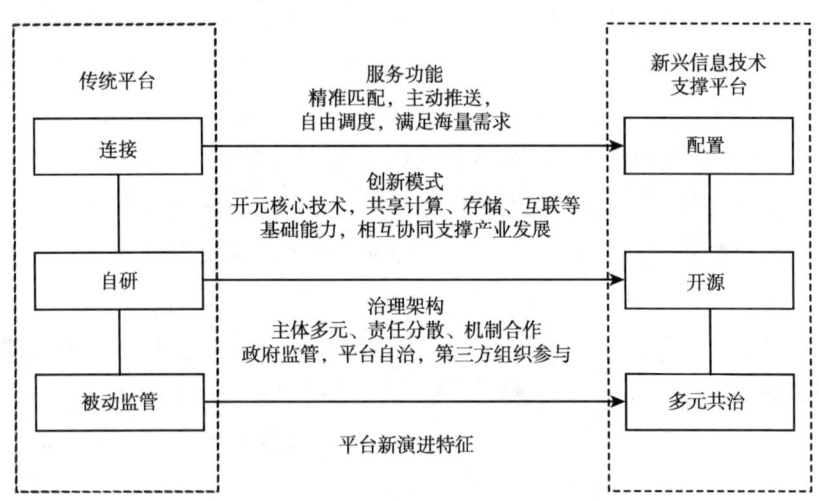

图 2.3　新兴信息技术支撑平台的演进特征

（一）数据源：平台服务功能由连接转向配置

相较于能够接入各类服务资源的传统线下线上平台，基于新兴信息技术的平台将数据作为重要生产要素，能够解决承载大规模应用时出现的资

源调度问题,并将各类服务资源优化部署以满足海量用户需求。这类平台还能实现与其他平台服务资源的相互调用,并进行分析、计算及预测等工作,根据用户的需求主动推送服务,供需双方通过平台弹性精准匹配,主导权由生产商、流通商转移到用户手中,众多分散的生产者和消费者个体实现广泛、实时、频繁的交流互动,有效满足消费者个性化需求。当前,以闲置资产使用权交易为核心的分享经济正在快速崛起,如美国短租平台Airbnb整合闲散的房屋资源,将房主与租客直接对接,使租客以低于当地酒店价格享受到不同类型的居住环境。

(二)分布式:平台创新模式由自研转向开源

提供以开放资源、弹性可扩展为特征的解决方案正在成为平台的基本能力,越来越多的平台企业采用分布式开源协同创新机制,强化用户体验和服务机制,创新开源商业模式,提升行业竞争力。平台企业还鼓励全社会的开发爱好者、学习者、商业组织共同参与,共享计算、存储、互联等基础能力,相互协同支撑相关产业及应用快速发展,推动开源、共享、协同的社会创新生态环境的构建。目前,国际科技巨头谷歌、亚马逊等都利用开源技术构建云计算类应用和服务平台,而国内的门户网站、大型电商等企业也在通过开源技术、产品和服务构建低成本、高弹性的平台,传统产业则通过开源技术和产品逐步实现升级转型,2018年全球基于开源软件的工业互联网平台已有300多个。

(三)多主体:平台治理架构由被动监管转向多元共治

随着平台参与主体规模的扩大和交易范围的扩展,平台治理实践不断适应和完善,逐渐由被动监管发展为政府监管、平台自治、第三方组织参与的多元共治格局。面对平台的业务形态和属性日益复杂的情况,监管部门加强监管手段能力建设,对各方责任与义务进行明确。从2013年起,美国加州等多个地方的监管部门相继出台规范网约车平台的法案。此外,平台在管理机制和技术创新层面加强自身建设和用户管理,主动承担治理责任。如著名的即时用车平台Uber在应用程序内推出"安全中心",以便乘客与指定联系人分享行程细节,并且每年重新审核驾驶员背景。同时,行业协会、企业联盟等第三方组织也积极发挥作用，协助政府对平台经营活动进行监督，Uber 每隔两年就要接受第三方机构对于个人隐私和数据保护措施的审核。

二、生态化治理的基本内容

（一）治理的基本内涵

治理理论最早发源于公司治理（corporate governance），学术界探索公司这种组织的治理方式大概已经有百余年的历史了。20 世纪 90 年代以后，不仅是公司的治理问题，政府、NGO 及一些国际组织的治理问题引起经济学家政治学家的广泛关注，甚至一些国际机构也专门撰文论述治理的问题。全球治理委员会（commission on global governance）认为，"公共治理"是各种公共的或私人的机构管理其共同事务的诸多方法的总和，是使相互冲突的或不同利益得以调和，并采取联合行动的持续过程（陈喜乐，2016）。就严格意义而言，治理与统治的概念不同，统治强调的是政府对公共事务的管理，管理的主体必须是政府；而治理的主体可以是政府也可以是私人机构、社会组织。就管理方式而言，统治往往采取自上而下的方式对公共事务进行单一向度的管理；而治理则是一个上下互动的过程，强调政府与私人机构、社会组织进行合作、协商，多层互动，实现对公共事务的管理。

（二）生态化治理的内涵和特征

生态化治理方面目前探讨的还较少，较早关注的为科技治理以及科学、技术与创新的治理问题（陈喜乐，2016）。生态化治理是在治理概念上的发展，强调的是在一个创新生态系统中，各个参与者为了维持自身的利益和生态系统的可持续发展，共同参与到治理过程中来。创新生态系统来源于学者们把创新系统与生态系统在概念上的类比，创新生态系统这一概念孕育于 20 世纪 90 年代，该研究范式表现为由关注系统中要素的构成转向关注要素之间、系统与环境之间的动态过程。创新生态的提出是基于对硅谷持续创新发展的研究，其概念来自生态学中生态系统的类比，包括与创新活动相关的各类物种、种群、群落等要素及创新生态环境。目前，创新生态系统受到发达国家的普遍重视和采纳，包括出现在OECD的种种文件和报告中，基于生态化治理的创新管理与政策在各发达国家或地区也方兴未艾。具体到基于新兴信息技术的平台领域，可以对生态化治理做如下的定义：为了实现平台生态系统的良性发展和维护自身利益，众多平台生态系统的参与者共享观念、彼此合作，在相互依存的生态系统中分享权力，共同治理的过程。生态化治理包括主体多元、责任分散、机制合作三大部分。

（1）治理主体的多元化。治理主体的多元化是指几乎生态圈中所有的主体都分享了治理权力，参与到治理过程中来。譬如对于电商平台，从现有的治理情况看，消费者、网商、电子商务平台、第三方治理机构、商业联盟、相关的政府部门、科研机构以及媒体都成为治理主体。

（2）治理责任的分散化。治理责任的分散化是指治理主体的多元造成了治理权力的分散化，相应的治理责任也分散化了，承担治理的责任也相应地分散于平台、消费者、网商、第三方治理机构、政府等。

（3）治理机制的合作化。治理机制的合作化是指治理主体的多元化和治理权力的分散化，决定了治理不是某个主体能独立完成的任务，必须依赖于各治理主体形成一个密切合作的机制，也称其为治理机制的合作化。此种合作机制的形成一方面有赖于各主体共享共通的价值观念；另一方面又取决于各主体通过合作关系实现各自的利益追求。

三、平台生态化治理的意义和作用

（一）平台生态化治理确保网规的开放性和动态性

以第三方电子商务交易平台（如阿里巴巴天猫商城、淘宝网等）为例，平台主要有两个特点：一个是它在电子商务交易中起到十分关键的承上启下的作用，是联系交易方、消费者、支付方、配送方、电信服务提供方等的纽带，是交易服务的核心与主体；另一个是由于其在电子商务交易中的特殊地位和作用，其面临的法律问题相当广泛，既包括电子合同、消费者保护、隐私权保护方面的，也有信用管理、信息安全、违法及不良信息监控等领域的。第三方电子商务交易平台在电子商务发展中的意义重大，规范、健康、有序和信用良好的网络交易平台服务对于素未谋面的交易主体之间的交流和合作起着关键作用，是使电子商务顺利进行不可或缺的因素。

无论是交易平台、支付平台、社交平台、门户网站、搜索平台还是团购平台，它们的共性是：首先，它们提供的往往是一种综合而非单一的服务；其次，它们都是高度依托互联网的新型服务模式，是一种交互的、跨地域的服务，而且大多还是免费的服务；最后，从表面看，这些平台只是一个网站，但网站的背后，是个性化的服务、完善的规则体系、多样化的功能和海量用户之间的互动，也就是说，平台最大的特点或优势，就在于它可以成为一个生态圈的"土壤"。

平台生态化治理确保了网规的开放性和动态性，平台既是交易的平台、信息的平台、数据的平台、信用的平台、消费者保护的平台，也是治理的平台。在一个开放的治理平台上，网民才可以充分参与到治理过程中，成为治理的主角，而不仅仅是被约束者；同时，只有平台生态化治理，才可以建立起治理的生态系统，使大量第三方专业机构也参与进来。

平台的价值在于对生态环境的支撑作用，这种支撑是靠服务、技术和规则完成的。在互联网时代，在信息社会的大背景下，电子商务服务等平台化服务成为现代服务业的核心。平台生态化治理既是平台履行责任的结果，也是平台承担责任的过程；平台责任与平台生态化治理密不可分。信息技术的高速发展，海量与个性化，对治理的快速响应要求，多样性、生态化与跨区域性，以及低成本等，都使传统的治理模式不能很好地适应于平台经济发展，客观上呼唤一种与之相适应的治理模式，平台生态化治理就是顺应这种信息社会复杂环境治理要求的结果。

（二）平台生态化治理是适应信息社会、经济全球化的需要

一方面，平台生态化治理是适应信息社会的需要。信息时代既不同于农业社会，也不同于工业社会。农业社会对法律的需求很小；工业社会由于经济和科技的快速发展，社会关系极为复杂，人类对法律的需求急剧增加。信息社会则不同，人们从一元世界进入两元世界——现实世界和虚拟世界，尽管网络世界是现实世界的延伸，但其具有不同于现实世界的诸多特点。

另一方面，平台生态化治理是适应经济全球化的需要。经济全球化大

大加强了世界各国的相互依赖与联系,世界越来越变成了一个"一荣俱荣,一损俱损"的"地球村"。网络世界,国家的藩篱在弱化,各国的司法自治成为网络世界法制化的一大障碍,达成共同认可的规则往往需要一个极其漫长的过程。而当平台化治理逐步发挥更大的作用时,这种缺陷则可以得到一定程度的弥补。平台上没有国界,各种国籍、各种肤色的网商都在自愿遵守的前提下认可共同的交易规则,认可诚信与开放、分享,使跨国治理更容易实现。

四、促进我国平台生态化治理和平台经济发展的建议

(一) 当前我国平台经济的发展趋势

伴随着平台服务功能、创新模式、治理架构的全面演进,我国涌现出多家平台企业并快速发展壮大,推出交易类、社交与内容类、技术支持类等多种平台,覆盖生活服务、网络媒体、金融、能源、智能制造等多个领域,据发改委统计,2017年我国平台经济规模比2012年增长了5倍,在这种蓬勃发展的浪潮之下,我国平台经济在产业平台化转型、信用体系和公共领域建设等方面呈现出明显的趋势特征。

1. 传统行业加速向平台化发展模式转变

20世纪90年代末,阿里巴巴、腾讯等新兴平台企业在电子商务、即时通信等领域率先兴起,随后传统行业加速向平台化模式转型,呈现出从服务业到工业、从消费到生产的延伸态势。随着新兴信息技术的发展与运用,早期平台企业如今成长为行业巨头,腾讯、阿里巴巴入围2018年全球最具价值品牌百强排行榜前10强。同时,传统服务行业也逐渐向平台化模式发展,交通出行、教育、医疗、餐饮住宿等领域的平台企业不断崛起,促进线上线下结合发展的新服务模式蓬勃发展。近年来,传统制造企业也开启平台化转型之路,已成为推动新一轮工业革命的重要力量,三一重工、航天科工、海尔已推出国内领先的工业互联网平台。

2. 平台经济助推多层级信用体系加快完善

信用体系建设是加强平台事中、事后监管的有效手段,近年来,政府、平台企业等多方参与的联合激励与惩戒机制正在逐步建立,平台企业开始

成为信用体系建设的重要力量，我国多层级信用保障体系不断完善。一方面，政府主导的全社会信用体系已经建立。例如，发改委、人民银行等多个部委协同合作建立全国信用信息共享平台，共同完善守信联合激励和失信联合惩戒制度，工信部已建成上线信息通信行业企业主体信息库和企业违法不良记录信息库，明确对失信主体的重点监管和惩戒措施。另一方面，企业自建的平台信用保障体系逐步完善，不断提升用户体验，如滴滴出行平台已在全国 100 个城市正式上线了服务信用体系，基于服务信用体系丰富车主权益、提升服务质量。

3. 平台经济的公共普惠性逐步显现

平台经济的快速发展，能缓解我国公共服务领域的不均衡状态，并为大众提供分享资源的媒介。在解决新型、多领域资源缺乏导致的公共服务均等化问题上，平台经济能够发挥整合线下教育、医疗、交通等与公共服务相关资源的作用，如在城市生活中，拼车、养老、家政服务等领域的平台模式创新迭出，在优化利用社会闲置资源、实现绿色环保等方面发挥作用，为现代城市难题的解决带来了新的思路，为大众提供一种便捷、自由参与和分享经济利益、资源的媒介。平台企业还能承担其相应的社会责任、展现其自身社会价值。阿里云平台已带动就业 120 万人，其中七成以上来自创业型中小企业，近六成为首次创业，并推出"云翼计划"进一步推动大学生创业。

（二）促进平台生态化治理和平台经济发展的建议

平台创新生态系统具备"开放"的基本特性，"开放"提高创新的效率。经济全球化的今天，面对技术和市场的快速变化，开放和合作创新已经成为一种必然和必要的选择。在经济全球化及竞争加剧的时代背景下，政府需要加强开放的意识，不断地将开放的理念渗透到科技管理中，呼吁生态系统中的主体通过开放开展合作，促进平台创新生态的培育和实现。鼓励创新主体以更加开放的姿态应对市场变化；鼓励产学研用的相互配合和合作，通过协同与互补实现创新。政府需要支持创新生态，而不是孤立的技术。政府作为平台创新生态系统的重要参与者和组织者，其作用主要是搭建一个更加开放、促进合作的市场环境。

同时政府应率先推动创新治理等新一代创新政策理念的探索实践，加强内生性政策学习。开展科技政策学研究和政策模拟研究，注重外源性与内生性政策学习并举。在创新政策的制定过程中，注重政策协同，开展政策审计，强化政策诚信，对信息公开、专家咨询、公众参与、社会舆情等进行系统机制设计。面向政策生命周期全过程，提升对创新绩效的洞察力，提高创新政策的前期评估能力。实施政府部门内的组织创新与流程再造，形成内部管理的"创新生态"。加快政府创新管理的能力迁移，逐步转向信息公开、数据开放环境中的综合运营服务。

我国的创新生态过多地依赖政府构建的"人工生态"，而不是依托市场自发形成的"自然生态"，很难持续健康发展，需要进一步的改革，提高创新的质量和内涵。高能级科技创新平台作为一个整体和开放的平台，应从碎片化、分散化、封闭化的政府管理走向协同、互动、共治的整体性治理，强调用户为中心，服务为导向，突出民众参与的显著作用与相对弹性的制度设计。民主化的决策和反馈机制可能会稍微拖延决策的速度，但是绝对会加大政府与社会的信息对称性，从而在长期上使我国创新政策制度的演进始终能够抓住趋势的最前端。从目前各国创新政策的发展趋势来看，以下三个方面导向的共识度较高：一是强调对创新生态系统的维护，保证各类创新主体和创新活动的多样性；二是对包括全员创新、大众创新、包容性创新等多种类型的大众创新创业的支持明显增强；三是继续激发各类研发组织和团队创造潜力，努力营造宽松、自主的创新环境。

当前，信息网络技术加速创新，以数字化的知识和信息作为关键生产要素的数字经济蓬勃发展，新技术、新业态、新模式层出不穷，平台化成为数字经济时代产业组织的显著特征之一，并逐步由产业组织的变革发展演化成为经济形态。为促进我国平台经济发展，应从以下几个方面发力：

一是培育具有行业带动力和竞争力的平台型龙头企业。大力支持我国有综合实力、有发展潜能的平台企业，整合跨地区、跨行业、跨所有制资源，在要素整合、科技支撑、品牌建设等方面实现新突破，面向新兴信息服务发展需求，以用户需求为导向，鼓励各类平台企业进一步丰富服务功能，拓展服务空间，创新服务模式，推动专业服务体系建设，不断改善用户体验，提升平台竞争力。同时面向海外消费市场，积极发展跨境贸易，带动平台企业和产品"走出去"。

二是加快实现平台对实体经济的支撑带动作用。支持建设面向各行业生产要素配置、供应链管理和模式业态创新的综合平台，面向基础共性、行业通用、企业专用建设高端装备制造的互联网服务平台，发展全生命周期管理、协同研发设计、生产设备优化、产品质量检测等服务平台。培养技术实力雄厚、服务能力优秀的工业互联网平台，加快推进制造业服务化发展，依托平台优化生产工艺流程和柔性化改造，开发推出个性化定制产品服务，促进定制服务行业发展。

三是开展平台经济统计监测和标准信用体系建设。科学制订平台企业的统计分类和标准，加快建立覆盖平台经营主体和信用评估服务机构的信用统计监测体系，科学设计信用评价指标，逐步建立先进适用的指标体系，建立信用信息发布制度，推动相关部门制订第三方监测机构和信用评估服务机构的相关行业标准和从业人员标准，深入推动平台经济技术标准应用，逐步规范完善平台企业服务标准、管理制度和示范推广，促进平台经济高质量发展。

第三章　高能级科创平台的体系架构

本章侧重从不同的维度探讨高能级科创平台的体系结构。一是以制造业为例，从企业级科创平台、产业链级科创平台和生态级科创平台等三个层次体系构建了高能级科技创新平台的总体框架；二是从产业公共技术服务平台的维度，解析了产业公共技术服务平台的内涵、基本功能、系统架构、运行机制架构和知识管理流程；三是从产业集群区域创新集成和交易平台的维度，探讨了区域创新集成和交易平台的内涵与结构、平台设计的原则、平台的功能模块和平台的总体结构设计。

第一节　高能级科创平台的总体架构

一、高能级科创平台的总体框架

基于科技创新平台的复杂性，本章仅以制造业为例来构建高能级科技创新平台的框架。制造业高能级科技创新平台的本质是通过数据采集、工业软件和工业云等技术促进制造业的各类要素数字化、系统集成化和运营源池化，构建研发能力、生产能力和孵化能力等能力在线分享的开放性平台，不断优化企业的研发设计、生产制造、运营管理等资源配置效率。高能级科创平台总体架构可以分为三个层次体系，包括企业级科创平台、产业链级科创平台和生态级科创平台。不同层次的科创平台，其资源优化的范围也不同，从企业级科创平台、产业链级科创平台到生态级科创平台，参与优化的资源沿着点、线、面、体、大系统、巨系统不断拓展，直至构建形成资源富集、多方参与、合作共赢、协同演进的高能级科技创新生态体系，如图3.1所示。

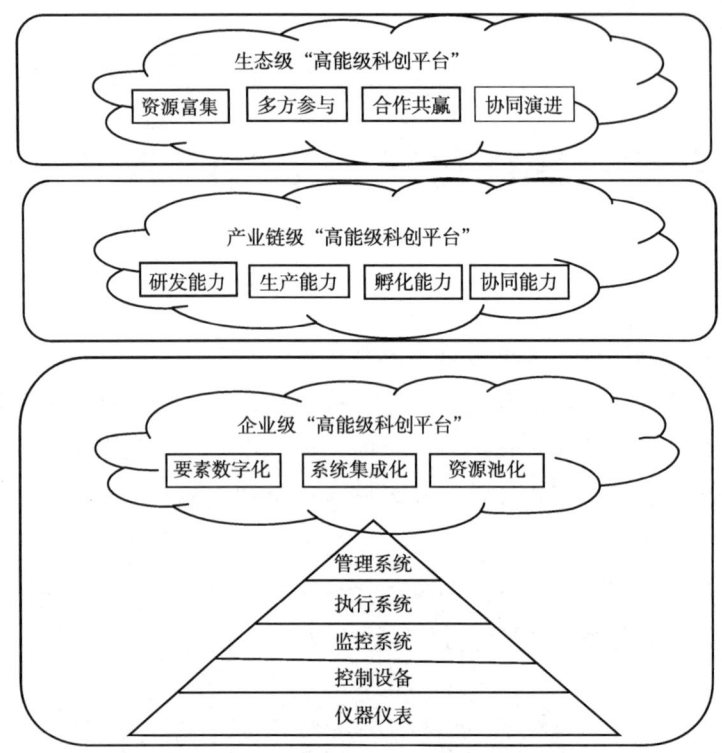

图 3.1　高能级科创平台的总体架构

（一）企业级科创平台

企业级科创平台是制造业科创平台的最小单元体系，其目标是企业内部实现所有环节信息无缝连接，是企业内部开展创新的基础。企业级科创平台既包括重点环节的创新（如研发设计部门内部的创新），也包括跨环节的创新（如研发设计与制造环节的创新），还包括产品全生命周期的创新（如涵盖产品研发、设计、计划、工艺到生产、服务的全生命周期的创新）。企业级科创平台的本质是引导企业不断深化研发设计与生产制造的集成、经营管理与生产控制的集成、产供销的集成及决策支持的集成，持续推动系统高效集成和业务优化。

（二）产业链级科创平台

产业链级科创平台主要实现从企业内部的信息集成向产业链信息集成，从企业内部的价值链重构向企业间的价值链重构。产业链级科创平台的本质是实现对企业之间价值链的整合,推动企业间研产供销、经营管理与生产控制、业务与财务全流程的无缝连接和综合集成,实现产品研发、生产制造、经营管理等在不同的企业间的信息共享和业务协同。

(三) 生态级科创平台

当今时代,产业生态系统的竞争已成为产业竞争的制高点。所谓的产业集聚或者产业集群,便是典型的生态系统。生态级科创平台的本质是通过互联网整合创业孵化、专业咨询、人才培训、检验检测、质量认证、企业征信、投融资等服务资源,形成资源虚拟化、创新协同化、创业网络化的在线制造平台,进而形成市场化与专业化相结合、制造与服务相结合、线上与线下相结合、创业与创新相结合的创新生态。

二、高能级科创平台的功能框架

以制造业为例的高能级科技创新平台可分为要素汇聚层、能力开发层、业务支撑层三个层次。其中,要素汇聚层是基础,表现为利用数据采集、工业软件和工业云等对设备、系统、环境、人员等制造要素进行数字化;能力开发层是核心,本质是在互联网平台上实现研发设计、生产制造、创业孵化等能力的在线开放;业务支撑层是关键,表现为面向特定工业应用场景,推动研发设计、生产制造、运营管理变革,提高资源配置效率。具体功能框架如图3.2所示。

图3.2　高能级科创平台功能框架

第二节 产业公共技术服务平台

一、产业公共技术服务平台的内涵

通过区域创新系统的创新资源整合与共享建设公共技术服务平台，促进产业共性技术研发、应用和扩散已逐步形成共识。基于国家层面，服务于整个国家创新体系建设，以科技部为主导，先后实施了科技基础条件平台和技术创新服务平台建设，如表 3.1 所示。

表 3.1　科技部主导国家层面科技类平台的基本情况

平台类别	实施时间	政府部门	基本内容
科技基础条件平台	2004年	科技部、财政部、国家发改委、教育部	作为国家层面上的科技基础条件资源共享的系统化的支撑，由大型科技基础设施及基地、自然科技资源、科技数据和文献资源、科技成果转化基地、网络科技环境等物质与信息保障系统以及相关的共享制度和专业化队伍组成，服务于全社会科技创新的数字化、网络化、智能化的基础性支撑体系
技术创新服务平台	2009年	科技部、财政部、教育部、国务院国资委、中华全国总工会、国家开发银行	国家技术创新工程的六大任务之一，以支撑产业发展为目标，以企业特别是中小企业为服务对象，通过有效整合大学、科研机构、科技中介服务机构以及骨干企业等优势单位资源，面向企业技术创新共性需求提供公共服务的组织系统

相对于前述的平台，以服务于"共性技术"为目的的产业公共技术服务平台有其自身的内涵和要求。现阶段，在国家创新体系中，产业共性技术研究和技术服务已成为我国自主创新链上最薄弱的环节，成为制约我国自主创新能力的"瓶颈"因素，组建产业公共技术服务平台，加强共性技术研发、创新成果产业化、共性技术推广应用，使平台成为行业共性技术研发基地、产业共性技术转移基地、共性技术研发人才培养基地具有重要的现实意义。与其他平台相比，产业公共技术服务平台更强调的是面向产业，为产业提供覆盖技术创新服务链的系统性的产业共性技术的支撑和公

共服务。传统的科技平台,更多地从科技创新公共服务体系出发,面向高校、科研院所和企业,涵盖的范围比较广,是基于社会公共服务的需求,开展的是科技相关的资源整合共享,而产业公共技术服务平台综合性更强,更强调面向产业的发展需求,它是以支撑产业发展为目标,针对产业对共性技术和关键技术的需求,依托于行业内研发资源丰富、服务能力较强的大学、研发机构,通过整合或集成行业的优势资源,面向行业内产业技术创新提供公共服务的组织系统。

二、产业公共技术服务平台的基本功能

从根本上说,产业公共技术服务平台建设的目的是服务于"共性技术",是围绕产业对共性技术和关键技术的需求,政府引导支持,企业、高校、科研院所、行业协会等共同参与,依托有关重点实验室、工程(技术)研究中心、科技企业孵化器以及科技中介机构等建立起来的,为产业发展提供共性技术和关键技术的研究开发、技术转移、技术资源共享等技术性服务为主的系统(郑庆昌等,2008)。概括起来,产业公共技术服务平台的基本服务功能可以用共性技术研发服务、条件资源保障服务、技术转移孵化服务和共业技术人才积聚与交流服务等四个方面具体体现(刘洪民,2013)。产业公共技术服务平台的功能架构可以用图 3.3 来表示。

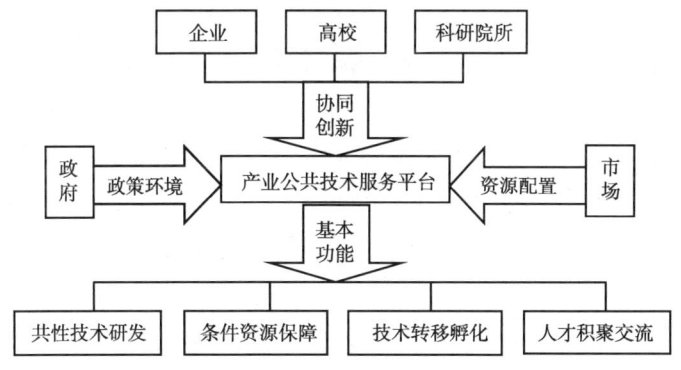

图 3.3　产业公共技术服务平台的功能架构

第一，共性技术研发服务，这是产业公共技术服务平台最根本的服务功能。依托产业公共技术服务平台，政产学研用协同创新，可以集中力量研发产业发展急需的共性关键技术和前瞻性技术。技术引进和自主研发是实现技术进步的两条途径。改革开放40年以来，技术引进成为我国广大企业获取新技术、提高技术水平的主要途径，发达国家先进的技术和装备大量进入我国，"引进—消化吸收—再创新"取得了一定成绩。但是在这一大背景下，国内技术原有的"市场"受到压缩，产业共性技术的重要性暂时被掩盖。"花钱可以买来产品，但买不来核心技术"。现在，发达国家及跨国公司已越来越注重技术保护以维护自身利益，我国诸多产业正面临日益严重的知识产权壁垒。从产业公共技术服务平台的长期发展来看，最终要靠自主创新，其主要的功能和目标定位应该是前瞻性共性技术研发，通过关键共性技术的研发服务才能真正做到引领行业、支撑发展。

第二，条件资源保障服务，这是产业公共技术服务平台的"平台"属性决定的。平台可以提供共性技术研发所需要的大型仪器、中试平台、测试手段、技术手段、科技文献数据信息等软、硬件条件，从而降低企业风险和研发成本。科技资源的整合和共享，实现科技资源的高效利用，是决定公共服务平台能否发挥作用的基础，为此，要把建立和完善科技资源共建共享机制作为平台建设的核心任务。

第三，技术转移孵化与扩散服务。按照"政府扶持平台，平台服务企业，企业自主创新"的原则，对已有成熟共性技术进行产业化和工程化，帮助广大中小企业解决技术难题，通过技术转移、技术孵化和技术扩散，逐步形成完整的区域技术转移服务体系。

第四，共性技术人才积聚和交流服务。以共性技术研发为主构成的专业化人才队伍是平台能够正常运作的必要条件。目前我国共性技术、基础技术的人才存在危机，在工艺方面的人才培养中，基础专业在教育改革中受到严重削弱。在原各产业部下属的国家大型研究院所全部进入企业或者变成企业之后，国家对从事基础共性技术的研究没有一个持续支持的机制，经过锻炼培养出的共性技术研究队伍在不断弱化。同时，一些共性技术研究计划按竞争模式设计，科研人员在争取课题上花费过多的时间和精力，再加上考评比较重视论文质量、刊物档次和文章被引用情况,使一些科研人员不愿意参与需要长期跟踪的共性技术研究项目,从而造成共性技术研究队伍的人员缺失问题日益严重(刘洪民,2013)。产业公共技术服务平台为集聚共性技术研发专业化人才队伍提供了有效载体,应加强机制创新去激励、引导、留住各类人才依托平台从事研发和服务。

三、产业公共技术服务平台的系统架构

公共平台基本功能的实现要靠一定的软硬件系统的支撑,要靠一定的功能模块来实现,这即产业公共技术服务平台的系统架构。系统架构是整个知识管理系统的灵魂,平台创新能力的提升,共性技术研发的成功和效率最终要依靠系统的协调协同来实现。如图3.4所示,构建的平台系统架构主要分为四个层次:平台的底层是基础的资源层,包括软硬件资源、人才资源、知识资源、技术资源、包括服务信息资源等,资源层在平台的建设处于重要地位,阻碍我国制造业知识管理绩效提升的很多"瓶颈"因素都归结于知识管理平台的基础支撑能力较弱,其中知识资源数据库是系统的重要基础组成部分,是平台进行知识服务的基础条件,是平台进行技

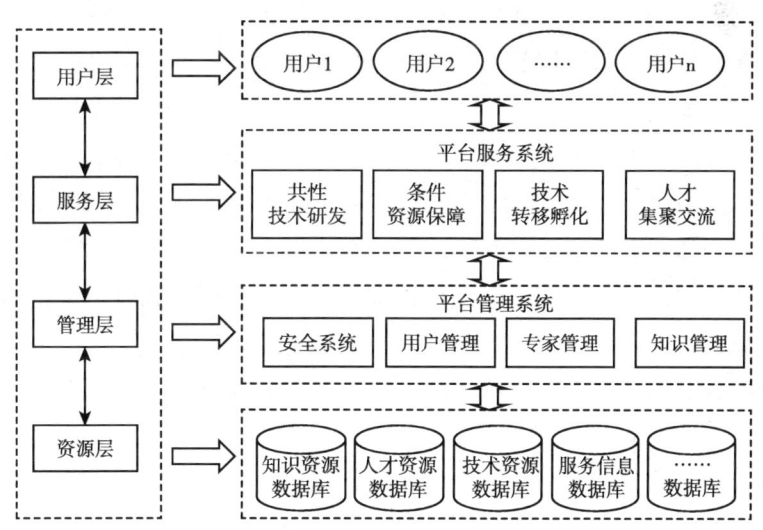

图3.4 产业公共技术服务平台系统架构

术研发服务的依托和保障;第二层是平台的技术管理层,包括平台的安全保证、专家、用户、知识的有效管理;第三层是服务层,也是平台对用户提供有效服务的载体,根据行业产业共性技术的需求和供给的实际状况,保证基本功能的高效实现是建设开发服务层的根本;第四层是用户层。

四、产业公共技术服务平台的运行机制架构

产业公共技术服务平台建设不同于纯粹的项目管理或者科研院所建设、重点实验室建设、企业研发机构建设的管理,没有现成的模式可供借鉴,运行机制需要进一步探索。平台有形的"硬件"、物质是基础,但更要强调能够调动构成平台硬件充分发挥作用的运作机制以及使硬件"活"起来的、能动因素,即操作者和管理者,这才是真正完整的平台。要特别强调人和制度的因素,只有这样才能构成一个系统化的、能够正常运转的公共技术服务(刘洪民,2013)。

资源的供给和协同机制是产业公共技术服务平台建设和持续发展的基础,平台的建设和运行涉及政府、企业、高校、科研院所、行业协会等不同组织或主体的合作、竞争、激励、协调和监督,必须建立一套适合公共技术服务平台的资源协同机制,加强资源的整合、共享和优化,提高资源的有效配置和使用效益。

产业公共技术服务平台的知识服务是平台运行的根本和核心功能,知识服务机制是产业公共技术服务平台社会价值体现的关键。从知识的获取、整合、共享到知识的创造和扩散,服务于行业、区域共性关键技术的需求,推动共性关键技术的扩散,提升产业的技术进步,需要良好的知识服务机制来保障。

产业公共技术服务平台的治理机制对平台的实际运行效果起着决定性影响。不管是平台的"虚拟组织"运行模式还是"实体组织"运行模式,产业共性技术的高复杂性、高风险性决定了多主体间的协同创新必须靠契约治理、科层治理、关系治理等治理机制来协调设计。

基于以上的分析,构建如图3.5所示的产业公共平台的运行机制架构。

第三章　高能级科创平台的体系架构

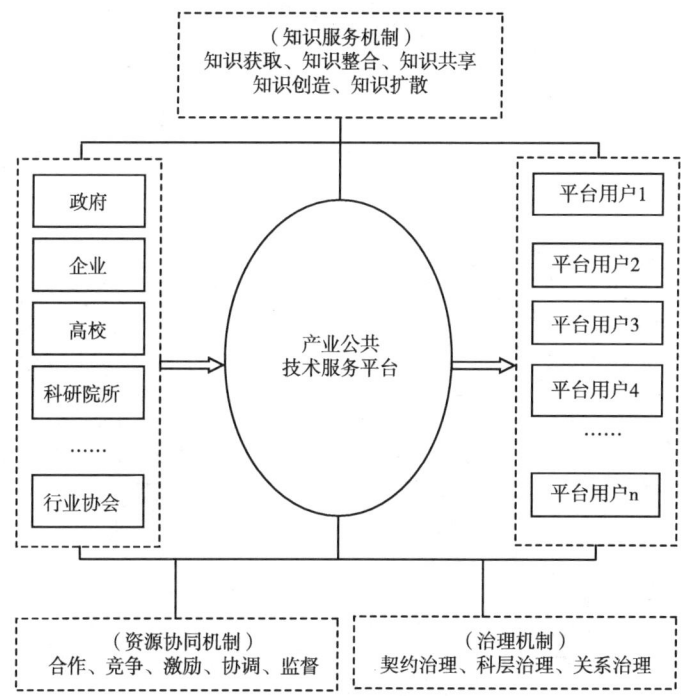

图 3.5　产业公共技术服务平台的运行机制架构

五、产业公共技术服务平台的知识管理流程

本章将产业公共技术服务平台促进共性技术研发服务的知识管理流程分为三个大的阶段：第一阶段，知识获取阶段。知识获取是整个知识管理流程的重要起始，是根据平台用户的知识需求及平台共性技术发展战略，将平台外部知识转移到平台内部知识库的过程。知识源分为外部知识源和内部知识源两大类，包含各种显性和隐性共性技术知识。第二阶段，是知识在平台内的吸收、整合、创造和共享阶段，依托平台知识库来执行。知识库是知识流动模型系统的重要基础组成部分，知识管理系统内外部获取的知识以及经过知识消化、知识共享、知识增值的知识都沉淀在知识库中，知识库的构建和高效管理运作是平台进行知识服务的基础条件，是平台进行技术研发服务的依托和保障。共享的知识被用户吸收后，开始进行新一轮基于更高层次知识存量的知识管理，该阶段处于重要位置，是平台知识创造的核心环节。第三阶

段，是知识的扩散转移阶段。平台主要依托技术转移、产业链、人才流动、高等工程教育等多种途径进行共性技术的扩散，为技术需求方提供共性技术知识。

基于以上的分析，产业公共技术服务平台的知识管理流程可用图3.6表示。

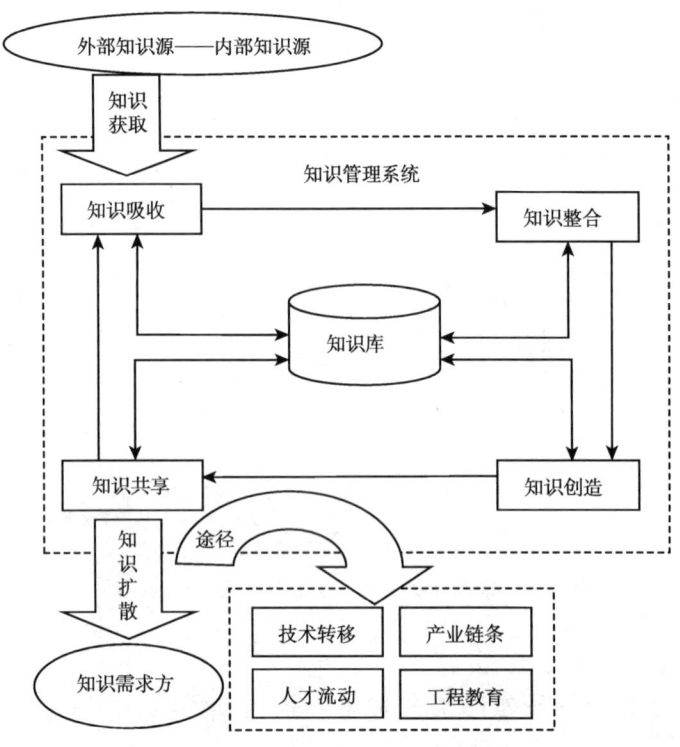

图3.6　产业公共技术服务平台的知识管理流程

第三节　产业集群区域创新集成和交易平台

一、区域创新集成和交易平台的内涵与结构

区域创新系统是指一个区域内以企业、大学和科研机构以及个体（个人或其他团队）为创新主体，由地方政府、中介机构和金融机构提供辅助支撑服务，为创造、储备、转让和使用创新知识、创新技术和创新产品而相互作用的网络系统。

（一） 区域创新系统的构成要素

这里把区域创新系统的构成要素分为两类，如图 3.7 所示。其中，企业、大学和科研机构以及个体为创新的主体要素；地方政府、中介机构和金融机构为创新辅助支撑要素，或称为非主体要素。

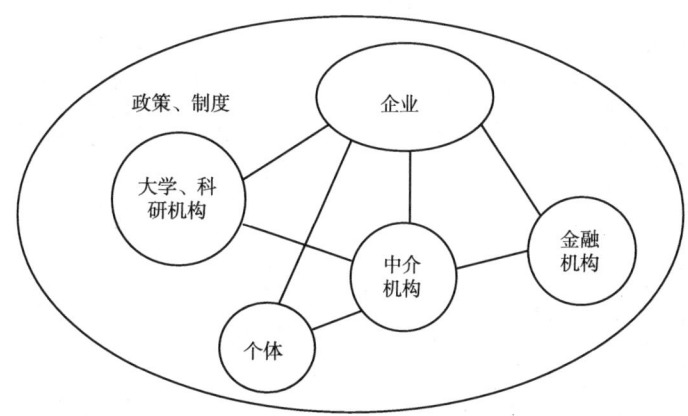

图 3.7　区域创新系统要素

（二） 区域创新集成和交易平台定位和体系研究

本章将区域创新集成和交易平台定位于从技术到产业集群创新全过程的流程服务，如图 3.8 所示，整个交易平台体系如图 3.9 所示，平台的结构如图 3.10 所示。

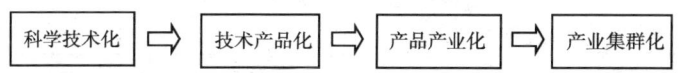

图 3.8　区域创新集成和交易平台的定位

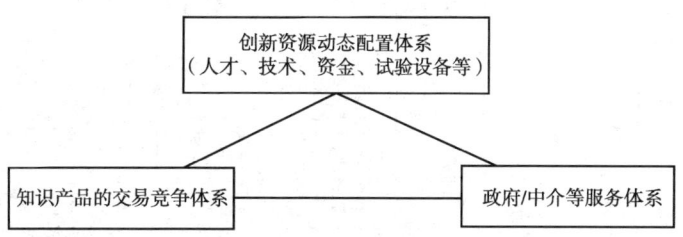

图 3.9　区域创新集成和交易平台的体系

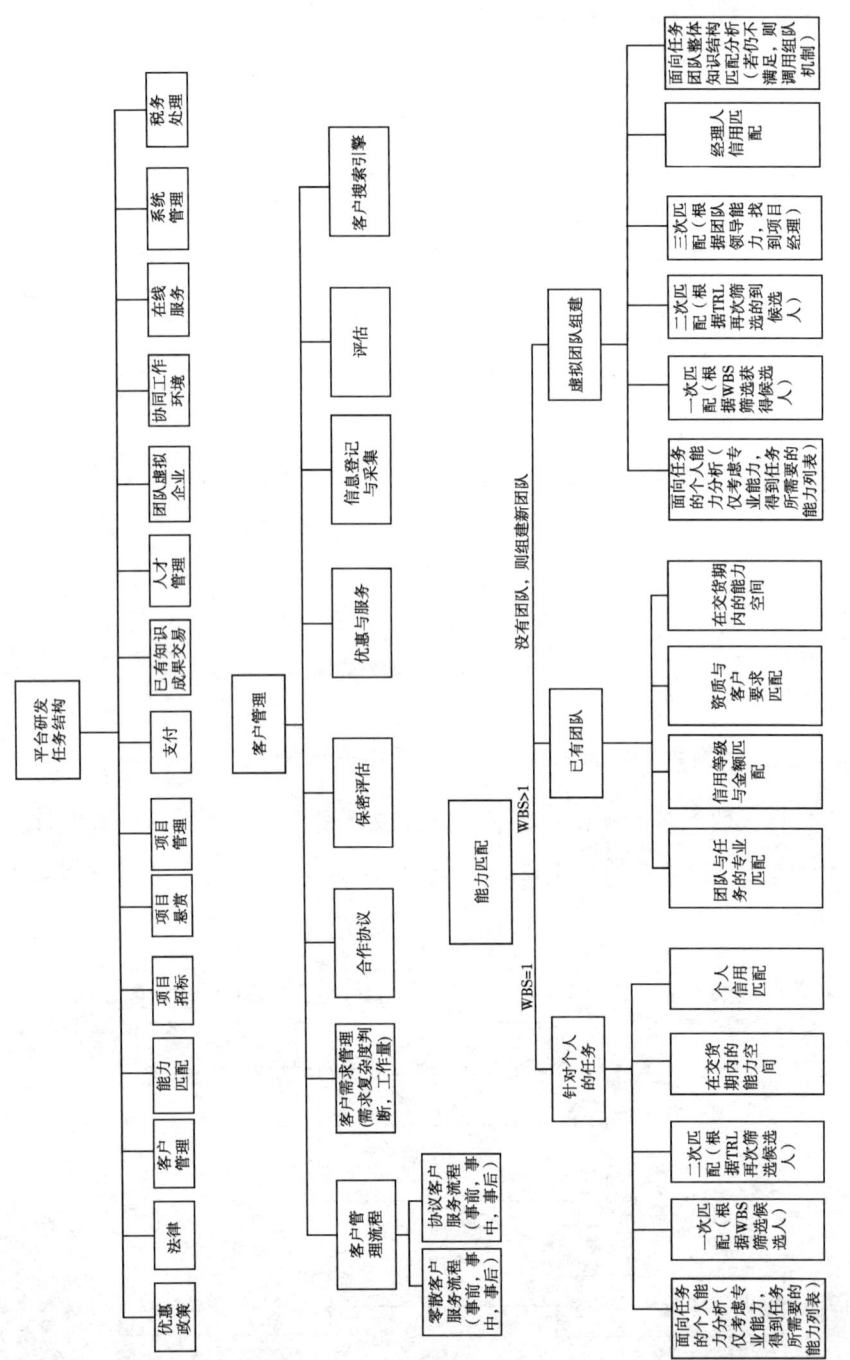

图 3.10 平台结构

（三）区域创新集成和交易平台运行机制的研究

区域创新集成和交易平台运行机制研究包括以下内容：技术的供求机制、交易竞争机制和服务机制等，如图 3.11 所示。

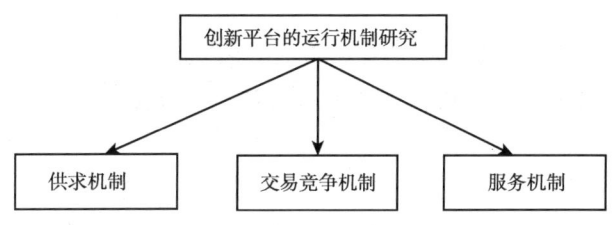

图 3.11　创新平台的运行机制

（四）区域创新集成和交易平台的工作流程研究

创新平台始于发散型的信息交流，随着信息交流的深入，某一创新项目合作架构就可形成，创新平台基于 ARIS 流程建模技术，可为该项目合作成员自动生成合作创新流程界面，具有沟通和监控项目进展等功能（资金投入、时间投入、人力投入、研发过程里程碑事件记忆），同时，对于重大创新项目，相关政府部门作为重要合作成员，参与该项目同步创新流程整个生命周期，因此，创新平台为政府的一对一创新定位服务创造了极为有力的技术支持，如图 3.12 所示。

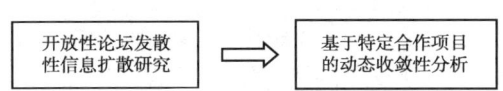

图 3.12　创新平台的流程服务

（五）区域创新集成和交易平台的数据库结构分析

当前，集成和合作创新已成为全球主流研发模式，美国和欧洲为此建立数个数据库，记录各行业的集成和合作创新动态信息，包括合作创新的技术特征、合作成员背景、合作起始时间和截止期、合作资源、合作模式、技术发展的里程碑事件。

这类数据库为学术界的研究提供一手丰富的实证数据，也为欧美国家政府相关政策的制定提供了坚实的依据。目前为止，我国在这类数据库的建立方面处于空白状态，因此，基于创新平台的集成和合作创新数据库的建立对我国技术创新的学术研究和政府制定创新政策具有重要的现实意义。

（六）区域创新集成和交易平台的扩展性研究

为了避免创新平台成为"信息孤岛"，有必要对创新平台的扩展性进行研究，包括与海外和国内相关创新平台对接界面和结构等方面的研究，如图3.13所示。

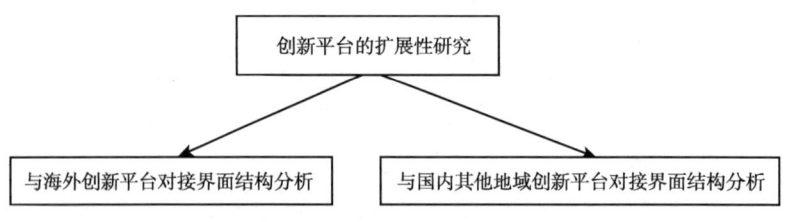

图3.13 创新平台的扩展性

（七）区域创新集成和交易平台的创新资源动态展示研究

区域创新集成和交易平台的创新资源动态展示研究内容包括信息资源的层次性分析、信息资源的动态性分析和信息资源的有序性分析等方面，如图3.14所示。

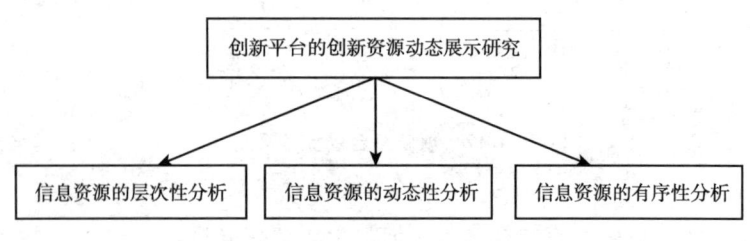

图3.14 创新平台的创新资源动态展示研究

（八）区域创新集成和交易平台的构建技术研究

区域创新集成和交易平台的构建技术的研究包括：基于GIS技术的创新资源地理分析、基于群体研讨技术的分析和基于互联网和3G跨平台技术的分析等内容，如图 3.15 所示。

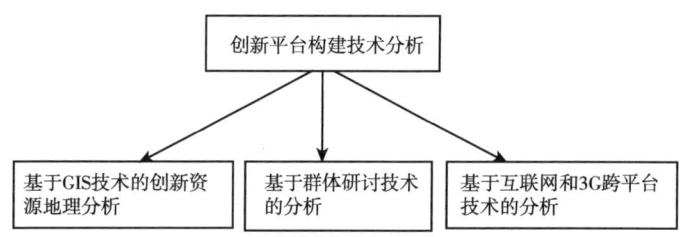

图 3.15　区域创新集成和交易平台的构建技术研究

区域创新知识平台的设计是为了帮助所有的创新者实现其创新知识的市场交易，以促进创新知识的增值。随着知识经济的发展，越来越多的创新知识不断出现，即使是在某一区域的某一行业内。为了实现创新知识共享，促进创新知识的快速商业化，将分散的创新知识集中起来是很必要的。

由于大量的创新知识一般都是针对某个具体行业的，而众多的创新者一般也仅对与自己专业有关的创新知识感兴趣，因此，为了对创新知识进行有效的组织和管理，便于买方能够更迅速、更有目的性地进入与自己有关的创新知识市场，区域创新知识平台不能立意于建设一个包含区域各行各业创新知识的"综合卖场"或者"超市"，而要从具体的行业入手，建立区域各行业特有的创新知识平台，将区域中与该行业有关的所有创新知识集中起来，就像传统的水果市场、五金市场和电器市场等一样，使平台具有鲜明的特色，保证创新知识的针对性、高效性和及时性，既便于买方的知识搜寻，又便于平台的一体化管理。

首先，在此基础上，可以建立省内跨区域同行业的创新知识服务网络，实现区域之间优势互补、资源共享的合作伙伴关系；其次，与其他省市同行业的创新知识网络建立合作关系，在全国范围内形成一个分布集中式的行业创新知识服务系统，实现跨区域、跨省市的创新成果对接；最后，寻求并实现世界范围内的行业创新知识交流与合作，形成全球性的创新知识服务网络系统，真正为我国的科技成果转化、转移和扩散起到强大的推动作用。

从以上分析可以看出，基于行业的区域创新知识平台的建设是最基础、最关键的。本项目旨在建立区域创新知识供求的价值链以及创新网络，以推动和促进我国创新成果的商业化，使创新成果迅速转化为生产力，转化为产品和服务的竞争力。

二、区域创新集成和交易平台设计的原则

（1）安全性和可靠性。由于创新知识商品涉及创新者的知识产权问题，平台的安全性和可靠性必须放在第一位。安全性方面可以采取用户注册、身份认证、对数据库访问的权限管理、日志文件等多种操作方法实现。可靠性包括两个方面：一是要采用成熟的开发软件和技术，保证平台运行可靠、稳定；二是保证平台中的创新知识来源可靠，所有内容必须经过系统管理员的审核才能发布。

（2）先进性和实用性。平台的设计要有一定的前瞻性、可扩展性。在平台投入运行后的五年之内，数据量等方面的增加不应导致对网络结构及主要设备和技术的重大调整，同时要注重平台的实用性，避免技术环境过于超前造成投资浪费，设计时要在先进性和实用性之间找到平衡点。

（3）专业化和精品化。目前信息资源网络化给用户带来的信息可以用"海量"来形容，在这种环境下粗而广的信息服务会最先被淘汰，取而代之的将是专业化、精品化的信息服务。因此平台的设计要在创新知识商品的质量上下功夫，为用户提供专业化的真正具有应用前景的创新知识商品。

（4）易用性和可维护性。建立平台的根本目的在于用户对创新知识的有效利用。所以平台的设计要面向用户，始终以用户为中心，坚持易用性原则，提供操作方便、功能强大的查询手段，使用户能够快捷地找到自己所需要的创新知识。易维护性是确保平台长期正常运行的重要因素，创新知识仓库的内容需要不断丰富和完善，以保证创新知识资源的新颖性、完整性和系统性，所以维护工作不容忽视，应该设计一个使用方便的管理员界面，以对平台进行日常维护。

三、区域创新集成和交易平台的功能模块

平台投入运行后的用户主要有三类：买方、卖方和系统管理员。卖方要发布自己的创新知识；买方要检索和浏览创新知识，并就需要的创新知

识进行谈判；系统管理员要对平台创新知识仓库的内容有操作权限，如增加、修改、删除等，并对注册用户有管理权限。

因此，在设计时针对功能需求，将平台分为七个模块：发布功能模块、浏览功能模块、检索功能模块、谈判功能模块、支付功能模块、辅助功能模块和系统管理功能模块，如图 3.16 所示。其中前六个模块面向用户，系统管理功能模块面向管理员。

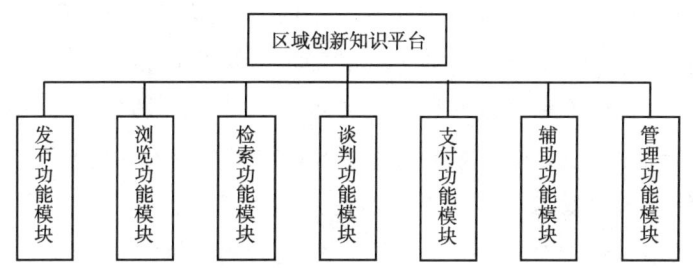

图 3.16　平台功能模块示意图

（一）创新知识发布功能

为了不断丰富和完善创新知识仓库中的内容，并及时反映创新领域最新发展动态及最新成果信息，平台应为卖方提供一个友好的创新知识发布界面，指导授权用户按照要求将自己的创新知识通过该界面提交给平台。所有的创新者都可以将获得专利的新成果、新工艺、新设计、新构思等进行登记，由平台组织专家审查并进行公布。对于未经审核过的创新知识，将存放在临时库中，待审核完后再存入正式的创新知识仓库。发布创新知识的格式应与所对应的知识仓库的格式一致。这样既可以方便用户发布创新知识，加快创新知识的传递，又可以迅速扩大和更新创新知识仓库。

（二）创新知识浏览功能

平台建成之后是通过网络以网页的方式将信息传递给用户，因此用户可以通过浏览器访问平台对创新知识进行浏览。对于未注册用户，可以仅提供简单信息供其浏览；而注册用户可以浏览更加详细一些的内容，如创新知识的功能介绍、视频、创新者的有关信息等，还可以浏览存入个人收藏夹的创新知识，卖方则可以浏览自己发布的所有创新知识以及谈判和交易的有关信息。

(三) 创新知识检索功能

为了便于买方从庞大的创新知识仓库中快速查找自己需要的创新知识，强大的检索功能是必不可少的。要提供多种检索手段，允许买方从不同的角度进行检索。为此可以设计一个由四个指标组成的模糊查询系统，即创新知识名称—创新知识功能—创新领域—创新类型。其中名称和功能的查询采用模糊查询，而创新领域和创新功能的查询采用精确查询。买方可以输入与创新知识名称和（或）创新知识的功能相对应的任意字符串，并选择与之相应的包含度，然后选择创新领域和创新类型（不选时默认为全部）以进行查询。包含度越高，查找结果越精确，但符合条件的也会越少；反之，查找的结果会相对较多。如果买方想查看查询结果中某项创新知识的详细信息，可以利用整合模块将属于同一项创新知识的相关数据从各自的数据库中分别取出并进行整合。

(四) 谈判功能

平台的谈判功能可以分为"智能谈判"和"在线谈判"两种。平台建设的目的是构建一个区域网络市场，为区域内同行业中的各种创新知识提供一个便捷交易的场所，但创新知识平台不同于一般的电子商店，因为在一般的电子商店里是顾客通过浏览和商品的选择，根据商品的价格和自己需要的数量填写订单，然后选择某种支付方式以完成交易。而创新知识的价格是难以确定的。因为卖方可能为此花费了很高但难以量化的成本，如时间和精力；另外，该创新知识为买方所带来的收益也是难以估量的。所以创新知识的定价不同于通用商品，一般要经过谈判的方式来确定。如果卖方可以接受的最低价格不大于买方可以接受的最高价格，谈判就是可行的。但谈判中的讨价还价可能需要大量的时间，且存在成功与否的不确定性。

近年来，各种各样的智能代理软件层出不穷，显示了智能技术在信息和知识管理方面的重大作用。如果在区域创新知识平台中充分挖掘智能代理的作用，就可以极大地减少卖方为了谈判而在线参与的时间，既节约了卖方的时间成本，又不会错过任何的谈判机会。为此可以设计一个智能谈判代理，根据卖方事先制定的谈判规则与买方自动进行谈判。

当买方查找到自己需要的创新知识时，就可以进入"智能谈判厅"与代表卖方的智能代理进行谈判，智能代理就会根据买方给出的价格进行推理，在谈判规则库中抽取相应的规则，并给买方以回答。谈判的有关信息可以记录在谈判日志文件中，以备卖方查看。如果买方有交易意向且适逢卖方在线，或买卖双方事先约好时间，也可以同时进入"在线谈判厅"进行在线谈判。

(五) 支付功能

网上支付系统是一个由买方、卖方、网络金融服务机构（包括商家银行、顾客银行）、网络认证中心以及网上支付工具等组成的一个综合大系统。因此，要实现在开放的网络上传输支付信息就必须采取先进可行的安全技术。目前广泛使用的安全电子交易协议（SET）或安全套接层协议（SSL）等安全控制协议就构成了网上交易的安全环境，网上交易与支付的环境的外层，则由国家以及国际相关法律法规的支撑来实现。

网上支付工具作为网上支付系统的核心，其种类很多。主要有银行卡、电子现金和电子支票等。此外，还有一些新兴的支付手段，如移动支付和中间件等。银行卡由银行发行，包括信用卡、智能卡（IC卡）等，其中发行最多的是信用卡。信用卡支付是金融服务最常见的一种方式，具有购物消费、信用借款、转账结算、汇兑储蓄等多项功能，也可以在商场、饭店等多种场所中使用。信用卡支付是按照SET协议标准建立起来的一整套购物及支付系统。其具体方式是：用户在网上发送信用卡号和密码，加密发送到银行进行支付，而在支付过程中要进行用户、商家及付款要求的合法性验证。

目前，国内多家银行都设立了这种用于在线支付的银行卡，如中国银行的"长城电子借记卡"、中国建设银行的"龙卡"、中国工商银行的"牡丹信用卡"、中国农业银行的"万顺卡"、招商银行的"一卡通"等，都具有安全、方便的特性，是一种比较理想的在线支付工具，也是目前在国内网上购物实现在线支付的主要手段。

(六) 辅助功能

除了以上功能外，平台还应提供一些辅助功能：

（1）导航功能。要对平台内的所有资源进行详细分类，在主页、各网页中均要有导航标志，并作简要说明，以引导检索，指导用户使用。

（2）链接功能。可以考虑与其他相关行业创新知识平台的链接，以便于用户更多地了解行业创新知识的辐射动态，了解相关的创新研究现状，避免重复研究，同时获得更多的创新知识资源。

（3）谈判日志服务。为便于卖方了解智能谈判的进展情况，并根据所有谈判对手的出价情况调整自己的谈判规则，可以把某项创新知识的所有谈判记录都保存在谈判记录库中，并形成日志文件，便于卖方查看并及时决策。

（4）邮件服务功能。为了加强用户和用户之间以及用户和管理员之间的沟通，平台应提供内部邮件服务之类的功能。买方可利用邮件就某项创新知识的有关问题与卖方交流，或向管理员提出问题，由相关人员及时解答，管理员也可给卖方、买方群发邮件，从而增加平台的互动性和活力。类似的功能还有电子公告板、BBS等。

（5）个人收藏夹功能。如果买方查询到自己需要的创新知识，可以存放在个人收藏夹中，待下次登录平台时再进行详细浏览，从而避免重复检索，节省时间。如果以后不再需要某项创新知识，也可从收藏夹中予以删除。如果对收藏夹中的某项创新知识产生了交易意向，可从收藏夹直接进入谈判厅进行谈判。

（6）委托服务功能。为充分发挥平台的作用，加强平台与买卖双方的联系，更好地促进创新成果的转化，可以为买卖双方开设委托服务窗口。主要业务有：①帮助卖方推介以及帮助买方寻求创新知识商品；②创新知识商品的市场调研、论证评估；③代理科研项目申报立项；④代理签约、监督（或协助）双方合同的履行；⑤组织参加国内外技术交易活动、科技考察；⑥企业诊断及策划等。

（七）系统管理功能

系统管理是保证平台正常运行的重要因素，仅供系统管理员使用。该模块对用户而言是非透明的，以防止非法用户进入并进行非法操作。主要包括系统维护、信息维护、用户管理等一系列功能。系统维护包括系统的参数设置、数据导入和导出、索引维护、数据库的备份和恢复等功能；信息维护功能是指管理员通过浏览器，可在本机或远程登录，发布通知和新闻，以及对后台数据库中的内容进行添加、修改和删除等操作；用户管理功能是指对注册用户的信息进行审核、修改或删除等操作，保证注册用户身份的真实性和可信度，保证平台的信誉。

四、平台的总体结构设计

根据上述功能分析，绘制创新知识平台的总体结构如图 3.17 所示。

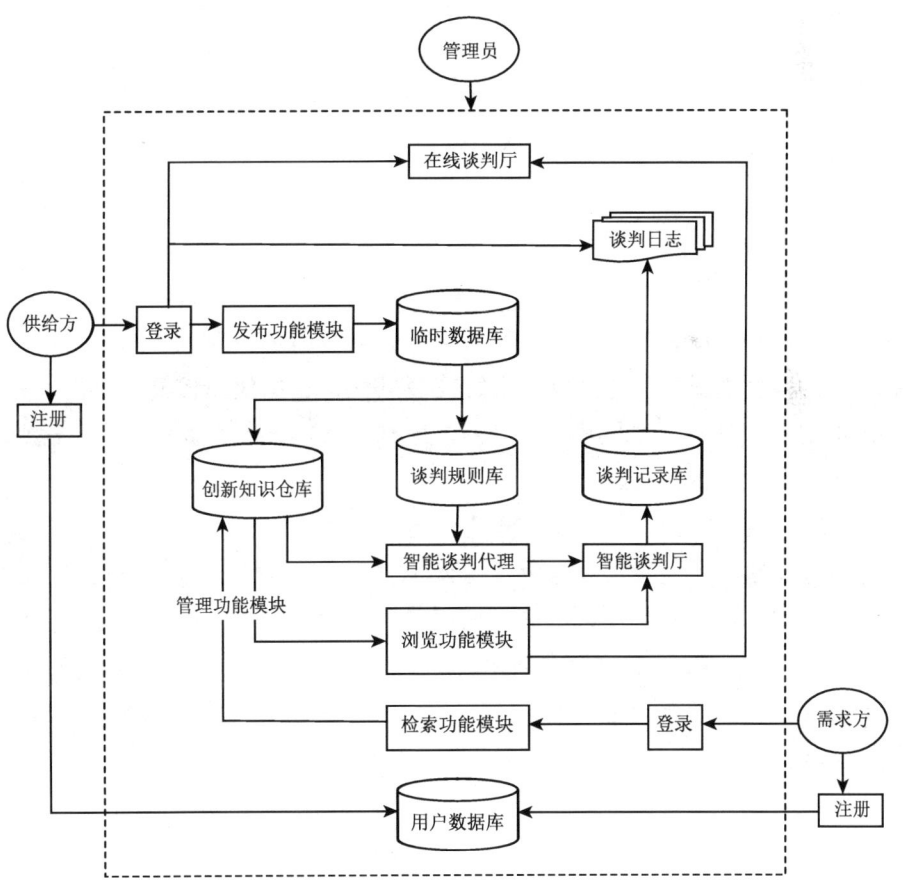

图 3.17　区域创新知识平台总体结构

在平台上，供需双方都可匿名（不注册）查看平台的一般信息，如简介、新闻、最新发布的若干项创新知识的名称和类型等。但如果供给方要发布创新知识，需求方也有创新需求，需要检索有关的创新知识，就必须首先注册，按规定填写个人详细材料，并保存在用户数据库中。然后凭用户名和密码登录平台，按照各自的流程执行其他的操作。

（一）供给方业务流程

登录平台后，供给方可在特定页面发布自己的创新知识，并为智能代理制定谈判规则。创新知识和谈判规则暂时存放在临时数据库中，经有关专家审核后分别进入创新知识库和谈判规则库。卖方可定期查看谈判日志文件，了解个人创新知识的谈判进展情况，以决定是否需要修改谈判规则。同时也可通过内部邮件服务系统与感兴趣的买方发送邮件，约好具体时间，通过在线谈判厅亲自与买方进行谈判。

（二）需求方业务流程

登录后，需求方可利用模糊查询功能，根据创新知识的名称、类型、领域、功能等指标进行检索，浏览并收藏感兴趣的创新知识。如果有意购买其中的某项创新知识，可以进入智能谈判厅，智能代理将根据卖方事先制定的规则，代表卖方与其进行谈判。同样，需求方也可以给卖方发送邮件，约好时间进行在线谈判。

双方谈判成功后，可以签订电子合同，严格规定双方的权利和义务以及其他注意事项，然后由需求方进行网上支付，供给方交付创新知识。如果一方或双方都不具备签订电子合同的条件，如没有密钥或电子签名，也可以约好时间、地点，由双方签订书面合同。如果需求方不愿意网上支付，也可以采用传统支付手段。

第四章 高能级科创平台建设主体与运营模式

本章从高能级科创平台建设主体与运营模式的视角，分析了高能级科创平台生态圈及角色分布、平台区域创新系统的要素主体、三螺旋视角下的平台主体协同创新的机制和特征。特别分析了用户创新在高能级科创平台中的主体作用，指出虚拟社区的繁荣发展为用户创新带来交流互动的新契机，从"产学研协同创新"到"产学研用协同创新"体现了技术创新的落脚点和市场导向。基于创新平台建设的主体，探讨了高能级科创平台政府主导建设模式、企业主导建设模式与多方混合共建模式等三类建设运营模式的优缺点。同时指出科技创新平台建设模式、运营与应用的研究，随着市场环境和产业发展阶段发展而深化，杭州城西科创大走廊实践中已出现启发性的产业园区混合模式探索，将是科技创新平台综合性研究的一个方向。

第一节 高能级科创平台生态圈及角色分布

生态圈是指一个所有主体都能共存的环境。对高能级科创平台生态圈而言，其运转是多个角色互动的结果，参与其中的角色越多样化，所构成的生态圈也越繁荣、越具有生命力。简洁地概括，高能级科创平台生态圈主要包含平台建设者、服务提供商和用户三大类角色，如图4.1所示。

高能级科创平台应是创新资源富集的高地，大企业通过平台，集聚整合技术、人才、资金等要素资源，不断丰富创业孵化、专业咨询、人才培训、检验检测、投融资、知识产权等服务，加强与中小企业的专业分工、

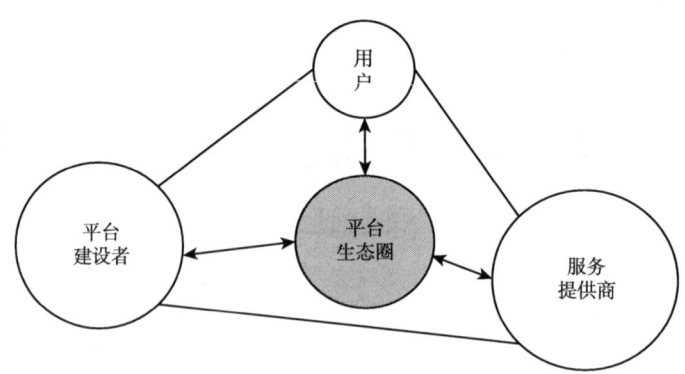

图 4.1　高能级科创平台生态圈

服务外包、订单生产等多种形式协作，打造形成资源富集、创新活跃、高效协同的产业创新生态圈，实现产业链协同创新与生态化发展。在这一生态圈中，大企业是核心主体，中小企业是重要参与者，科研服务机构是重要支撑。大企业利用创新创业服务于自身转型升级，进一步强化技术、品牌、市场优势，不断增强创新能力。围绕大企业优势资源，中小企业发挥专业分工优势，瞄准细分领域和"长尾"需求，突出差异化特色，找到精准的市场定位，从而成长为小而强的隐形冠军，延长和丰富了产业链。科研院所、金融机构、第三方服务中介等主体的加入，推动形成"资金链引导创新创业链，创新创业链支持产业链，产业链带动就业链"的良性循环模式。

一、平台区域创新系统的要素分析

基于要素主体的视角，高能级科创平台生态圈也是事实上的一个典型的区域创新生态系统，是以企业、大学和科研机构以及个体用户（个人或其他团队）为创新主体，由地方政府、中介机构和金融机构提供辅助支撑服务，为创造、储备、转让和使用创新知识、创新技术和创新产品而相互作用的网络系统，如图 4.2 所示。科创平台区域创新系统的构成要素分为两类，其中，企业、大学和科研机构以及个体、用户为创新的主体要素；地方政府、中介机构和金融机构为创新辅助支撑要素，或称为非主体要素。在推进平台建设过程中，更要关注支撑平台的"主体"建设。

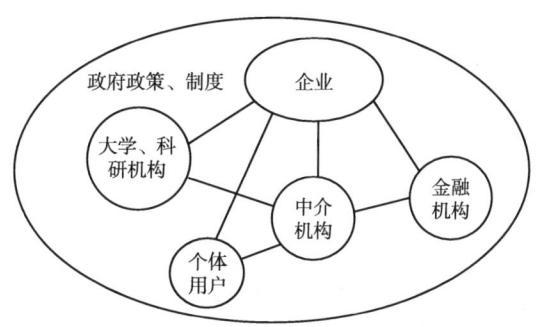

图 4.2 高能级科创平台创新要素组成的区域创新系统

(一) 平台区域创新系统主体要素

1. 企业

企业在区域创新中有着双重身份:第一,企业是创新知识的持有者。企业是区域创新系统中最核心的要素,在市场经济条件下,企业比其他创新主体更加了解市场的需求,从而建立自己的研究开发机构,在市场机制的激励下去从事创新,进而拥有自己的专利,拥有自己的知识产权,或拥有自己的科研成果。第二,企业是创新知识的需求者。创新需要长期的积累,需要有强大的研发资本,且存在一定的风险。为此,企业可以通过购买其他创新主体(主要是大学、科研机构及个人)的创新知识,如专利等,迅速开发产品,以满足市场的需求并获取商业利润。

2. 大学和科研机构

大学和科研机构都是重要的知识生产基地,是创新知识的持有者。随着知识经济的快速发展,大学和科研机构在区域创新系统中所起的作用更加明显,因为企业的创新活动越来越依赖于它们生产的知识。总体来看,研究机构从形式上可以分成两种:一种是独立的研究机构,也可称为公共的研究机构,由国家提供主要资金来源,其研究领域多为基础研究和对国民经济、社会发展、国家安全以及对国家综合实力具有广泛影响的技术开发;另一种是从属的研究机构,它们或者从属于企业,或者从属于大学,其主要职能是进行知识创新、知识传播和知识转移。

3. 个体和用户

很多的创新知识持有者是个体,他们或者是个人,或者是若干人组建的团队等。这些人大多受过良好的教育，具有较强的创新意识和创新能力，利用业余时间或专职从事创新活动，从而拥有自己的专利或其他创新成果，如"点子大王""××创意工作室"等就是典型的例子。这些个体所拥有的创新知识往往会给一个企业带来巨大的商机，从而成为区域创新系统中一个不容忽视的群体。

另外，诸多个体是作为用户存在的，但同时也是重要的创新源头。从"产学研协同创新"到"产学研用协同创新"，体现了技术创新的落脚点和市场导向（刘洪民，2017）。Hippel（1998）首次从创新源的角度开创性地提出了"用户是创新者"的观点，并界定"用户"为"对于特定的产品、工艺或服务，居于获益职能角色上的使用者"。在后续的研究中，Hippel进一步指出用户创新的应用趋势由用户自主设计能力和用户通信能力的不断进步两个技术发展趋势推动。国内外学者围绕创新功能源、用户创新的形成机理、领先用户、与产品创新的关系、创新动因和影响因素等方面展开了诸多研究和分析，也形成了较为丰富的研究成果，目前用户创新研究的理论与实践正处于逐渐完善和系统化的阶段。用户创新是开放式创新领域的热点问题，也是企业创新的重要组成部分（郑彤彤，2015）。近年来，随着开放式创新在我国理论研究和实践推广的逐步深入，用户创新是开放式创新的一种重要创新源的观点已基本取得共识（柳卸林，2010；詹湘东，2013）。

在当下变化动荡的环境中，企业用多种策略致力于了解顾客变化多样的需求，进行各种产品创新活动。网络环境让企业的创新发展演化出多种新形式，更多的信息交流让创新网络日益重要。如何解决信息传递问题，用户参与创新是现实中最好的方法（Hienerth，2014）。作为创新网络中重要创新源之一，用户创新被企业提到更高的地位。但如何更好地满足用户需求的多样性变化，克服用户信息的粘性和碎片化，有效解决消费者用户的痛点是企业产品开发的难题。虚拟社区的繁荣发展为用户创新带来新的机会。用户创新会产生新的商业模式，会带来产业结构的改变，夏清华等（2016）以海尔为案例的实证研究表明，将封闭的传统商业生态重构成为开放的平台商业生态是企业发挥内外部资源最大效用的途径之一。虚拟社区中用户创新的管理应用给企业内外部的资源管理和知识重构带来了一系列新的问题，也是我们研究开放式创新必须面对的现实背景。用户创新作为一个巨大创新源在很长时间以来没有得到理论和实践层面的足够认识，主要原因涉及了用户创新数量的分散、创新的自发状态以及用户创新信息流动性差等诸多层面。

虚拟社区的繁荣发展为用户创新带来交流互动的新契机。作为一个没有企业边界、超越空间约束的共担创新风险、共享创新利益的虚拟动态联盟，联盟的成员具有互补的资源和核心能力。网络虚拟社区中既有数量庞大的潜在用户，也有创新能力强和创新热情高的消费者，随着虚拟社区的不断向纵深发展，企业和虚拟社区的合作和互动不断出现新的方法和手段，如用户工具箱、信息泵及虚拟方案试验等。在这些合作互动和创新营销手段中，用户创新理念也在不断提升发展，用户和企业的互动程度越来越深入，从最弱的形式通过用户调查为企业反馈信息，到已经有更多地与领先用户交互和最深入的用户创新工具箱的介入。领先用户在线参与新产品开发主要受独特性产品需求、认知、利益和产品生产控制等四类动机的影响（杨波，2011）。虚拟社区中的领先用户具有强烈的潜在需求，对产品有深入理解、产品未来有很好的建议，很多时候在技术上研究深入。他们会向企业定制产品，甚至带领社区用户进行团购。他们对产品的改进甚至直接推动产品的更新。Hippe（2001）认为，用户创新工具箱为企业提供了一个价值创造的新途径，特别是对领先用户创新的实现而言，基于用户创新工具箱的产品开发新方法比传统的产品开发方法更有效。未来随着创新的分布式和开放性的进一步增强，面对一个全新的环境，企业创新管理将面临新挑战，无边界的、扁平化的、社区化的企业创新组织结构将成为新趋势。

（二）区域创新系统非主体要素

区域创新系统的非主体要素主要包括地方政府、金融机构和科技中介机构。

1. 地方政府

区域创新系统的建设是一个复杂的系统工程，政府作为系统中的一个重要主体，起着举足轻重的作用。政府工作适当，可以较大限度地推进区域创新系统的建设，反之却有可能背道而驰。政府应做的工作主要有：基础设施的建设，资助高校的创新研究工作，制订相关的政策、法规和制度，协调各创新主体之间的关系，并作为创新知识的需求者在政府采购工作中优先采购创新性的成果,以带头支持区域创新。

集群文献大多强调政府干预的重要角色。考虑到中国产业集群大多面临"锁定"的危险,政府干预的角色更加必要。然而,政府干预产业集群升级是一个复杂的过程。首先,对于不同的区域集群,不存在升级政策的"理想模型"或"最佳实践模型",简言之,政府的干预模式不能"一刀切";其次,通过政策设计来促进产业集群发展的模式也是脆弱的,政策设计往往并不是按最初意图那样运行。因而,政府在促进产业集群升级时面临着究竟该如何干预的操作困境。

2. 金融机构

随着创新活动的不断深入,创新者的资金需求将会越来越多,仅仅依靠自身的积累是远远不够的。因此,创新系统需要有提供资金支持的金融系统机构,能够采取各种有效途径积极引导各方资金进入创新领域,包括吸引投资公司参股、发行债券、股票,采取社会集资和银行贷款方式等。随着电子商务的不断发展,金融机构还要积极建设并完善网上银行,保证创新知识交易过程中资金流的安全和顺畅,并提供更加便捷的服务。

3. 中介机构

中介机构是区域创新知识流动的纽带和桥梁,是促进创新知识交易的一个重要环节,是区域创新系统的重要组成部分。它可以按照市场化原则,对各创新主体提供信息服务、咨询服务、技术转移与扩散服务、技术诊断与支持服务、融资服务和人才培训服务等,以增强和提高各创新主体的创新能力,促进和加速科技成果的转化,实现创新资源的优化配置。

二、平台产学研用协同创新激励机制的构建

(一)产学研用协同创新基本治理机制的理论框架

协同创新的理念体现了系统思想,强调从封闭到开放的创新模式,是对创新理论的深化和丰富,并反映科技产业的发展需求。协同创新的理论根基在于创新过程各环节中创新要素彼此的良性互动和创新资源的优化配置。对产学研用协同创新的内涵和动因机制的分析,一直是国内众多学者探讨的热点。但以往的产学研协同创新研究忽视了协同创新体系的动态发

第四章 高能级科创平台建设主体与运营模式

展特点,涉及用户协同的还比较少。产学研用协同创新是国家、区域创新体系的新形式,是涉及多种创新主体跨组织、跨界面、跨文化的合作创新活动,是多种创新主体在物质、信息和能量之间相互作用的体现,更加强调创新成果的应用,其终极目标是实现协同创新绩效的最优化。

创新协同效应不是一个简单的线性关系,产学研用多元主体是否能够真正实现其协同创新的功能,关键在于能否对之进行有效的治理。治理机制的关键在于能否保证合作各方有强大的动机不去利用信息不对称和不完全契约而牟取私利,能否保证合作成员同步互动且有序高效协作。如图4.3所示,建立产学研用协同创新基本机制的理论框架。首先,产学研用等协同创新的多元主体进行价值体系、多元需求、组织文化、能力优势、战略愿景等方面的整合,充分挖掘可能会引起协同创新冲突的来源,并根据伙伴选择机制,建立具有共同最终目标,互相信任的协同创新体。各创新主体在接洽和沟通过程中,构建基本的协同创新治理机制体系,治理机制原则上应包含基本的激励机制、制约机制和保障机制三个部分。激励机制的目的是充分调动各协同创新主体在协同过程不同阶段的积极性,包含最基本的协同创新的动力及利益分配机制等;制约机制是为了保证协同创新系统有序化、规范化运行而设立的机制,包括伙伴选择机制、组织模式选择机制、路径选择机制、知识管理机制等;保障机制是为协同创新活动提供外部环境条件的机制,主要包括法律体制机制、行政管理体制机制、融资机制和人才引进机制等。

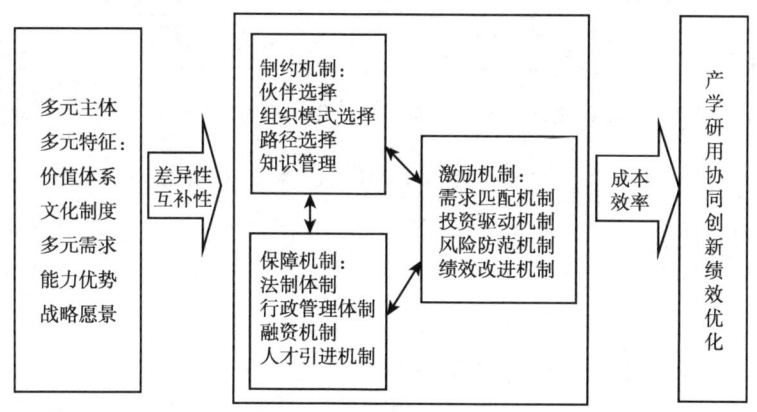

图 4.3　产学研用协同创新基本机制体系的构建

（二）产学研用协同创新生命周期划分及激励机制的构建

产品生命周期理论认为，一种新产品从开始进入市场到被市场淘汰的整个过程可以划分为开发、引进、成长、成熟、衰退五个阶段。产学研用协同创新体本质上是体制机制创新的新产品，同样应该遵循生命周期理论的成长规律，其成长过程或生命周期具有显著的阶段性特征，如图4.4，本章将其分为酝酿合作期、组建磨合期、市场化运行期和调整期四个不同的阶段。针对不同阶段产学研用协同创新体中不同主体的激励不足问题，设计出科学公平的激励机制，促使产学研用各协同主体自愿放弃道德风险和逆向选择等投机行为，是产学研用协同创新激励机制构建的出发点。

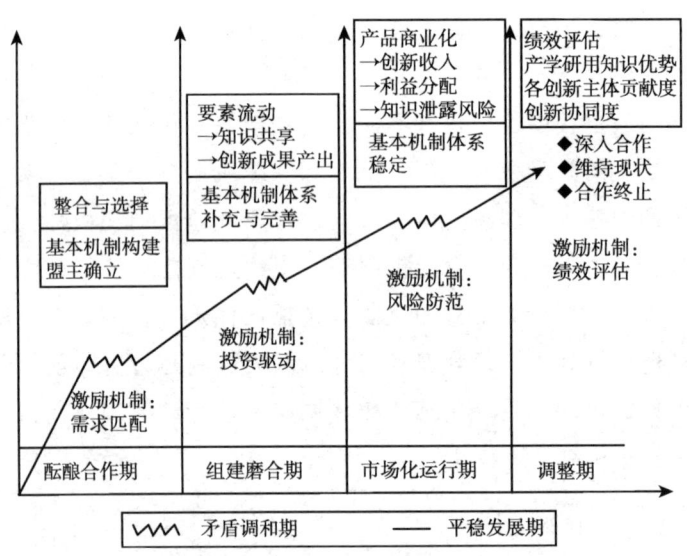

图4.4 基于生命周期的产学研用协同创新激励机制

第一，需求匹配机制。产学研用协同创新的逻辑起点是用户的需求。在酝酿合作阶段，产学研用各创新主体在接洽和沟通过程中，构建基本协同创新机制体系。产学研用的主要激励职能，一是如何将用户的需求与产学研拥有的技术知识资源匹配起来，其关键是要建立市场用户需求诱发与产学研用创新技术知识供给动态匹配模型，识别用户的真实需求，同时，企业要为用户提供一定的创新补贴和奖励，激励用户积极参与创新活动；二是要确定产学研用协同创新的盟主，其关键是要研究产学研用各主体强弱关系对协同创新效率的影响,按照比较优度排序确定创新盟主。

第二,投资驱动机制。酝酿期过后产学研用协同创新体进入组建磨合阶段,该阶段面临的主要问题是如何最大限度地激励成员的投资动机。其主要涉及两类情况:一类是盟主技术知识垄断,要研究盟主如何制定合理的投资收入分担比例,使所有成员都能从合作研发中获利,从而激励其参加协同创新;另一类是各成员知识优势相当,由于每个成员都没有绝对的实力独立开展创新研发,联盟可以选择联合研发或并行研发,利益分配方式可以选择平均分配和按投入比例分配,制定不同合作方式下两种利益分配形式对成员投资策略的不同激励,同时在协同过程中,对基本机制体系可进行修改和完善,以维持系统的稳定性。

第三,风险防范机制。产学研用联盟的市场化运行阶段具有典型的"竞合"特征,此阶段激励职能主要是防范"搭便车"和知识泄露风险。一是构建产学研用各成员间知识互补双向流动模式,确定知识共享激励模型中盟主知识共享行为的影响因素并有效规制;二是在考虑风险控制成本和收益条件下,在风险辨识的基础上应有知识泄露风险的测量方法,设计知识泄露风险控制方案的选择机制。

第四,绩效评估机制。绩效评估是决定产学研用协同创新能否持续发展的关键。在协同创新目标结束后,协同创新体应进行绩效评估,根据评估结论考虑未来发展方向:维持原有的协同体,进行新一轮创新;在原有协同创新体的基础上,淘汰不佳的合作方,吸纳新成员进入,开展新一轮创新;原有协同创新组织解散,不再进行合作等。根据产学研用多元主体协同创新的特点,绩效评估要坚持需求导向、促进创新、注重实效的原则。该阶段评估主要涉及三个方面内容:一是产学研用知识优势,应基于知识存量优势和知识流量优势两个维度建立评价指标体系,形成产学研用知识优势评价模型;二是各创新主体的贡献度,确定产学研用各成员实际贡献,为创新成果收益分配提供依据,应着重从伙伴重要程度、资源投入、努力程度和任务完成水平等层面构建各主体贡献的评价指标;三是产学研用创新协同度,可从状态子系统和过程子系统两个维度来衡量。

(三) 有效激发用户在产学研用协同创新中的创新源作用

在我国实施创新驱动与产业转型升级的关键时刻,产业供给侧结构性改革刻不容缓,但与此同时,面对产学研用社区生态化创新的新模式,应注重市场需求方—用户端的作用,发展以用户为中心的需求侧创新政策。市场需求因素不仅表现为用户的购买能力,更包含具有企业家精神、掌握创新资源、具备创新能力的用户本身。作为企业开放式创新的重要创新源之一,用户参与创新为企业提供了一个价值创造的新途径,用户创新应得到更多的重视,用户创新的方法和用户创新工具箱的有效针对性开发应进一步深入。同时,产学研用协同创新的演进是一个具有典型阶段性特征的动态过程,针对各阶段不同创新主体的创新激励不足问题,应设计出科学公平的激励机制,特别是为了更好地适应基于虚拟社区用户创新的新特征和新需求,未来我们应当更有效地激发用户在产学研用协同创新中独特的创新源作用。

第一,从企业层面来说,应该拥抱开放式创新范式下用户创新的新模式,满足用户的创新需求,提高用户创新的激励水平。在用户创新环境下,把用户转化为创新者需要彻底地重建一些商业惯例。新兴产业的发展和用户创新工具箱的引入使用户创新的商业化不再依赖制造商"先天"具备的产能等优势,会带来新的商业形态的改变,为企业管理者带来了前所未有的机遇。在利用这些巨大的创新力量时,如何在产业变动中构建新的商业模式,获取新的竞争优势,是企业适应新环境时必须面对的现实问题。

第二,从政府层面来说,在产学研用协同创新过程中要积极转变职能,提高政策的预见性和科学性。一方面,用户创新尚未真正引起政策制定者的关注,应该针对当前"互联网+"背景下虚拟社区的蓬勃发展,促进用户创新的发生和扩散;另一方面,构建产学研用协同创新平台,通过政策引导及制度安排,实现多元创新主体优势资源的整合,并促使各方在产品研发与产业化阶段进行资源和能力的协同投入,持续提升企业竞争力。

三、三螺旋视角下的平台主体协同创新

三螺旋理论和创新生态系统理论是目前分析区域创新发展重要的学术

理论。三螺旋理论一经提出便在美国、日本等发达国家受到重视,并在区域研究中心、孵化器和科技园区的规划与实践中彰显出了强劲的生命力。

(一)三螺旋理论内涵分析

三螺旋理论(triple helix model)也称 TH 理论,是美国学者亨利·埃兹科维茨(Henry Etzkowitz)在深入研究"斯坦福大学—硅谷科技园""麻省理工学院—波士顿 128 号公路高技术园区"等创新奇迹的基础上提出的区域创新理论。三螺旋是指把大学、企业、政府比作三个螺旋,它们在创新过程中既保存自身的功能,又彼此密切合作、相互协调,共同推动知识的生产、转化、应用以及升级,使创新系统在三者相互作用的动态过程中不断上升。

从概念来看,三螺旋理论的主体由三个组织构成:(1)大学,包括科研院所及其他一些知识生产机构;(2)产业(企业),包括高科技创业公司、大型企业集团和跨国公司;(3)政府,涵盖地方性、区域性、国家层面以及跨国层面等不同层次。这三个组织除了履行传统职能外,各组织之间在互动中还衍生出一系列新的职能,如大学除了发挥教育以及开展基础研究的职能外,还可以扮演企业的角色,利用自己的研发成果组建新的公司;在一定条件下,企业也可以扮演大学的角色,常常开展具有和大学一样高水平的培训和研究。三螺旋理论在区别三个主体及其不同目标的同时,强调了学术界、产业界和政府的合作关系,认为在公共与私立、科学和技术、大学和产业之间的边界是流动的,超越了大学—产业、大学—政府、产业—政府的双螺旋关系模式。三螺旋理论的基础在于创新过程的非线性本质、多主体特征以及创新边界的模糊重叠,多强调创新过程的动力学解释,但对创新系统内除大学、企业、政府之外其他创新要素及创新环境的重要性关注较少。

从理论来,三螺旋理论主要强调大学 U、企业 I 和政府 G 的协同创新关系,强调三个主体组织在职能上相互补充,彼此作用形成新的创新动力。各主体间信息流动方式有三种:第一种是知识在参与者各自的内部交流和变化,如图 4.5 中①所示(I\G\U);第二种是两个部门之间实现信息的交流与互换，如图4.5中②所示（G-I\I-U\G-U）；第三种是三个部门重叠形成的混合型，这是三种信息流中沟通最广泛、交流最活跃的形式，三者共同推动创新螺旋上升，如图4.5中③所示（I-G-U）。

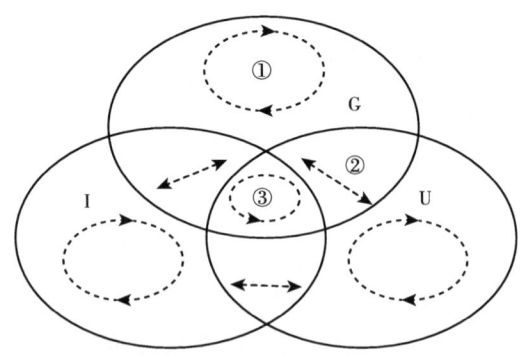

图4.5　三螺旋理论中三大主体信息流动方式

从机制来看，三螺旋理论更突出政产学协同创新。三螺旋理论认为政产学创新是由缠绕在一起的三个螺旋，通过契约合作关系形成的一个螺旋状的联动模式。这三个螺旋，其一是由区域或国家政府及其机构组成的行政链，拥有政策支持、宏观调配和资源供给功能；其二是若干组织化的公司组成的生产链，拥有捕捉市场信息和资金运作功能；其三是由学术和研究部门组成的科技链，拥有科技创新功能。在创新合作过程中，大学、产业或政府基于对其他主体资源的依赖性，通过广泛互动，交换发明成果资金、市场信息和政策等，使三方优势资源集中在同一组织框架中，从而互惠互利，形成资源互补效应和创新协同效应。另外，应该注意的是，在三螺旋创新系统中，政、产、学处于平等的地位，并不特别强调哪一方为主，大学、产业和政府都可以成为创新的主导性组织。当某一螺旋线替代另一方成为主驱动力时，原来起核心作用的螺旋则变成支撑机构，与另一个螺旋线共同协助主螺旋，相互作用，共同发展，又自发形成了同步机制。

（二）科技创新平台的协同创新机制

为了更加系统地分析科技创新平台的协同机制，本章将三螺旋理论中的三种信息流引入创新过程进行分析，来更加具体地展现每个过程中各主体内部与主体相互之间的关系，如表4.1所示。

表 4.1　　　　　科技创新平台内信息流的交换与创新过程

创新过程＼信息流	信息流①	信息流②	信息流③
产品构思	I 市场需求信息发现； G 科技需求推动政策导向； U 研究方向初探	I-G 企业向政府汇报市场信息发现； I-U 企业提供市场信息，大学进行研究方向初探； G-U 大学向政府汇报研究初探	I-G-U 政府根据企业提供的市场信息初步拟定政策意向，支持企业与大学进行创新研究
产品研发	I 开始项目预算、实施研究方案； G 提供政策、资金、服务等支持； U 聚集发人员，进行项目研究	I-G 企业汇报研发难点、政府优惠政策审批； I-U 企业与大学探讨并提出所需产品性能； G-U 政府提供政策、服务资金支持	I-G-U 企业与大学达成合作关系，进行关键技术攻关，政府出台系列优惠政策进行扶持
产品测试	I 确认市场需求与产品功能要求是否相符； G 政策导向，整体控制； U 产品性能比较做出调整	I-G 产品市场情况探讨，优惠政策交流； I-U 新产品检验测试、报告； G-U 研发成果确认	I-G-U 对产品测试过程与结果进行商讨，后期市场化情况预测与优惠政策研究
产品生产	I 新产品配套宣传、营销方案策划； G 市场推广化政策、政策支持； U 市场信息回馈，技术总结	I-G 优惠政策交流与深化； I-U 产品市场化分析、技术总结，进一步合作； G-U 重大科技成果奖励与推广	I-G-U 解决产品市场化过程中的新问题，针对客户提出的新的需求再次进行研究，增加产品扶持力度

基于三螺旋基本理论，信息流①是主体内部信息的交流与互换；信息流②是两个主体之间信息的沟通与传递；信息流③是三个主体之间实现了信息的沟通与共享。此外，该理论中信息流①与信息流②的存在有三种，分别是 G、I、U 和 G-I、G-U、I-U，而信息流③的存在只有一种 G-I-U。以下从三个角度简要分析科技创新平台的协同创新机制。

1. 信息流之间的横向协同

首先，在每个创新阶段中，信息流①与信息流②各自内部三种存在的信息流动是独立的，而且是同时存在的。例如，在产品构思阶段与信息流

①的交汇处存在 G、I、U 三种信息流动方式，I 发现市场潜在需求，U 进行研究方向初探，G 做出政策导向，这三种信息流动方式是各主体内部信息的交流沟通，此时三个部门之间并没有相互通气，都是独立运行的；在产品构思阶段与信息流②的交汇处存在 I-U、I-G、U-G 三种信息流动方式，I-U 企业向大学传递市场信息发现，大学进行研究初探，I-G 企业向政府汇报市场发现情况，政府对企业发现做出政策导向，U-G 大学向政府汇报研究情况，政府做出政策导向，这三种信息流动方式存在于两两部门之间，此时三者之间没有达成完全的信息传递共享，也是相互独立的。

其次，在每个创新阶段中，三种信息流是相互联系的，并不是独立的个体，即信息流①、信息流②、信息流③相互联系。例如，在产品构思阶段，企业发现了新的需求，就需要向大学寻求研究帮助、向政府寻求政策支持，在沟通的过程中，信息流的传递就由 I 变成了 I-U、I-G，然后在三者沟通探讨的过程中，I-U、I-G、U-G 又变成了 I-U-G，这种信息传递是一种动态发展的过程。

最后，在每个创新阶段中，三种信息流是同时存在的，这是因为每种信息流的传递并不是一次性完成的，且三种信息流的发生顺序是固定的，总是由信息流①到信息流②，由信息流②到信息流③。这意味着信息流③的存在必然以信息流②为基础，信息流②的存在也必然以信息流①为基础。例如，在产品研发阶段，各主体的合作关系基本达成，企业在内部开始进行项目预算，做出产品的实施方案，与此同时，向大学提出开发所需产品的功能与向政府寻求优惠政策，直到三者实现信息共享，但这时并不意味着信息流①的结束，而且如果没有信息流①的完成，信息流②也就不会实现。

2. 创新过程的纵向协同

首先，创新过程四个阶段的信息流是相互联系的。一种信息流的交换与达成，立即推动信息向下一阶段发展。例如，在产品构思阶段，企业发现了市场的需求并向政府与大学传递自己的信息（I 变为 I-G\I-U），大学在研究方向初探后 U 认为可行，此时政府也支持该项目的研发 G，在三者达成一致后（I-U\I-G\G-U 变为 I-G-U）整个信息流便进入研发阶段。

其次，创新过程中信息流向下一阶段发展的必要前提是这个阶段信息流的传递已经达成,否则信息传递将会终止。例如,在构思阶段,如果企业的提议被政府禁止,那么信息的传递就会终止,企业就会另寻创新点(I 变为 I-G 变为 I)。与此相反,如果政府支持这个项目的研发,大学也表示研发成功具有很大的可能性,那么这个信息流就会继续发展,企业会做出更加详细的实施方案,此时整个信息流进入产品研发阶段。

最后,创新过程每个阶段信息流都是不同的,在上一阶段信息流传递完成后,信息流的内容在此基础上发生改变,并进行新一轮的传递,整个过程就在这样一个完成又开始的循环中不断上升。例如,在产品构思阶段,企业主要进行市场需求的发现,在这个阶段产学研达成信息共享,初步建立合作关系后,整个流程进入研发阶段,在研发阶段,企业开始项目规划,实施研究方案,信息流开始进入新一轮的循环。

3. 创新主体的整体协同

创新是一个动态发展的过程,在整个创新过程中,信息流是不断发展变化的,且信息的传递速度影响着整个系统的效率水平,信息传递的越快,其他主体就能及时根据最新的信息调整策略,从而减少资源的损失、时间的浪费。例如,在产品构思阶段,企业若能及时地发现市场出现的新需求,并向大学提出研究需求,向政府寻求优惠政策帮助,就可以更早地研究出新产品,占领新市场,取得丰厚的经济利润。影响信息传递速度的主要存在于这几个阶段:第一,企业对市场的敏感程度,能不能及时发现市场潜在的需求;第二,政府政策的导向性以及优惠政策的支持力度,包括有无完善的监督管理机制;第三,高校与科研院所的科研水平。

在整个创新活动过程中,政府所扮演的主要是引导者的角色,更多的是政策导向,提供资金、税收、设备等的支持,制订激励政策鼓励企业与大学进行创新,并为创新营造一个良好的环境。但也应认识到,政府掌控着经济运行的状况,应该做好监督的职责防止一些机会主义与"搭便车"的行为;而企业所扮演的主要是主导者的角色。企业的生存离不开产品,离不开客户,企业在不断地进行新产品的开发与老产品的升级换代的过程中达到了最大利润,实现了社会福利最大化。在科技创新大平台中,企业要做的就是产品的开发与升级,如何实现三种信息流以更加效率的方式进行,企业有着更大比例的作用。大学在创新活动中也扮演着重要的角色,大学是创新活动进行的主体，在某种程度上决定着创新的成功与失败。

第二节　高能级科创平台的建设运营模式

高能级科技创新平台无疑是我国当前产业经济提升、区域经济发展以及科技技术进步的重要环节。从创新平台建设的主体划分，有政府主办、企业主办、社会机构主办以及多方联合设立运营的平台；从科技创新的环节划分，有服务于研究与开发的重点实验室等基础条件平台，服务于进一步提升科技成果成熟度的工程中心、中试基地等，服务于科技成果产业化的科技企业孵化器、科技园区等，高能级科创平台的主要模式很难简单地进行归类划分。

在实践层面，随着"互联网+"新兴产业的崛起，"互联网+"小规模且灵活的办公方式使现有的产业园区模式面临巨大挑战。杭州城西科创大走廊实践中已出现启发性的产业园区混合模式探索，其中包含单一企业巨型园区、中小企业孵化园区、"特色小镇"等模式萌芽。杭州城西科创大走廊不同于以往硅谷的单一园区模式，其中包含着巨型企业单一园区（如阿里巴巴西溪园区）、中小型标准孵化园区（如未来科技城、海创园）以及代表目前中国城市建设新思路的小尺度园区梦想小镇，是具有高度混合性的城市区域，激发蓬勃的创新创业活力。与此同时，混合性提供了不可多得的探索未来园区模式的样板（吴越和宋思远，2018）。本书仅从建设主体的视角，来分析典型科创平台的运营模式。从创新平台建设的主体划分，科技创新平台的运行模式主要有三种，分别是政府主导建设模式、企业主导建设模式与多方混合共建模式。三种模式适应的情况有所不同，也各有优缺点。

一、政府主导建设模式

政府主导型平台的运营主体通常为行政事业单位或全资国企，其显著特征是：平台从规划、建设到运营基本依靠政府职能部门或下属事业单位，运营资金主要来自财政预算，平台管理人员大多具有行政或事业编制。目前已经运行的软件与信息服务公共研发平台、食品药品安全评价检测平台、先进制造系统工程公共研发平台都属于这一模式，如图4.6所示。

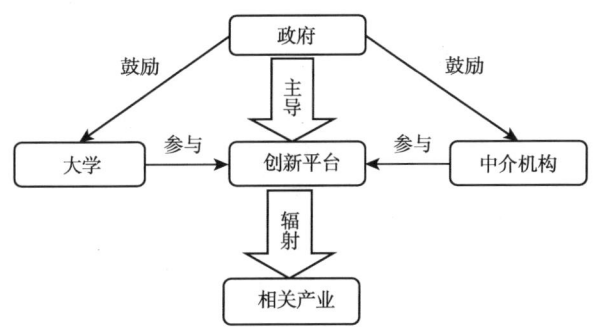

图4.6 政府主导建设模式

政府主导建设模式的优势是，能充分发挥政府统筹、协调作用和资金、人才优势，最大化整合行业资源，鼓励高校、科研院所、中介组织等参与共建，减少共性技术研发的市场和经济风险，为社会提供科技研发、科技金融、新技术展示推广、国际交流合作、人才培训等高水准专业服务。该模式适用于政府高度管控行业，以服务区域经济、打造区域品牌、构筑区域辐射力为建设目标。

以政府为运营主体的平台模式在科技创新领域具有一定局限性（钟无涯，2015）：首先，决策机制的滞后性影响前沿技术研发效率。政府行政层级的信息传递与反馈规范严谨，在不确定性环境中仍可稳定运作，这一特性在信息交换频繁的背景下则导致决策滞后。科技创新追求时效性和前沿性，因此滞后性是政府主导型平台的一个重要缺陷。其次，政府主导模式平台市场导向略低，一定程度影响企业积极性。经济激励是企业对科技平台投入的动力。政府主导模式的公益导向与经济导向某些方面存在一定矛盾，因此必然影响企业参与积极性。最后，政府主导型平台要素敏感性低、平台运营目标多样化等因素，也是科技创新、市场导向与政府主体性质存在一定冲突的重要原因，客观上影响了科技创新效率。

二、企业主导建设模式

企业主导型平台的运营主体通常为本行业的龙头企业，其显著特征是：

平台建设资金主要来自企业，以公司制为主体，人员管理、资本运作、运营维护等均采用市场化手段，平台市场化程度高、运营风险相对较大，如图4.7所示。

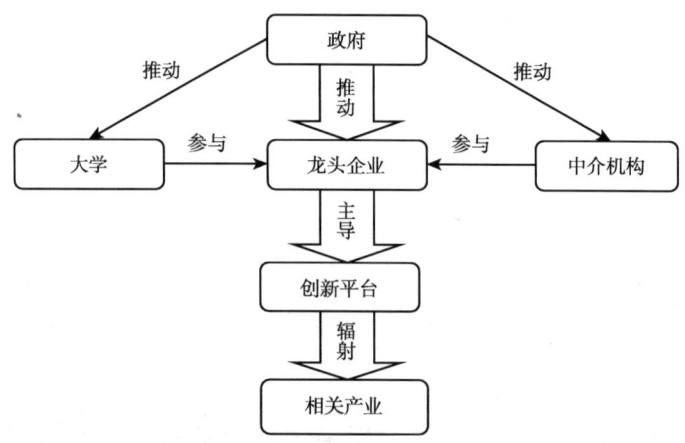

图4.7　企业主导建设模式

企业主导建设模式的优势是，通常采用"企业主导、政府扶持、市场化运作"的方式，由专业管理公司和运营商负责平台日常维护，政府为平台建设和运行提供相应的激励政策和有效保障。平台建设能充分发挥龙头企业在本领域科技领先、市场开拓、资本运作、人才集聚等方面优势，引导企业围绕全产业链开展技术研发、人才培训、检验等服务。该模式适用于龙头企业的优势产业，以实现科技成果转化、核心技术推广为建设目标。拥有市场基因的企业主导型科技创新平台，具有显著的市场化优势（钟无涯，2015）。

企业主导型平台的劣势主要体现在：第一，社会资源整合能力较弱。企业主导型平台长于市场资源整合，但社会资源利用途径、方式与规模相对有限，聚合社会资源与市场资源的能力低于政府。自然地，企业主导型平台的社会资源途径与效率有限。第二，平台运营和发展的时间约束较强。企业主导型平台资源具有市场价格的显性成本约束以及研发项目竞争的机会成本约束，同时受市场风险约束和控制。一般地，企业主导型平台力求投资能够契合市场成长背景并快速投入与回报。因此，企业主导型模式不适合长周期行业和高风险项目。第三，企业主导平台的创新成果相对封闭。

创意、工艺和技术等具有低成本复制和扩散特征，这是政府和企业热衷科技创新平台建设的动力之一。企业性质决定平台的创新具有市场定价机制，技术创新必然成为具有排他性质的私人产品，一定程度上与科技创新平台建设初衷相背。

三、混合共建模式

混合共建是一种多主体运营模式，包含政府—企业、政府—企业—科研所、企业—高校—行业协会等多种运营主体。该模式能充分利用社会资源，通过对政府、企业、大院大所、中介机构等多元主体的有机整合，共建公共服务平台，是现阶段较为灵活有效的平台建设运营模式。科技创新平台的建设、运营和管理是一个复杂的系统工程，根据不同发展阶段进行合理分工尤为重要。混合型模式具有多元化投资主体和异质性运营主体，并根据其分工优势赋予其运营功能。既发挥各主体的优势和潜能，也逐级分散其责任与义务，是目前阶段一种灵活有效的科技创新平台运营模式，如图4.8所示。

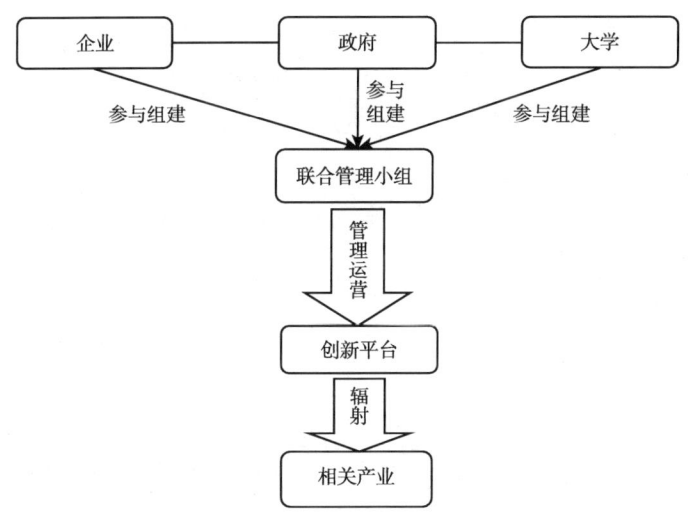

图4.8 混合共建模式

相比政府主导型、企业主导型建设运营模式，混合型模式有其优点和缺点。其优点主要集中于：第一，较强适应性。混合型运营模式集合了若干模式优点,在不同市场环境下具有较高调整效率。因此,既包含企业主体内在的市场敏感性,也具有政府的中长期的宏观思维,同时吸收了第三方的技术专业化特点,表现出较强的行业适应性。第二,时期节点敏感。以政府、企业和第三方为主体的运营模式,对于科技创新平台具有阶段适应性。针对平台发展的不同阶段选择运营主体,其安排本身就构成混合型运营模式。混合型模式根据运营的阶段节点能够灵活调整,对节点较为敏感。以政产学研多主体创新平台的混合模式为例,平台运营前期政府主导推进建设与运营启动,并引进科技企业推动创新研发,而平台运营平稳之后,将更侧重于教育、研发与市场功能,政府主导的地位弱化。这种时期节点的敏感,本质是科技创新平台对创新技术与市场需求的平衡。其缺点主要在于运营主体对"度"的不同理解容易产生矛盾,同时政府的决策强势影响平台的发展方向与运营模式,最终失去混合型运营模式的多元化运营优势(钟无涯,2015)。

科技创新平台建设模式、运营与应用的研究,随着市场环境和产业发展阶段发展而深化。因此,现有科技创新平台的运营也将随着城镇化建设、资源聚集、产业结构调整以及区域经济发展规划而继续发展,这是科技创新平台综合性研究的一个方向。

第二篇 战略篇

随着新兴信息技术的发展与运用，以互联网、大数据、云计算等技术为支撑的平台已在多方面演进和创新。"互联网+双创+中国制造2025"，彼此结合起来进行工业创新，将会催生一场新工业革命。如今，新工业革命正在改变企业的生产方式和创新模式，平台正在成为一种普遍的市场形式或行业组织形式，拥有一个成功的平台成为企业获得竞争优势的重要途径。同时，建设高能级科技创新平台正成为推动区域经济和产业发展的"利器"，以新兴信息技术为支撑的平台经济发展浪潮已然来临，高能级科技创新平台的战略性日益凸显。当今时代，与生态系统关联最为紧密的另外一个常用的概念，就是平台战略及其背后的平台思维。在商业文献中有关平台的说法，主要聚焦于交易平台、技术平台和信息平台，本篇内容不对其进行限定。作为全书的第二篇，本篇主要从战略的视角探讨高能级科技创新平台，对基于协同创新的高能级科创平台的战略管理、高能级科创平台的技术环境监控系统和杭州城西科创大走廊建设全球信息经济科创中心的战略等进行深入的探讨。

第五章　基于协同创新的高能级科创平台的战略管理

当今时代，与生态系统关联最为紧密的另一个常用的概念，就是所谓的平台战略及其背后的平台思维。在商业文献中有关平台的说法，主要聚焦于交易平台、技术平台和信息平台，本章不对其进行限定。本章主要从战略视角，对基于协同创新的高能级科创平台风险的预控与组合管理、合作网络的变化与控制、合作界面环境评估与优化进行了研究。作为协同创新动态全景图的重要组成部分，本章构建了创新平台协同创新的进展显示板、风险演变显示板、项目组合管理显示板、合作网络演变显示板以及合作界面环境显示板。可视化战略信息监控平台可使创新管理者更有效地实施事前控制和前瞻性决策，通过对创新过程动态优化，实现高能级科创平台协同创新可持续发展的战略目标。

第一节　平台的风险预控与组合管理

协同创新是一个复杂的创新组织方式，其关键是形成以大学、企业、研究机构为核心要素，以政府、金融机构、中介组织、创新平台、非营利性组织等为辅助要素的多元主体协同互动的网络创新模式（陈劲和阳银娟，2012）。平台产业的发展需要高水平的战略协同、高质量的技术创新和高效率的创新管理，协同创新联盟及其基础之上的战略信息监控至关重要。与通常两个主体之间的合作研发不同，平台协同创新联盟参与者数量较多，它是多法人主体之间的合作。例如，由江苏师范大学牵头设立的江苏省先进激光技术与新兴产业协同创新中心，其合作单位包括国防科技大学、上海交通大学、北京交通大学、中国工程物理研究院10所、中科院上海光机所、中科院上海硅酸盐所、中科院安徽光机所以及苏州安洁科技股份有限公司、南京长青激光科技有限责任公司、苏州德龙激光有限公司、江苏大族粤铭激光科技有限公司等。由东华大学牵头设立的纺织产业关键技术协同创新中心，其合作单位包括西南大学、江南大学、浙江理工大学、天津工业大学、中国纺织科学研究院、中国农业科学院棉花研究所、中国恒天集团有限公司、恒力集团有限公司、山东如意科技集团有限公司和鲁泰纺织股份有限公司等。再譬如我们周知的之江实验室，由浙江省人民政府、浙江大学、阿里巴巴集团共同举办，是开放协同、混合所有制的新型科研机构，按照"一体、双核、多点"的架构组建。实验室以国家目标和战略需求为导向，以重大科技任务攻关和大型科技基础设施建设为主线，聚焦网络信息和人工智能。之江实验室以全球视野谋划和推动创新，是整合集聚国内外高校院所、央企民企优质创新资源，建设突破型、引领型、平台型一体的新型科研机构。协同创新联盟往往是围绕多个关键研究领域开展协同研究，每个研究领域是由组群创新项目组成；随着创新项目类型和数量的增多，项目所涉及的范围愈加宽广，协调管理工作愈加复杂（蒋樟生和郝云宏，2012）。相关研究表明，在创新的实践中，创新联盟的协调难度随着参与者数量的增多而呈指数级增加（Bert and Geert，2008；Brigitte and Bernard，2005）。

协同创新具有高度复杂性和动态性，创新联盟体的协调与控制极富挑战性，它既不同于一个组织内部的管理，也不同于基于市场的交易管理以及业务双边关系的管理（Victor et al.，2013），有必要对协同创新的战略管理进行深入系统研究。

一、协同创新的复杂组群创新模式

与一般技术创新相比，协同创新往往涉及大量不同种类的技术，创新项目的多样性、动态性和相互融合性使协同创新管理工作成为一个复杂的系统工程。

高端制造装备协同创新中心是由西安交通大学牵头设立，浙江大学、

第五章 基于协同创新的高能级科创平台的战略管理

华中科技大学、大连理工大学以及陕西秦川机床工具集团有限公司、洛阳轴研科技股份有限公司、沈阳机床集团有限责任公司、大连机床集团有限责任公司、沈机集团昆明机床股份有限公司、北京工研精机股份有限公司等企业作为联盟单位共同建设。协同创新中心的研究工作涵盖5大领域：高端制造装备设计研究、高端制造装备控制研究、高端制造装备制造工艺研究、高端制造装备基础部件研究以及高端制造装备集成研究。如图5.1所示，每个研究领域又由组群创新项目组成，例如，高速高效加工工艺及装备研究包括曲面加工的微分原理、轴联动的机电耦合动力学、高速加工的刀具实效机理与创新刀具、高速切削数据库与工艺优化、高速支承与高速主轴设计与制造以及五轴联动数控机床设计与制造，精密超精密加工工艺及装备研究包括纳米切削机理、装备的微扰动及纳米级精度创成、超精密检测、大口径0.1μ超精密铣磨机设计与制造以及纳米级抛光机设计与制造。

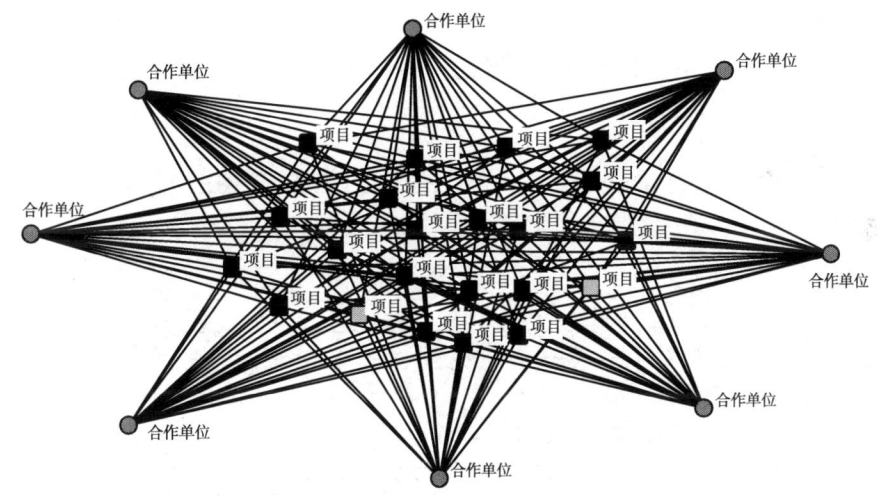

图5.1 协同创新的组群创新模式

二、组合管理模式工作流程

在协同创新的背景下，不同以往研发项目孤立和分散式的传统管理方式，应将组群创新项目视为一个整体进行管理，也就是组合管理模式，其关键工作流程包括：

（1）确立协同创新的战略目标；

（2）监控所有创新项目的进展态势；

（3）分析创新项目的风险演变趋势，分析其短期性与长期性、分散性与集中性演变特征；

（4）在时间节点上，对所有创新项目的战略价值、进展态势和创新风险进行动态评估；

（5）依据协同创新的战略目标和内外部环境的变化，适时地对创新项目实施相关决策：加速、暂停以及终止；

（6）构建协同创新的组合管理显示板，基于现有的资源和能力，动态确定最优项目组合。

全面监控和分析创新项目的进展态势是项目组合管理的前提。创新项目的研究工作基本可分为基础研究、共性技术研发和工程化技术开发三个层次（胡冬云和陶丹，2012），这三个层次研究工作具有递延式逻辑驱动关系。为使协同创新管理者更有效把控创新项目的进展态势，实施超前控制，有必要建立各个创新项目的基础研究—共性技术研发—工程化技术开发三个层次的进展显示板，如图5.2所示。

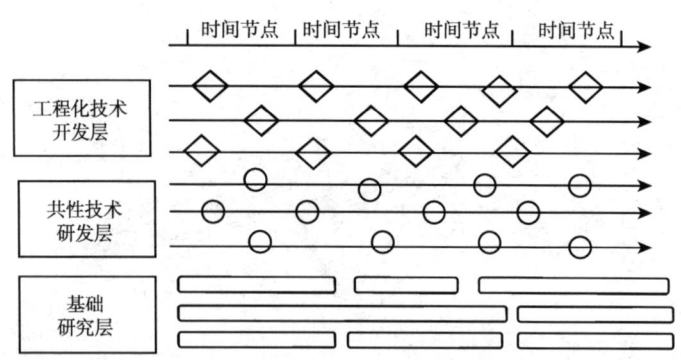

图 5.2　协同创新项目的进展显示板

协同创新管理者要对每个创新项目的三个层次的研究工作进行规划和合理布局，大学研究机构更要在基础研究方面做好预研工作。自2006年以来，合肥工业大学先后资助了30多个预研项目，涉及战略性新兴产业和国家安全等领域；经过一段时间培育，这些项目产生创新的萌芽，为实现协同创新奠定良好的基础。合肥工业大学校长徐枞巍认为，如果没有这些提前部署和预先研究,大学很难在协同创新中有所作为(徐枞巍,2012)。

在创新的过程中,互补创新的不确定性、系统整合的不确定性、通过需求测试的不确定性、与已有技术竞争的不确定性、市场与资源不确定性等因素不停地演变。有必要依据协同创新的基础研究—共性技术研发—工程化技术开发三个层次演化路径图,构建创新风险评估与预控显示板,并建立相关工作流程:

(1)定期识别和评估创新风险类型,明确面临的风险属于哪种类型:技术风险、进度风险还是成本风险;

(2)预测创新风险发生的概率,即创新风险发生的可能性有多大;

(3)评估创新风险后果的严重性,协同创新的战略目标多大比例会受到该风险的影响;

(4)制订缓解创新风险的行动计划,对于识别出的每一个主要风险,应该组建一个小组来负责制订一套正式的风险缓解方案;

(5)构建创新风险演变显示板,在实施缓解风险的行动计划后,创新风险演变趋势是加剧还是减缓。

同时,应将所有创新风险视为一个整体进行管理,运用情景分析法等管理工具,监控创新风险的中长期演变模式,重点关注不同类型风险在某一时域内产生的多重风险叠加效应,多重风险叠加效应往往会产生出人意料的严重后果,如图5.3所示。

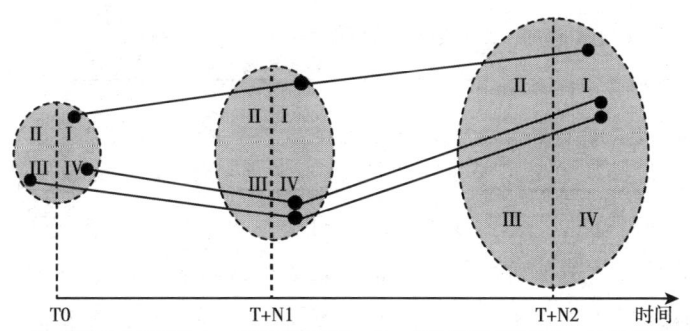

Ⅰ:风险发生可能性大,后果严重性高;Ⅱ:风险发生可能性大,后果严重性低;
Ⅲ:风险发生可能性小,后果严重性低;Ⅳ:风险发生可能性小,后果严重性高

图5.3 多重创新风险的叠加效应

如表 5.1 所示，创新风险演变显示板可使协同创新管理者全方位地监控创新风险的来源和等级，分析创新风险的长期性与短期性、分散性与集中性等演变特征，从而增强创新风险的预测能力以及应对不确定性因素的动态调整能力。

表 5.1　　　　　　　　协同创新风险动态演变显示板

风险的来源	严重性	发生概率	控制方案	风险演变趋势			
				时间节点	时间节点	时间节点	时间节点
项目1：基础研究技术风险	A	90%	方案1	加剧	加剧	减缓	减缓
项目2：共性技术研发进度风险	B	50%	方案2	加剧	减缓	减缓	减缓
项目3：工程化技术开发费用风险	C	30%	方案3	加剧	加剧	加剧	加剧
项目4：工程化技术开发技术风险	A	60%	方案4	减缓	减缓	减缓	减缓
项目5：共性技术研发进度风险	B	30%	方案5	减缓	减缓	减缓	加剧
项目6：共性技术研发技术风险	B	90%	方案6	加剧	加剧	加剧	加剧
项目7：工程化技术开发进度风险	C	50%	方案7	加剧	加剧	加剧	加剧
项目8：基础研究技术风险	A	90%	方案8	减缓	减缓	减缓	减缓

创新项目的组合管理显示板是建立在项目进展和风险演变显示板的基础上，如图 5.4 所示（如图中圆的直径大小代表项目战略价值的高低）。协同创新管理者通过分析创新项目的组合管理显示板，识别项目与项目之间的依赖关系，评估项目的战略价值、进展情况以及风险状态，并依据协同创新联盟现有的资源和能力，估算出所能支持的项目类型和数量，筛选出低价值的、不符合战略的、多余的、执行很差的项目来降低创新复杂性，通过对创新项目的再选择、再排序和再优化，来提高协同创新的整体绩效。

第五章 基于协同创新的高能级科创平台的战略管理

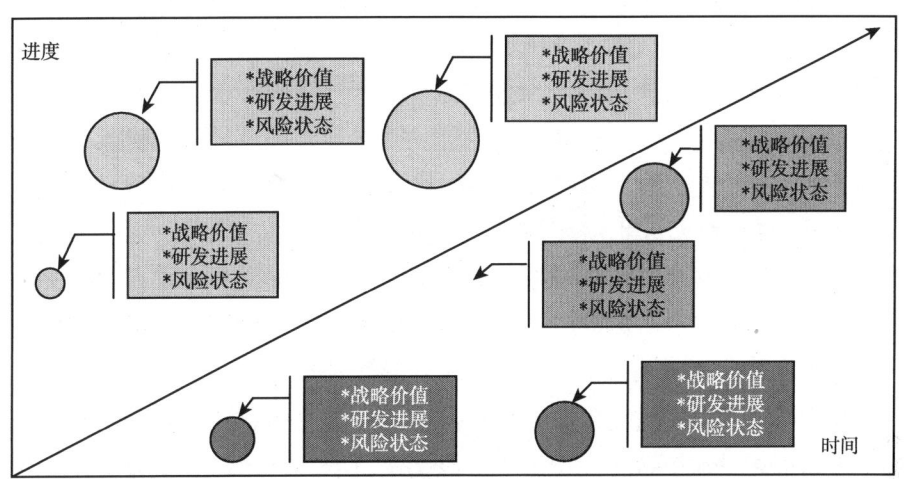

图 5.4　协同创新项目的组合管理显示板

第二节　平台合作网络的变化与控制

美国的工程研究中心（engineering research center，ERC）是由大学引领的研究型联盟，在近 30 年的运行经验积累中，形成有效的创新合作网络评价体系，其中关键指标之一是创新合作网络结点的类型与数量，也就是说，创新合作网络的结构特征会对创新绩效产生直接的影响（Levén et al.，2013）。

创新合作网络变化的背后主要驱动因素是技术变量。Moore（2005）把技术的里程碑式演变分为早期市场期（early market）、鸿沟期（chasm）、保龄球道期（bowling alley）、龙卷风期（tornado）和大道期（main street），创新合作网络的结构需要与技术不同发展阶段实施动态匹配。在协同创新背景下，随着各创新项目的不断进展，互补性创新资源的性质及其拥有者主体特征也不停地变化，驱使协同创新的合作网络不断发生迁移，创新管理者应动态预测未来合作模式的发展趋势，以使协同创新顺利进入下一个阶段。

对于协同创新,基础研究、共性技术研发和工程化技术开发等三种网络间依次产生驱动性变化。当技术处于基础研究阶段时,由于技术的不确定性较高,创新联盟体内的合作模式主要位于"光谱"的左端,如图5.5所示,即松散型合作模式占据主导地位;随着创新向前推进,进入共性技术的研发阶段,技术的不确定性在逐渐降低,合作网络的层次型结构形态开始展现,由于创新知识的累加效应,早期介入网络的大学研究机构组成网络的稳定核,并与后加入企业进行联结,这时合作模式向"光谱"的右端迁移,由大学和企业构建的共性技术研发网络会持续扩张;随着技术进入工程化开发阶段,那些在共性技术研发阶段开展合作的各企业,将不得不在最终产品市场进行直面的竞争;因此,有实力的企业开始采取合资模式来构建自身的合作网络,在这个阶段,创新联盟体内的合作模式多处于"光谱"的右端,以合资模式为主的多元化网络开始展现出来,协同创新网络演变特征如图5.6所示。

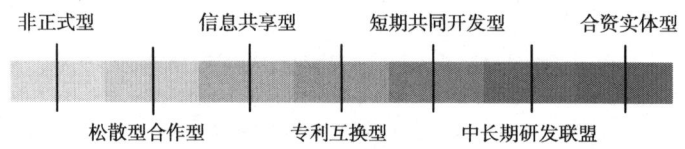

图5.5 合作模式的"光谱"序列

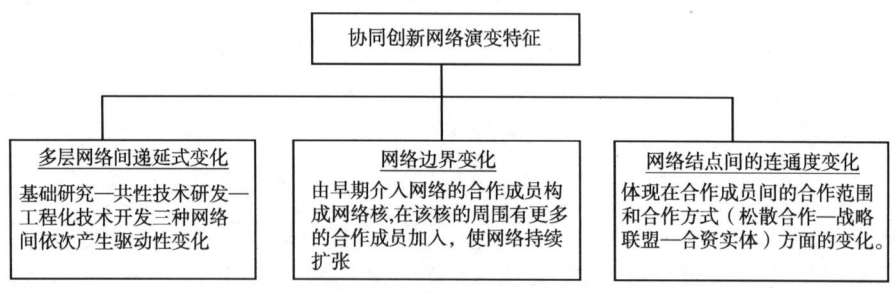

图5.6 协同创新的网络演变特征

由于创新资源的有限性,协同创新管理者须根据各类创新项目的进展态势主动从旧的合作架构中抽出资源,并有意识地引入新的合作架构,新的合作架构不仅要能够满足未来创新的需求,而且要与当前研发活动不产生冲突,这就需要协同创新管理者同时走网络构建和解构的双重途径(姜黎辉等，2009）。

为了更有效地分析创新合作网络演变趋势，有必要构建创新合作网络演变显示板，如图 5.7 所示，并建立相关工作流程。

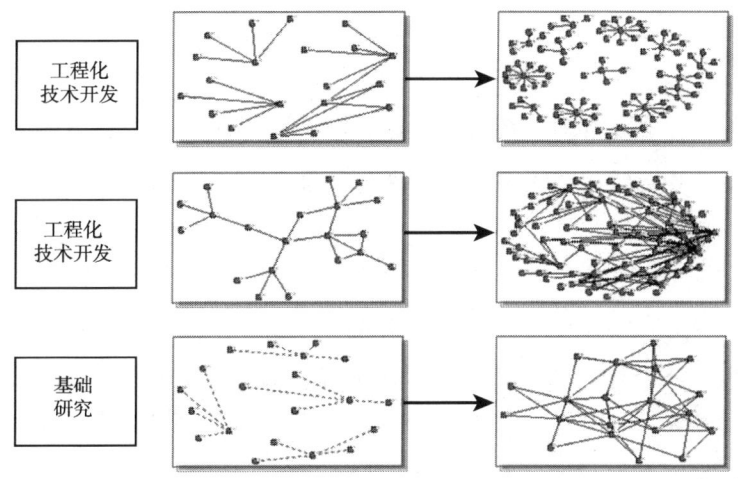

图 5.7 协同创新的合作网络演变显示板

（1）建立基础研究、共性技术研发和工程化开发等三种合作网络的递延式逻辑驱动关系；

（2）构建创新合作网络的演变显示板，分析其静态结构以及未来演变趋势；

（3）识别并评估技术演进的成熟度，主动操控合作网络向协同创新战略转换所要求的方向调整；

（4）依据协同创新下组群创新项目的进展态势，适时地调整短期、中期和长期合作网络的架构，把握好网络架构的转换时机、转换力度和转换速度。

协同创新管理者对合作网络的控制能力将对创新整体绩效产生重要影响，这种能力的强弱将决定网络演变趋势（多元开放型或封闭型、同质化或异质化）（Florian and Pedro，2013），因此，创新合作网络的协调与控制将是协同创新战略管理的重要组成部分。

第三节　平台合作界面环境的评估与优化

相关研究显示，创新联盟的失败率高达40%～70%，其中重要因素是跨组织的界面管理问题（刘兰剑和党兴华，2007）。界面管理是指为完成同一任务，解决界面各方在信息、物质、财务和专业分工等方面的矛盾，实现控制、协作与沟通，提高合作的整体功能，实现合作绩效的最优化（李凤莲和马锦生，2002）。

就协同创新而言，界面管理的实质，就是构建和保持一种良好的界面环境，使跨界面的交流、协调、合作能够有效进行，使重要的界面关系纳入战略管理状态以实现控制、协调和沟通，提高创新绩效。协同创新的合作界面环境是由硬件和软件要素构成，其中硬件要素包括合作协议、信息交流机制、激励机制以及研究成果归属机制等，而软件要素包括合作文化和人际间信任度等。

如图5.8所示，协同创新存在两种层次的合作界面，即协同创新联盟体层次上的合作界面以及各创新项目层次上的合作界面，这两种合作界面环境由于多层委托代理关系的存在而产生差异，如图5.9所示。

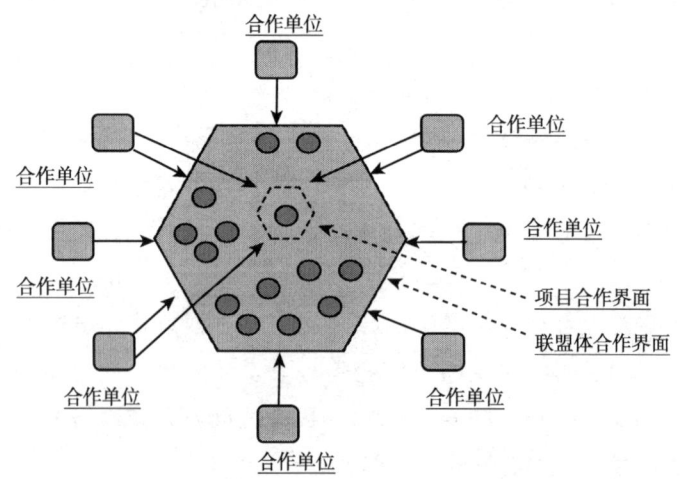

图 5.8　协同创新的合作界面

第五章 基于协同创新的高能级科创平台的战略管理

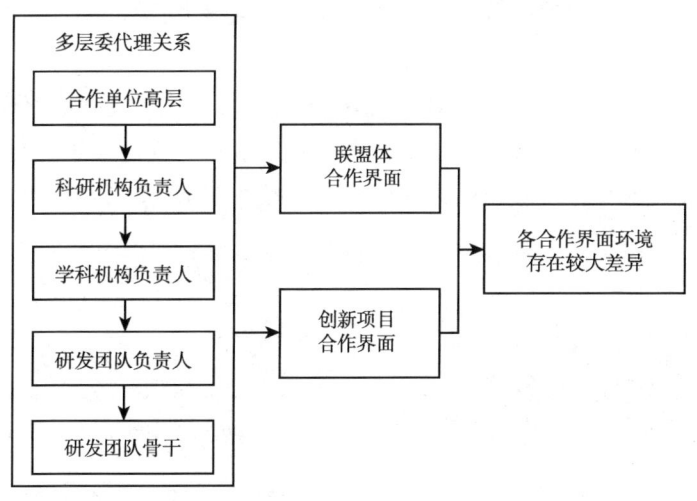

图 5.9　委托代理与合作界面环境的关系

在我国，协同创新联盟多是通过国家意志引导安排的，各合作单位的高层管理人员普遍存在强烈的动机与外部单位建立协同创新联盟，协同创新联盟体层次上的合作界面硬件与软件要素基本处于理想的状态。然而，在以高校为主导的协同创新联盟中，创新项目最终是由高校骨干教师来完成，一般而言，他们都有自己的科研基金项目，研究资金相当充裕，他们更有兴趣和动力从事自己科研基金项目的研究；而在协同创新背景下，研究工作更强调协同，研发成果更强调集体的贡献，研究成果的归属和论文发表的个人排名顺序往往与高校教师偏好之间存在相当大的差异。因此，创新项目层次上的合作界面环境与协同创新联盟体层次上的合作界面环境往往存在差异。

另外，各创新项目的合作界面环境也会存在不同程度的差异。各创新项目的合作界面环境在创新过程中是不断动态演化的，合作成员的资金和人员投入力度、人员激励机制、风险承担机制、冲突解决机制以及知识产权的归属机制等因素直接影响着创新项目的合作界面环境。在创新实践中，合作成员往往既是合作者，又是竞争者；对于来自大学的科研成员，他们在协同创新领域中是合作者，而在国家自然科学基金项目和国家重大科研专项申请方面又是直接的竞争者，对于参与的企业而言，更是如此，他们在产业共性技术方面开展合作，而在产品最终市场方面又不得不进行残酷地竞争。在协同创新的过程中，合作成员之间的吸引极和排斥极不断影响着各创新项目合作界面环境的变化趋势。

因此，为使创新管理者洞察和把握创新进展缓慢、创新绩效差的深层次原因，有必要对创新联盟体和各创新项目的合作界面环境进行定期评估，识别并优化合作界面环境中的短板因素，如图 5.10 所示。

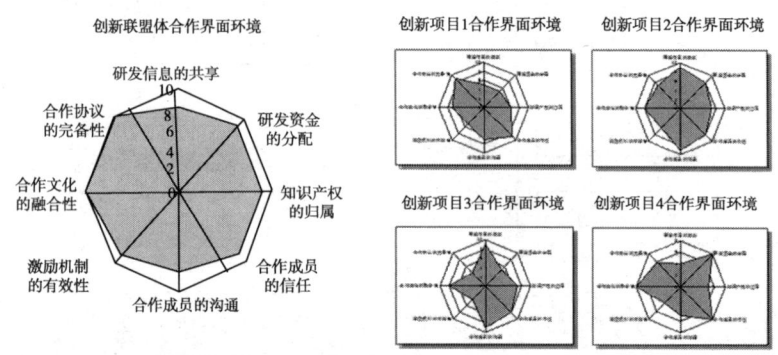

图 5.10 协同创新的合作界面环境显示板

作为协同创新的战略管理重要组成部分，合作界面环境的评估与优化也要建立相关工作流程：

（1）建立创新联盟体以及各创新项目的合作界面环境硬件与软件要素的评估体系；

（2）构建协同创新的合作界面环境显示板；

（3）识别合作界面环境中的短板因素，评估短板因素的后果严重性；

（4）制订消除短板因素的行动计划，监控行动计划付诸实践后的短板因素演变趋势。

对于合作界面环境的优化方法，许多学者从不同角度进行了深入分析。例如，Brockhoff and Hauschildt（1997）等提出界面管理的无等级和等级协调模式；李宝山（1998）等提出的等级泛化与模糊处理等整合界面的方法；徐磊（2002）提出界面管理的共识性、开放性和约定性等原理。由西安交通大学牵头建立的高端制造装备协同创新中心在创新实践中较好地运用了横向系统的界面管理方法，该中心设立了学术特区，由中心自主设岗、自主选聘、自主考核、自主定酬，采取"流动不调动"方法，推动中心与其他高校、科研院所、企业之间的人员聘用与流动。协同创新管理者要努力

第五章 基于协同创新的高能级科创平台的战略管理

把创新联盟打造成学习型组织,将合作界面最佳管理方法经过提炼、分析和归纳,结合在实践中积累下来的经验,建立合作界面最佳实践知识库。

协同创新的合作界面管理是一个动态的持续评估、分析和优化循环反复的过程,构建合作界面环境显示板,可以使协同创新管理者以可视化的方式识别合作界面的短板因素,通过学习和运用最佳实践知识,确立合作界面环境优化的路径图,逐渐消除短板效应,使合作界面环境得到持续优化。

协同创新具有高度复杂性和动态性,协同创新联盟体的协调与控制更富挑战性。协同创新联盟合作协议往往不能动态适应内外部环境的变化,在创新实践中,加强协同创新的战略管理工作对实现协同创新可持续性发展具有重要意义(张廷,2012;辛冲和冯英俊,2011)。要使平台产业创新过程中的深层次问题纳入战略管理状态以实现控制、协调和沟通,需要建立一个可视化战略信息监控平台。本章通过构建协同创新的进展显示板、风险演变显示板、项目组合管理显示板、合作网络演变显示板以及合作界面环境显示板,在协同创新的战略管理方面做了一些探索性工作,今后需要继续结合产业协同创新的实践活动,使之在理论上更具系统性,在管理实践上更具应用性。

第六章 高能级科创平台技术环境监控系统

相关实证研究表明,促使创新平台采用新技术以提高竞争力的重要因素是平台本身技术监控能力。为了监测技术环境的变化,高能级科创平台需要构建自身的技术监控系统以寻找和获得技术资源。本章分析了技术环境的内涵以及技术监控的关键活动,探讨了技术监控的主要模式及绩效。从技术信息的战略重要性和易理解程度两个维度出发,对结构化探索式技术监控系统的构建做出分析并研究了战略技术监控和一般技术监控的不同之处。

第一节 技术环境监控的关键活动特征

一、技术环境监控的内涵

种群生态学认为组织的生存和成长是由环境选择决定的,而环境扫描和战略管理是组织适应外部环境变化的主要工具,战略管理重点就是调整组织以与外部环境进行匹配,这种匹配对于组织来说至关重要,是因为它使组织充分利用外部环境机会的同时对威胁采取预防措施(Ansoff,1965)。根据开放系统理论,组织的生存和发展依赖于组织适应环境的能力,因此,一个组织需要了解它当前及未来面临的环境,环境扫描对企业发展是至关重要的。Porter(1980)认为技术应该有自身战略,把技术战略定义为企业使用和发展技术的模式,技术战略应包括以下议题:发展什么技术、是否追求这些技术领导地位和跟踪哪些技术。Wilson(1994)认为经济全球化趋

第六章 高能级科创平台技术环境监控系统

势使企业环境扫描工作的重要性更加凸显。

技术环境监控是环境扫描重要组成部分。Aguilar（1967）、Fahey 和 King（1977）将环境扫描定义为寻找、收集外部事件发展趋势和变化的信息以指导企业未来的行动。Dess 和 Beard（1987）认为环境扫描是收集和分析有关外部信息并将（分析）结果引入组织决策的过程。Porter（1985）认为，通过环境扫描获得的信息在制订企业目标和对竞争战略进行选择等方面是非常有用的。Hambrick（1981）认为，组织和它们的战略决策者在收集和加工信息方面存在有限理性，将环境作为整体而进行分析是一项不可能完成的任务，原因在于环境的高度复杂性；他提出应将环境分为四大范畴：企业家、工程、管理和管制单元，并在此基础上继续细分为20个子单元，使用此类分析方法去研究企业的环境扫描行为和组织战略关系，他采用扫描频率、兴趣水平和扫描所用时间等指标来衡量企业环境扫描的力度。Daft 和 Sormunen（1988）将整个环境分为遥远型和任务型环境，遥远型环境由四个部分组成：政治/法律、经济、社会/文化和技术；而任务型环境是由所有与组织目标的制定和完成密切相关的因素组成，它包括竞争对手、用户和资源的供应者。Aguilar（1967）将企业环境扫描活动分为：商业扫描（市场和用户）、竞争扫描（竞争者和产业）和技术环境监控（相关物资技术和非物质技术—管理技术）。

技术环境监控是为获得科学技术变化、产品技术、制造过程技术和信息系统等信息的过程。技术环境监控是观察、分析并进而在组织内部扩散技术变化信息的过程，技术环境监控在企业创新中扮演着极其重要的工具角色作用。企业的技术环境监控对象是外部的技术环境。技术环境包括直接和间接参与知识创造和应用的各种活动，技术环境中的组织划分为以下类型：私有与公有、开发者与促进者。私有与公有：从事技术开发的并不仅限于营利企业，除大型企业外，政府机构、大学和许多非营利组织也从事技术开发，之所以区分私有和公有组织，是为了明确组织中技术开发透明程度的差异，公共机构相对私人企业来说，其技术开发活动更透明。开发者与促进者意味着技术环境不仅包括实际参与技术开发活动的组织，还包括促进技术开发的组织，促进者提供技术信息和其他资源，如表6.1所示。

表 6.1　　　　　　　　　　技术环境基本内涵

	开发者	促进者
公有	政府实验室；大学实验室	技术评估办公室；新企业孵化器
私有	企业 R&D 实验室；R&D 联合体；技术联盟；伙伴关系	风险投资者；技术评估者

技术环境动态演化分为两个相关的方向：①引致变化。宏观环境因素的影响，而不是技术的影响，使技术环境发生变化，包括相关政策和法规的影响，还包括经济环境的影响。实际上，很多基础研究和应用研究都是被当前市场或经济环境所驱动的，而不是被科学和技术知识所驱动的。②自发变化。除了上述由各种宏观环境因素产生的变化外，技术环境也可能由技术开发者独立研发活动而发生变化。这两种技术环境的变化为各行业的企业创造了机会也带来威胁，然而它们对技术管理的含义有所不同，引致变化可以被预测，自发变化较难预测。对于企业来说，有关技术的扫描问题是：①当我们扫描时，我们在看什么？②更加重要的是，我们在寻找什么？把以上问题进行细化：什么是技术？它在哪里？技术如何分类？它们如何演变？如何监测它们的显著变化。

在构建和运用环境扫描系统方面，西方发达国家企业环境扫描的实践为我国企业提供了可借鉴的经验。例如，在国际市场运作的日本公司大多安排专门部门负责环境扫描工作，他们制订详细的扫描工作计划，并为扫描活动安排资金预算，通过遍布多个国家的潜听哨（listening post）对竞争对手的技术研发和营销战略进行高频率深度扫描；在德国，根据1991年的相关调查发现，有超过一半的德国企业设有正式竞争环境扫描系统，有超过 1/3 的企业设有独立的部门负责这项工作；美国 Baxter International 公司构建起强大的环境扫描系统，定期监测全球范围内的相关技术发展状态，每年识别和过滤 5000 种新技术，对其中约 100 种技术进行深度分析，并将 5~10 种技术转换为公司的全新产品。

归纳国内外相关文献，有关企业环境扫描行为的研究主要基于以下角度：环境单元区隔性研究、环境本身特征及其对企业环境扫描行为的影响、企业环境扫描行为模式及其与战略和组织结构关系等方面，如图 6.1 所示。

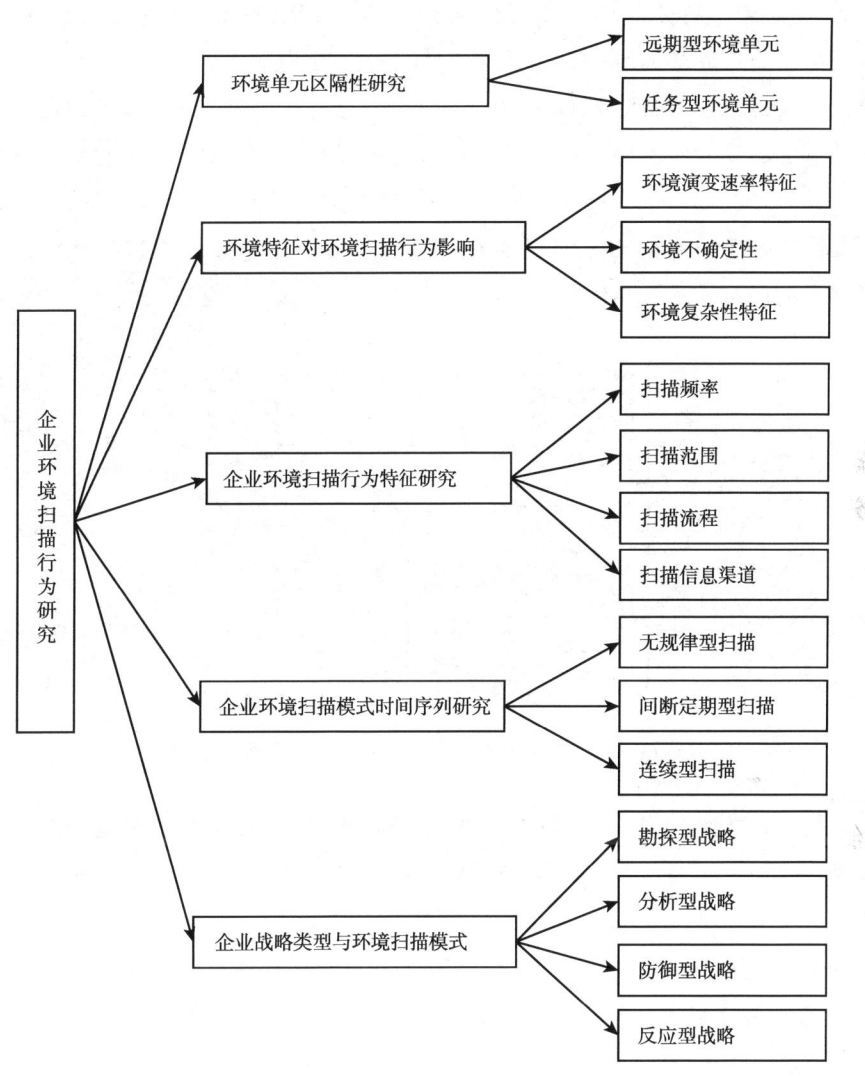

图 6.1 技术监控行为研究

二、技术环境监控的关键活动特征

技术环境监控具有四种相关活动,如图 6.2 所示,它们分别是扫描目的、信息类型、信息来源和管理实践,决定企业以上扫描活动的关键因素分别是企业的组织特征(战略类型、企业员工人数、产品销售额、产品出口比例)、技术特征(产品和过程技术种类、管理的 IT 技术种类、R&D 领域特征、质量控制的复杂性和专业从事 R&D 技术人员的数量)、外部环境特征(动荡性、不确定性和竞争强度)、所在信息网络特征(参加专业协会的数量、当地的研发中心的数量)以及企业 CEO 的个人特征(所受教育水平、管理经验和产业经验)。强调企业战略是影响企业技术环境监控的最重要的因素,企业不同的战略(被动反应型、防卫型、分析型和前瞻型)决定着不同的技术环境监控模式。

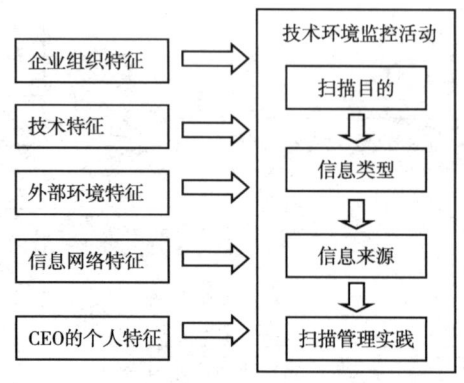

图 6.2 技术环境监控相关活动及其影响因素

对于技术环境监控的目的,1993 年的 OECD 报告表明,企业的技术环境监控活动主要是为满足不同的需要:商业(探测新的机会)、技术(引进新产品、增加创新能力)和竞争(观察竞争对手采用新技术的行为)。对于技术环境监控的信息类型,实证研究表明,企业经理认为产品、材料等创新信息是最重要的,而很少去扫描和分析与引进新技术相关的人力资源和培训需求等方面的信息。当决策者认为环境具有高度复杂性特征时,由于有限理性的存在,他们有可能减少或放弃相应的环境扫描活动,这意味着环境复杂性的增加使决策者减少而不是加强环境扫描的活动,如图 6.3 所示。

环境不确定性与决策者是否拥有相关信息密切相关,不确定性随着企业经理在同一时间内掌握的信息量和知识范围的自由度增多而出现,不确定性的增加将促使人们增加竞争环境扫描的频率。Boyd 和 Fulk(1996)将企业对环境单元变化速率感知和重要性感知组合在一起,提出战略变异性

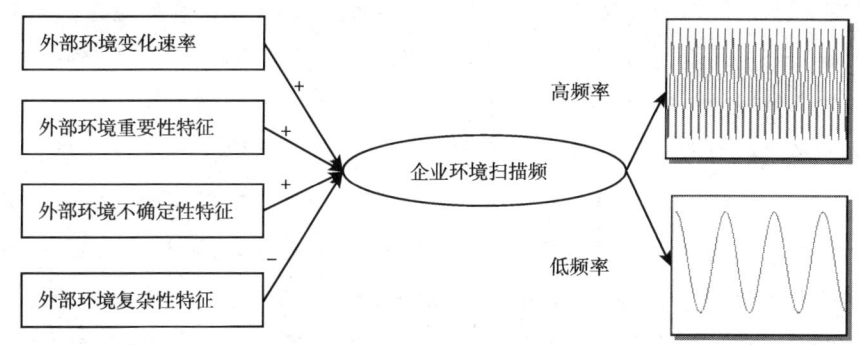

图 6.3　企业环境扫描频率与环境特征关系

感知概念,他们的研究结果显示,企业战略变异性感知和环境扫描活动存在显著的正相关关系。由于环境不断的变迁,企业环境扫描重点和频率随着环境的变化而变化,并受到所寻找信息类型和信息需求紧急程度的影响,扫描模式并不是以线性方式从一个阶段进化到另一个阶段。可以将企业竞争行为分为勘探者、防御者、分析者和反应者,由于勘探者持续寻找新产品和新市场,须花费更多的时间扫描外部环境、评估机会和威胁,因此,勘探者在环境扫描方面投入的资源最多。

Tan 和 Li(1996)、Luo(1999)对中国企业战略和竞争环境特征的关系进行了实证研究,结果发现,中国企业的主动性战略与环境动荡性存在显著的正相关关系。根据战略的主动性特征,将企业战略分为远见型、分析型、防卫型和被动型四种类型;企业战略的不同导致环境扫描行为模式存在很大差异,远见型企业多采用广泛结构化而非定向的扫描模式,防卫型企业采用正式而相对狭窄的扫描模式,分析型企业是在以上两者做出折中,而被动型企业多采用非定向且非正式的扫描模式。Camillus(1991)根据企业环境扫描焦点定位的特征,提出了战略计划系统(SPS)和战略议题管理系统(SIMS);SPS 聚焦在直接影响组织战略的关键信息,企业在制订每一个计划周期前,SPS 呈现高频率的扫描特征,具有明显的周期性特征;相比 SPS,SIMS 的扫描特征是半定向且连续性。

简兆权和李垣(2002)研究企业环境扫描对战略转换的作用机理,战略转换是企业为了利用潜在机会从一种战略状态转变到另一种战略状态,从而创造新的竞争优势,而企业环境扫描在战略转换的形成、实施、评价与控制等方面发挥着关键作用。刘海潮和李垣（2004）认为环境通过认知来反映，企业环境扫描行为模式的差异解释了在类似环境下不同企业采取不同战略的现象。Smeltzer（1988）研究发现，企业在组织结构、资源和影响外部环境能力方面的差异导致他们竞争环境扫描的层次特征存在很大不同，大企业战略计划与操作计划分别是由管理高层与中层制定，而中小企业的经理职责同时包括战略和操作两个层次，中小企业经理往往扫描外部环境的多个层次，由于中小企业经理既是战略制定者也是具体业务的实施者，因此，中小企业通过竞争环境扫描获得的信息在组织内部扩散的战略重要性不是很高。大企业竞争环境扫描工作往往是由一个独立专门的部门完成，该部门负责收集并将相关信息上报到计划部门，而对于中小企业，这些工作可能的是由某一个人单独完成的；由于大企业更有可能的是某些贸易等组织的成员，它们通过订购某些服务来获得环境信息，而中小企业由于缺乏相应资源而无法获得这样的服务，人际网络是中小企业竞争环境扫描的主要渠道。

对于中小企业是否定期对外部环境扫描问题上，相关研究存在很大差异；Hambrick（1981）认为，就中小企业而言，有限的财务资源和风险承担能力，造成中小企业视而不见外部环境的变化，并且较少回应这些变化，从而认为中小企业很少进行扫描活动。Smeltzer 等（1988）研究发现，由于中小型企业对外部环境更为敏感，即使环境处于稳定情况下，他们对竞争环境的扫描仍是定期的。

Norman（1987）研究资源和环境扫描关系，提出资源限制（resource - limited）和信息材料限制（data - limited）两个环境认知概念，前者是指环境扫描活动受到所分配资源的限制，一旦得到较多的资源，便能顺利进行扫描活动；后者指的是扫描活动受到信息质量或不适宜加工信息的限制，即使分配到了较多资源，也不能顺利完成扫描活动过程，如图6.4所示。

外部竞争环境中信息复杂性使人们在掌握和理解信息等方面存在相当大的难度，中小企业由于缺乏资金和相应的人力资源，他们在技术信息收集和分析方面处于劣势，而他们的社会网络可以弥补这方面的不足。设有独立技术部门的中小企业能更有效地运用外部信息网络，而那些没有独立技术部门的中小企业在收集和分析外部环境最新技术方面存在很大困难。

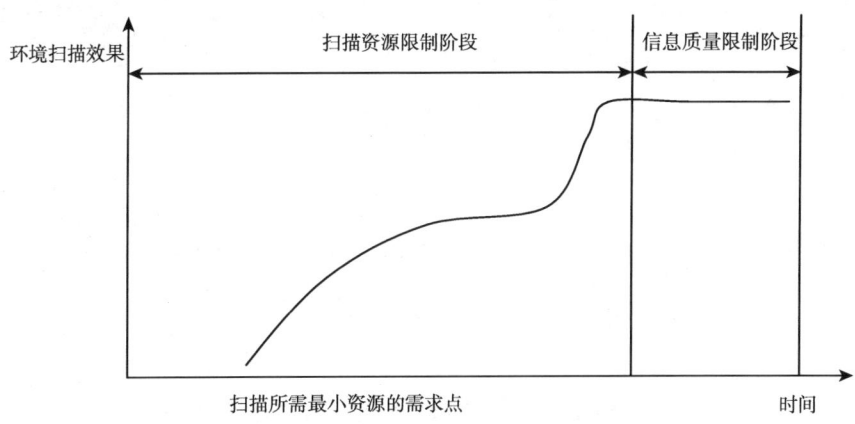

图 6.4 环境扫描效果与扫描资源和信息质量关系

在实际经济中，企业常常没能观察到外部环境的技术变化，有时，企业虽然能及时观察到新技术，但没能理解它的重要性，使企业错失良机，原因在于，企业认知框架直接决定其环境扫描行为以及对环境变化的回应行为，企业认知框架往往带有很强的刚性，这使企业适应环境的行动受到企业惯例的影响。

企业认知框架是战略行动的基础，决定了他们的集体信念，企业管理团队对竞争环境的监测和回应行为受到他们集体信念的影响。企业认知框架的形成主要取决于企业中个人和集体的历史特征，企业管理实践活动中行动方案及行动方案结果的预测都与企业认知框架有关，企业认知框架决定他们竞争环境扫描的宽度和频率。企业环境扫描行为直接影响企业外部环境解释系统的信息输入，企业内在极强的惯性往往造成滞后的信息搜寻模式，使企业对外部环境变化反应迟钝。企业已有的信息加工惯例和交流模式限制企业探索的范围，当信息主要基于狭窄区域搜寻模式时，企业一系列创新只能是渐进式变化。

当企业利润主要来自占主导地位的大客户时，这些客户将对该企业施加过度的影响，当新技术对这些客户具有价值时，企业将大力投资发展新技术，然而，当某种新技术对于企业当前客户不会产生价值时，企业不太可能去采纳新技术，而对于产业中新进入企业，他们在采用新技术方面没有受到此类影响，因此，当某种新技术出现时，产业中原有企业和新进入企业不同的认知框架导致它们在观察和理解新技术方面存在差异。Noteboom（1999）提出认知距离概念，认知远距性知识具备产生更新颖创新的优势，并具有非冗余性特征，但企业搜索和掌握此类知识因涉及缺乏共享经验等因素而变得复杂和困难。

综上所述，我们可以发现，影响企业环境扫描行为的关键要素包括战略、内部资源特征、组织结构、外部竞争环境动荡性以及扫描系统的技术特征等。

第二节 技术环境监控的主要模式及绩效

一、技术环境监控的主要模式

Hambrick（1981）在研究环境扫描行为时，采用扫描频率、兴趣水平和扫描所用时间等指标，将环境扫描行为分为无规律扫描、间断定期扫描和连续性扫描三种模式；无规律扫描模式属于被动型，只是对环境产生的危机做出反应，间断定期扫描模式属于前摄型，属于问题解决导向；连续性扫描模式属于机会辨识型，以主动方式来促进企业发展，如图6.5所示。

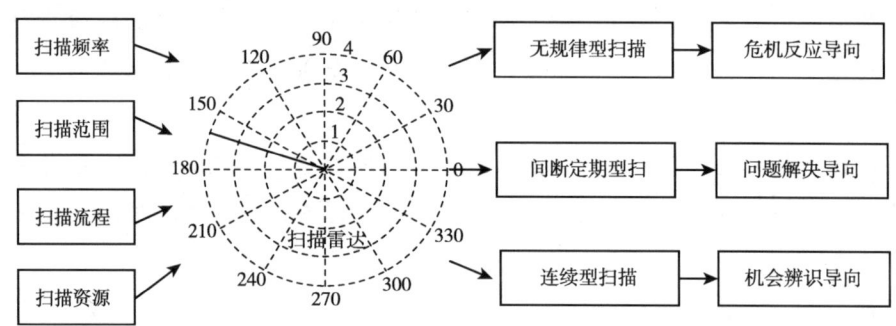

图 6.5 技术环境监控行为—时间序列模式—结果导向之间关系

Choo（2001）认为，企业环境扫描的力度受到组织规模、惯性和扫描活动所需资源的可获得性等因素的影响；基于 Daft 和 Weick（1984）提出的环境可分析性和介入环境力度两个概念，Choo（2001）将企业环境扫描行为归纳为以下四种模式：无目标观察式扫描、有条件观察式扫描、行动式扫描和探求式扫描；无目标观察式扫描是受到组织对竞争环境的不可分析性感知的影响，组织认为环境是不可分析的，没有采取相应的积极行动去介入环境；对于有条件观察式扫描，组织感知竞争环境具有可分析性特征，以被动方式收集环境信息，信息需求集中在范围相对较小的确定议题中；例如，Christensen 和 Rosenbloom（1995）对计算机磁盘驱动器厂商进行分析，发现这些企业仅注重扫描它们用户的需求信息，往往没能关注那些被它们当前用户拒绝的技术，这些技术往往迅速发展并侵入其他价值网络中，这种扫描模式往往使企业错失不连续技术创新的机会；对于行动式扫描模式，企业主动采取行动积极介入环境，信息主要来源于组织在介入环境过程中产生的新的网络结点；对于探求式扫描模式，信息需求是基于明确定义，并具有较宽范围详细的搜索目标，探求式扫描需要投入更多的资源，扫描区域更宽、更全面以获得事物的真实状态。

扫描实践活动分为四个不同阶段，它们分别是：①原始阶段（无特定努力）；②情景阶段（对需求有着清醒的意识，但没有进行系统扫描，只是做一些零星的扫描活动）；③被动阶段（无计划，非结构性活动）；④主动阶段（强力实施）。Fahey 等（1981）提出三种扫描方式：无规律地扫描、间断扫描和连续扫描。Choo（2001）认为，组织介入环境力度受到组织规模、惯性和扫描活动所需资源的可获得性等因素的影响，同时，组织在相关信息方面的分析经验、信息网络或渠道特征也不同限度地影响组织介入环境的力度；他把环境扫描归纳为四种模式：无特定目的式扫描、有条件式扫描、激活式扫描和搜索式扫描。本章在 Choo（2001）研究基础上，从扫描区域和扫描活动结构化特征等方面将企业的技术环境监控归纳为以下四种模式：发散被动式扫描、特定事件驱动式扫描、任务型技术环境聚焦式扫描和结构化探索式扫描。

采取发散被动式扫描模式的企业对于外部技术环境没有采取相应的积极行动去介入环境，信息需求是不明确和模糊的，获得的信息是非正式的，信息收集是不经意的并带有机会性。如图 6.6 所示，这种扫描主要依赖组织和外部环境的不定期地接触，不需要企业投入大量资源，但这种节约会招致组织风险。在此扫描情景下，组织学习是一种刺激—回应模式，组织保持现状直到出现强烈的刺激（Choo，2001）。采取这种扫描模式的企业，它们的战略往往是被动性战略，这种战略对技术环境变化的回应不具备持续一致性特征。

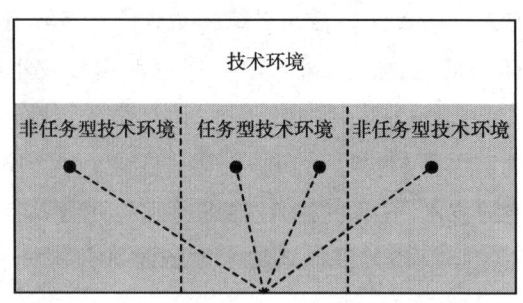

图 6.6　发散被动式技术环境监控模式

对于特定事件驱动式扫描模式，企业只有在特定事件的逼迫下才采取行动介入环境，如图 6.7 所示，信息主要来源于组织在介入环境过程中产生的新的信息结点，这种扫描模式最重要的特征是行动，扫描过程经历刺激—试验性行动—刺激等循环过程，信息的使用同样集中在组织相应的行动方面，在此扫描情景下，组织学习属于"干中学"（learning by doing）；但由于这种扫描模式不具备结构化优势，往往消耗大量的组织资源，因此，企业无法依靠此种扫描模式对外部的技术变化进行可持续性监视活动。

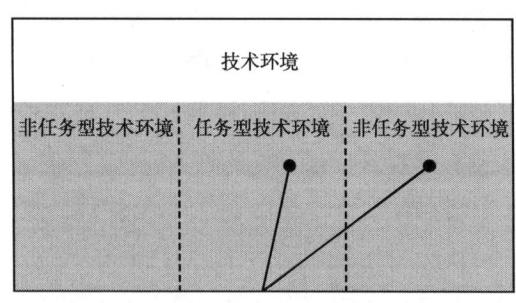

图 6.7　特定事件驱动技术环境监控模式

采取任务型技术环境聚焦式扫描模式的企业，如图 6.8 所示，相关技术信息需求集中在范围相对较小的任务型技术环境（用户、供应商和竞争对手）中的议题，信息的搜寻是充分利用企业的标准程序，组织学习是应用相关知识去聚焦扫描并进而采取相关行动；这种扫描模式的优势在于活动的结构化。March（1991）认为，当扫描活动主要限制在企业已熟悉的狭窄的技术领域内时，搜索属于利用型，利用型搜索主要利用原有的能力，更有可能在已知的技术领域内进行渐进式创新，采用任务环境聚焦式扫描模式的企业创新特点是渐进式创新。

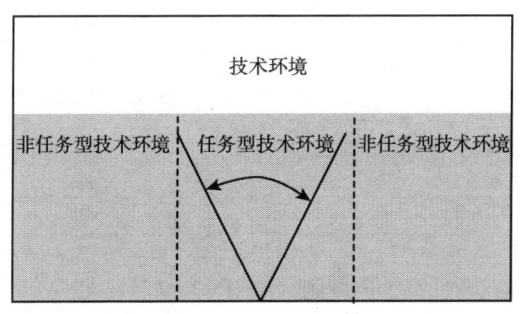

图 6.8　任务型技术环境聚焦扫描模式

采取结构化探索式扫描模式的企业积极介入环境去收集有关环境的准确信息，信息需求是基于寻找外部技术机会。如图 6.9 所示，这种扫描模式具有较宽范围的搜索目标，基于更新已有知识的意愿，相关信息搜索和分析过程具有逻辑性、理性程序和系统分析等特征，采用这种扫描模式的组织往往指定专门的部门负责扫描活动。在此扫描模式情景下的学习是在分析环境中所获得的知识，根据所获知识以指导和协调行动，这种扫描模式相对于任务型技术环境聚焦式扫描需要投入更多的资源，使扫描区域更宽、更全面以便获得事物的真实状态。企业依靠这类扫描模式更有可能发现认知远距性知识，进而导致不连续性技术创新的发生。

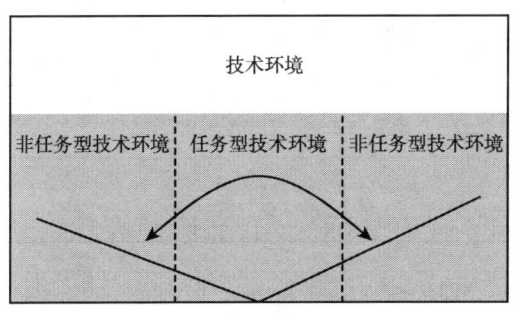

图 6.9　结构化探索技术环境监控模式

对于结构化探索式扫描模式,由于扫描区域宽,投入资源多,构建此类扫描系统具有很大挑战。在环境扫描研究中,雷达比喻非常有用,它可以使相关扫描变量(扫描距离、方向和细节)形象化。如图6.10所示,在公司雷达扫描系统中,以信号强度和信号清晰度两个维度分析企业技术环境监控定位,其中,信号强度代表信息的战略重要性,而信号清晰度表示信息的易理解程度,由此划分出四种扫描定位:①传感器定位的扫描机制,连续扫描具有高度清晰度且具战略重要性技术环境单元;②过滤器定位的扫描机制,扫描那些有规律到达组织具有较高清晰度信号的技术环境单元,考虑到信息相关程度,这些信息需要从大量的数据筛选和过滤,由于从这些技术环境单元提取信息的重要性不同,技术环境监控系统的过滤功能至关重要;③探索性定位的扫描机制,探测模糊但具战略意义的信号,具有这类信号特征的技术环境单元多为非结构化并具有混沌性特征,相关信号收集的工作难度很高,因此,需要将这类信号进行放大处理(介入环境)以便评估信息对组织战略的潜在作用;④删除定位机制:忽略那些不具备战略重要性且模糊的信号。

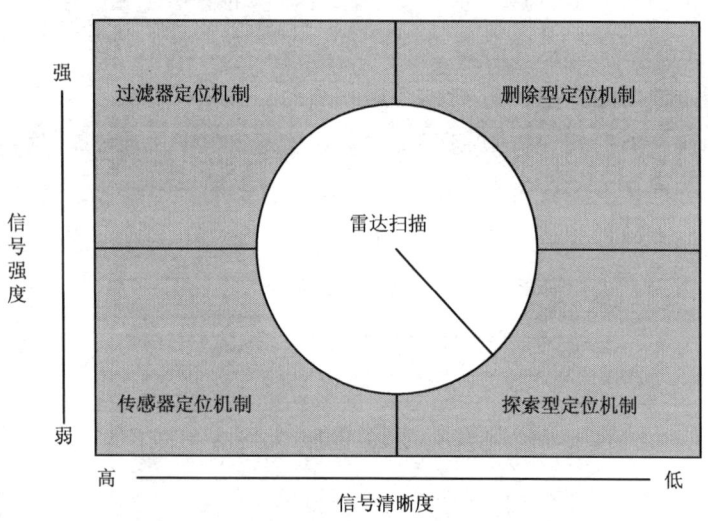

图6.10 技术环境监控雷达比拟图

企业在构建结构化探索式技术环境监控系统时,首先要根据技术信息的战略重要性和信息易理解特征,制订技术环境监控的政策和相关程序,包括信息收集和处理机制、扫描资源预算和扫描频率等工作流程的设计，同时需要对技术环境监控活动进行组织定位，即需要决定组织内部哪个部门负责技术环境监控工作。

二、技术环境监控对绩效的作用

如图 6.11 所示，相关研究表明，技术环境监控流程、投入资源特征、环境扫描系统技术特征和组织战略定位与企业绩效存在显著关系。Miller 和 Friesen（1983）就环境扫描行为和绩效关系进行了实证分析，把 81 家企业分为成功和不成功两种类型，研究结果发现，环境扫描行为是区分成功企业和不成功企业的显著变量，不成功企业环境扫描活动水平的最高分数要比成功企业最低分数还要低，成功企业的扫描活动力度很大且相关活动协调，而不成功企业扫描活动力度微弱且相关活动脱节。Newgren（1984）对环境扫描活动高水平的 24 家企业与低水平的 22 家企业进行了五年时间跨度的比较研究，实证数据显示，企业环境扫描活动和绩效存在正相关关系。

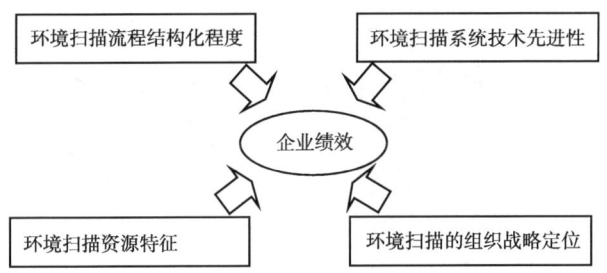

图 6.11　企业环境扫描行为－绩效之间关系

Dollinger（1984）对制造企业进行分析，发现企业环境扫描的力度和绩效存在显著关系。West（1988）分析企业的组织战略、环境扫描与绩效之间关系，发现企业环境扫描力度对企业资产收益率有着显著影响，具有良好绩效的企业扫描活动力度显著高于绩效不佳的企业。Subramanian（1993）分析美国 Fortune 500 企业环境扫描和绩效的关系，发现环境扫描系统的技术先进性和绩效（利润和销售额增长）存在正相关关系，采用先进扫描工具监视外部环境企业的绩效普遍好于没有此类系统的企业。Tan 和 Litschert（1994）对中国大型制药企业研究时，发现他们的绩效—战略—环境三者要素之间存在显著关系，而环境扫描变量发挥着关键的调节作用。

在当前技术环境下，如果企业无法监控最新的技术发展状态，该企业错失发展机会的可能性将很大，在任何功能领域内，特别是在不同范畴交界处，都要求企业超越当前视野，对未来的技术和市场进行展望。

第三节　平台的战略技术监控体系

王元等（2003）指出，国家之间的竞争在很大程度上已经转化为战略技术的竞争，作为工业化后起的国家，我们需要全面跟踪世界战略技术动向，为中国独特的战略技术和战略产业选择做好强有力的决策支撑，这对于我国经济长期持续发展至关重要。战略技术是指对整个产业未来发展具有决定性影响的技术，目前越来越多中国企业认识到战略技术的重要性。长虹公司于2005年成立了战略技术委员会，并与微软、中国电信、AMD、盛大和西安交大等机构签订战略技术合作协议，在3G领域、家庭宽带互动娱乐市场和数字音视频IC设计等方面开展合作，沿着产业价值链、商业模式及产业形态三大方向进行产业布局。

国家之间的竞争在很大程度上已经转化为战略技术的竞争，战略技术是对产业未来发展具有决定性影响的技术。然而，与战略技术相关的机会窗口并不是以预先包装好的形式出现，企业战略技术环境监控行为直接影响其识别外部技术机会的能力。这里，首先分析企业战略技术环境监控所要监控的关键要素—战略技术及其市场成熟度、战略技术里程碑式的演进特征、战略技术对商业生态系统以及产业利润池结构的作用特征等，并研究了企业战略技术环境监控系统的信息渠道类型、空间分布及其组合效应，对战略技术环境监控流程进行了分析。

战略技术环境监控不同于一般技术环境监控，运用雷达扫描来做比喻，主要区别点在于：战略技术环境监控的距离更长远，一般技术环境监控主要是跟踪与企业的业务密切相关的应用性技术的发展，而战略技术主要是向前看，它的范围更宽广，战略技术环境监控呈现360度扫描模式，战略技术环境监控通过在技术环境中识别技术发展主要特征，以加强公司的技术远见，这些技术特征被称为里程碑技术并作为技术演变主要指示变量，里程碑式技术是战略技术环境监控的核心焦点；战略技术环境监控所获得的信息相对粗糙，而一般技术的扫描所获得的信息更具业务操作性，相关研究表明，最有价值的战略信息往往来源于最不完整的资料，战略信息的价值不在于资料的完整性，而在于它所带来的洞察力，战略技术环境监控用于加强技术战略和公司一般竞争战略之间的连接。战略技术环境监控程序应是：①准备：确定技术环境监控区域，并制订相关扫描政策；②观察：探索技术发展前沿，技术环境监控需要为企业提供技术特定变化程度和性质，所谓特定，主要指的扫描应聚焦在技术显著变化上；③解释技术显著变化含义；④评估技术经济价值与本企业的技术基础，构建技术环境监控结果与公司发展战略相关矩阵。从而增加公司技术战略预测能力，进而增强公司战略前瞻性。当市场成熟且技术变化时，企业需要重新定位它们的技术环境监控区域，战略技术环境监控使企业战略更外向和更前向。

新战略技术的出现为企业开启了机会窗口（window of opportunity），然而机会窗口对所有企业来说，清晰度并不一样。战略技术产生的机会窗口并不是以预先包装好的形式出现，企业战略技术环境监控行为（哪些战略技术是企业在密切关注的？扫描信息渠道如何规划？扫描频率如何确定？如何监测战略技术的显著变化？）直接影响其识别外部技术机会的能力。企业战略技术环境监控是获得科学技术变化、重大产品技术、全新制造技术等相关信息的收集和分析并应用到决策的过程，即观察、分析并进而在企业内部进行扩散，以服务企业技术战略决策目的。企业要有效地实施技术战略，前提是对外部技术环境进行高效率的扫描，包括：①审视全球技术环境，处理和收集有关变革机会和威胁，过滤背景中噪声；②决定组织需要关注的关键信号，获取相关创新资源，实现有效的技术响应；③应用先进扫描工具并制定相关扫描流程。

一、战略技术监控的关键要素

（一）战略技术及其市场成熟度的跟踪

战略技术的发展历程是由若干个里程碑式阶段构成。如图 6.12 所示，

Moore(2005)把战略技术的里程碑式演变分为早期市场期(early market)、鸿沟期(chasm)、保龄球道期(bowling alley)、龙卷风期(tornado)、大道期(main street)和断层期(fault line)。企业的创新结构需要与战略技术发展阶段实施动态匹配,破坏性创新、应用创新和产品创新支配了技术周期的多个早期阶段,一旦进入大道期,前三种创新就会失去作用,因为它们增加的竞争优势抵不上创新所消耗的资源,这时,第二组创新——流程创新走到了台前,流程创新可以单独或共同创造渐进式的改善,但这些类型的创新迟早也会失去作用,当技术发展抵达断层期时,常常伴随着崭露头角的新技术的威胁,企业应推出第三组创新——结构创新。因此,监测战略技术里程碑式变化是企业战略技术环境监控的关键内容之一。

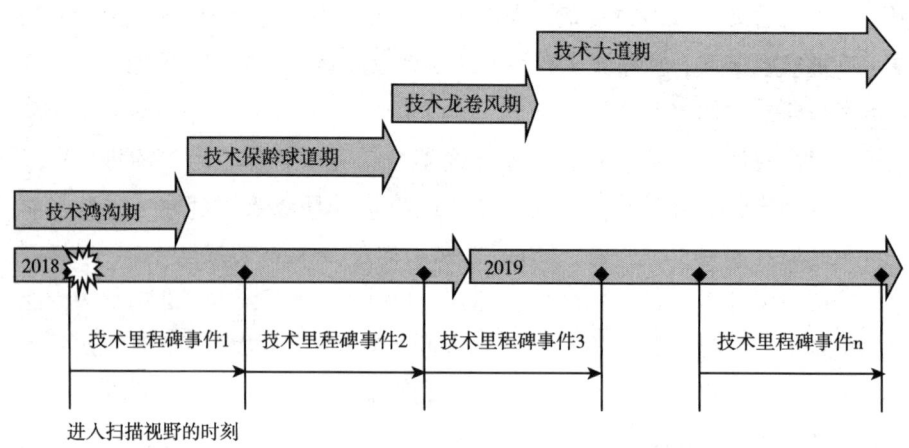

图 6.12　战略技术的里程碑式演进特征

新的战略技术会引起市场与技术双重不确定性。技术发展的不确定性,使市场无法很好进行重新定义,以及缺乏联结技术和市场的基础构架,这些不确定因素相互作用,造成战略技术存在高度不确定性。为此,企业需要动态跟踪战略技术及其市场的成熟度,而不是静态地对某项战略技术的前景持有过于乐观或悲观的看法。企业在研究战略技术及其市场成熟度的发展特征时,需要确定技术/市场成熟度曲线何时开始加速提升以及何时抵达稳定点,并判断两者的成熟度曲线在时间维度上是否合拍,如图 6.13 所示。

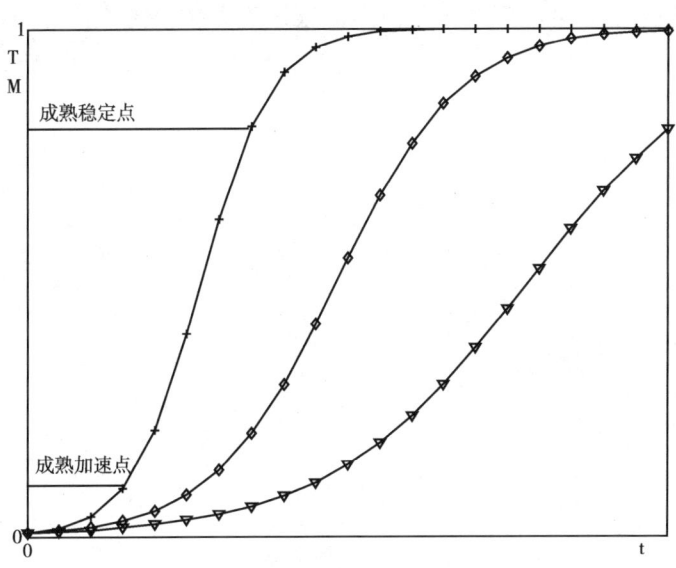

图 6.13 战略技术及其市场的成熟度曲线

在实际经济中,战略技术成熟速度往往快于其市场成熟速度,当两者的成熟速度差异过大时,则意味着在这项技术进行过早投资的企业将会面临很大的市场风险。美国摩托罗拉公司铱星项目失败的主要原因就是其市场成熟速度远远落后于技术成熟速度;以摩托罗拉为首的美国一些公司在政府的帮助下,于 1987 年投入 60 亿美元研制并开发新一代卫星移动通信星座铱星系统,铱星系统曾被美国《大众科学》杂志评为当年全球最佳产品之一,从技术角度看,铱星技术从开发到应用都非常成功,然而,其市场成熟的速度远远滞后于技术成熟的速度,直到 2007 年年末,该系统的用户才有 20 万用户,还不及苹果 iPhone 一个月发展的用户多,结果是系统的收入无法维持其基本支出,整个铱星系统最后被一家私募基金公司(private equity)以 2500 万美元的低价买下,该价格不到铱星当初投资 60 亿美元的 1%。

企业可以通过搜寻战略技术及其产品的扩散数据来勾画战略技术/市场成熟度曲线。战略技术在企业之间的扩散往往以非线性形式传输,信息传输很容易衰减,需要面对面的交流和观察,空间因素在技术扩散过程中扮演着关键角色,如图 6.14 所示。产品扩散是新产品正式投放市场后被最终用户逐渐采用的过程,与战略技术扩散特征不同的是,产品扩散具有以下特征:①信息传播媒介是公开的,如电视、报刊和互联网等;②时间因素在产品扩散过程中起着关键作用;③信息接受者数量庞大,分布广泛,信息发送者对大量的传播对象传输的是无差异的信息,如图 6.15 所示。

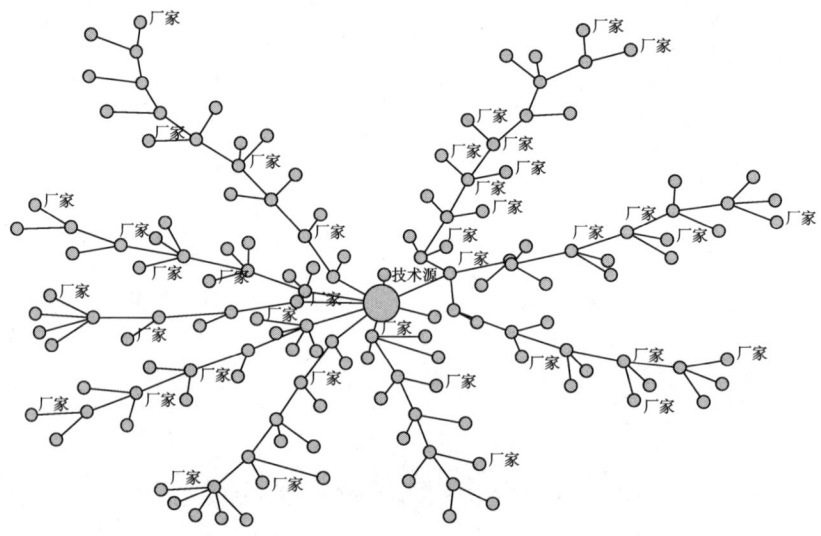

图 6.14 战略技术在企业之间的扩散特征

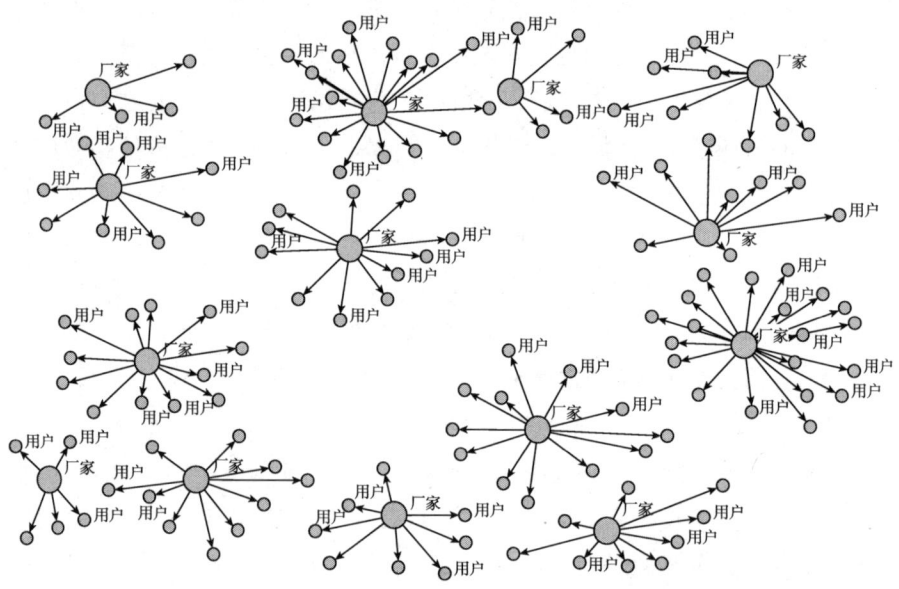

图 6.15 产品在市场中的扩散特征

以一个过去式的 DVD 产业的经典案例来说明。影响 DVD 产业竞争格局的技术是蓝光与 HD-DVD 技术，这两项技术演变历程表明，企业在对战略技术进行选择时，对技术及其产品扩散的动态跟踪极具战略意义。日立、LG、松下、先锋、飞利浦、三星电子、夏普、索尼和汤姆逊等 9 家公司于 2002 年 2 月 19 日成立蓝光联盟，共同制定蓝光技术标准，同年 8 月 29 日，东芝联合 NEC 向 DVD 论坛提交了新一代 DVD 光盘规格，提出新的 HD-DVD 标准，自此之后，两种技术标准之争从未停止。在 2007 年 9 月，随着宏基与中国华录两家公司的加入，蓝光 DVD 阵营成员已经达到 18 家，包括苹果、戴尔、惠普、日立、20 世纪福克斯、迪士尼和华纳兄弟等公司，东芝于 2004 年 11 月争取到电影制作商华纳兄弟及派拉蒙的支持，东芝和微软于 2007 年 10 月公布，两家公司将结成联盟，共同推广 HD-DVD 技术，而索尼的蓝光在同年 12 月争取到迪士尼加盟，随后 20 世纪福克斯宣布加入蓝光联盟。有关 DVD 产品在市场的扩散数据显示，蓝光 DVD 占据高清碟片销售额的 81%，HD-DVD 为 19%。蓝光和 HD-DVD 技术扩散及其产品扩散的差异程度最终迫使日本东芝于 2008 年 2 月 19 日正式宣布停止推广 HD-DVD 标准，至此，一场历时数年的下一代高清 DVD 标准之争由此落幕。由于中国多家企业缺乏对蓝光和 HD-DVD 技术及其产品扩散的动态跟踪，东芝的退出使采用 HD-DVD 技术的中国企业前景堪忧。

（二）战略技术对商业生态系统的影响

商业生态系统是由该产业的供应商、分销商、外包公司、相关产品生产商或服务商、技术提供商以及许许多多的其他组织构成。传统价值链由供应商和分销商组成，它们直接参与产品和服务的创立与提供，而商业生态系统中的许多公司则在传统价值链之外，例如，商业生态系统可能包括提供企业职能外包的服务公司、提供融资的机构、提供技术的公司、互补产品的制造商和客户，此外，商业生态系统还包含诸如监管机构和媒体这样的组织，它们对产业的影响虽然不那么直接，却同样巨大。Pisano（1991）系统分析了基因技术对美国医药产业的商业生态系统的影响，研究发现：①基因技术使原有商业生态系统持续扩张，包括新企业的加入以及原有企业之间合作协议的增加；②基因技术导致原有商业生态系统出现新的层次结构，早期进入的企业构成影响整个商业生态系统发展的集群核；③由于基因技术的累加效应，商业生态系统中的集群核稳定性持续得到增强,并与后进入企业构建多种模式的联结。

新战略技术的出现往往导致产业商业生态系统发生迁移,例如,3G 通信技术极大地改变了移动通讯的原有的商业生态系统结构。由网络设备制造商、终端设备制造商、运营商和内容服务商组成的移动通讯商业生态系统,随着 3G 技术的发展而不断发生迁移。大唐电信与广州南方高科有限公司、华立集团有限公司、华为技术有限公司、联想(北京)有限公司和深圳市中兴通讯股份有限公司等企业于 2002 年构建 3G 的 TD-SCDMA 研发联盟,三星电子、飞利浦和大唐电信于 2003 年共同投资成立 TD 芯片平台企业 T3G 公司,同时,移动运营商与广电和金融等机构建立跨产业合作关系,推出手机电视和手机银行等崭新业务,另外,移动运营商与互联网运营商进行合作,推出了手机即时通信、手机邮箱、无线搜索、移动支付、移动定位等业务,移动运营商与软件供应商(如微软)进行合作,推出了可视电话、视频会议、视频流媒体、多媒体彩铃和对讲通等 3G 新业务。因此,与 2G 移动通信技术相比,3G 通信技术对移动通讯原有的商业生态系统的冲击程度是空前的。可以肯定的是,目前的 5G 通信技术的大规模应用将对 3G、4G 原有的商业生态系统带来更大的冲击。

由此可见,新战略技术孕育着崭新的产业生态系统,企业在制订和实施技术战略时,有必要系统监控和分析战略技术对商业生态系统的影响,包括商业生态系统重构的各个阶段(培育期、发展期和完善期)以及新系统由多少个层次构成?哪些企业处于商业生态系统的核心层次?其他企业如何与这些企业进行联结、联结的性质、联结的时机?如图 6.16 所示。通过跟踪以上要素,企业可以从宏观视角来把握战略技术的机会窗口特征并对合作战略进行决策。

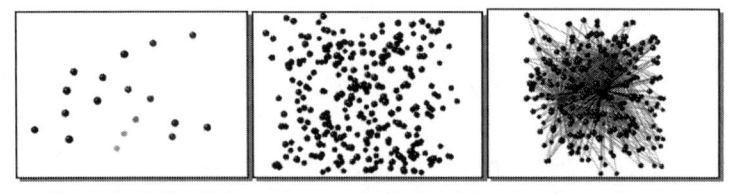

图 6.16 新战略技术导致商业生态系统的重构

(三) 战略技术对产业利润池结构的冲击

Tushman（1986）对微型计算机、水泥和飞机制造等产业的技术演变进行分析，研究发现，相关产业的利润率在战略技术出现前后存在显著差异。战略技术不仅改变了产业整体平均利润率，而且对产业中各个子产业利润率和销售收入产生不同程度的冲击，结果是，战略技术往往改变了产业的原有利润池结构。利润池结构是指某产业中各个子产业所赚取的利润分布模式，如图 6.17 所示。各个子产业的利润池结构经常处于动荡变化之中，某些子产业细分市场的"池水"（利润）会比另一些细分市场的"池水"深，并且在各个细分市场内部"池水"也深浅不一，深浅程度（利润率和占本产业的收入份额）每年都会变化；此外，一个产业的利润率聚集（profit rate concentration）模式通常也与收入聚集（revenue concentration）模式迥然有别；例如，汽车业的利润池结构是由汽车制造、新车经销、二手车经销、汽车贷款、维修、汽车保险和汽车租赁等各个环节的销售收入和利润率决定，在这些环节上利润率和收入的分布情况差别很大，汽车业利润率最高的领域并不是收入最多的领域。通过比较产业在新战略技术出现前后的利润池结构图，企业就能够迅速发现利润分布的变化趋势。

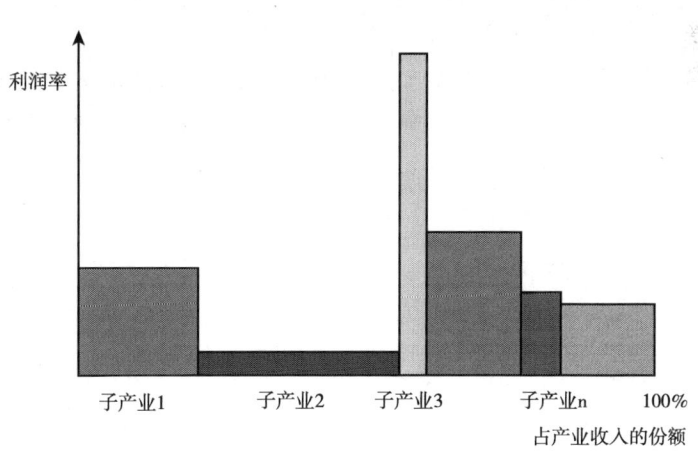

图 6.17　产业利润池结构示意图

在 20 世纪 80 年代末期，全球医药产业利润池结构随着基因技术出现而发生重大变化，产业链上各个环节的利润率和销售收入（包括药物发现—

识别更有效的靶向和先导化合物、药物开发——临床试验设计、药物制造——细胞培养所需的流程和设备设计）分布格局出现了很大的变化（贺蕾，2007）；生物技术公司成为医药产业的新参与者，它们属于以药物发现为导向而提供基因专利技术平台的公司，这些公司使用 DNA 重组技术以更有效寻找靶向和先导化合物，随着基因技术突飞猛进，医药产业利润池结构不断地向生物技术公司进行倾斜。

Christensen（2007）研究表明，随着新的战略技术出现，产业利润会从产业链的一端向另一端转移，当子系统变得非大众化（decommoditized）时，它就能够产生诱人的利润，在通常情形下，模块化（modular）特征越显著的子系统（subsystem）产生的利润越高。

企业可以运用情景分析工具（scenario analysis tool）来研究战略技术对产业利润池结构的影响。在 20 世纪 90 年代末期，Visa 国际组织面临着基于因特网的新型竞争——"新兴付款解决方案"（emerging payment solutions），这种方案可通过在线对等（P2P）交易使消费者完全绕过信用卡。为了确立最佳的行动路线，Visa 的战略情报部门确定了 4 种可能发生的未来情景：从有风险资本支持的公司可能会立刻攻击美国市场到这些公司可能会很快灭亡。这些情景被一一描绘在情节串连板（storyboard）上，每种情景都针对特定的竞争对手以及明确的结果。然后，Visa 跟踪了诸如签约 P2P 服务的商家数目、P2P 竞争对手的广告支出费用、新对手的融资额度等信号。到 2001 年年初，Visa 发现多个信号的强度减弱了，如果不采取这些跟踪措施，Visa 可能仅仅由于过早的担忧而犯下代价高昂的战略性错误（Leonard，2007）。由此看出，情景分析工具可以有效地帮助企业动态监测战略技术对产业利润池结构的影响程度。

二、战略技术监控的信息渠道规划及运作流程

（一）信息渠道类型、空间分布及其组合效应

如图 6.18 所示，信息结点的空间分布对战略技术环境监控效果至关重要，企业应通过设立接近技术源的信息结点来跟踪战略技术。许多西方国家的企业通过设立潜听哨（Listening Post）以及海外研发中心的方式来监测

相关国家的战略技术发展状态。

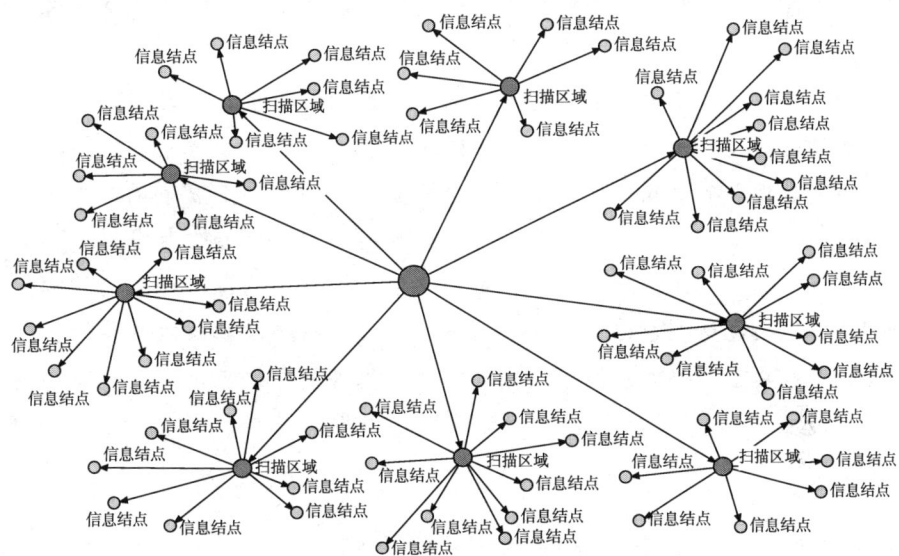

图 6.18 信息结点的空间分布

日本在 20 世纪 50 年代建立起国家级战略技术环境监控系统，用以收集西方国家各产业的先进技术。当今，日本综合商社的战略技术环境监控系统对成员企业的技术和创新管理产生了决定性作用（包昌火和谢新洲，2001），他们收集技术情报的规模与效率仅次于美国中央情报局（CIA），居世界第二位。成立于 1978 年的三井国际商务负责搜集和传送技术情报，其情报网络中枢设在东京，并通过卫星与设在全球的分支机构进行联络，在东京、大阪、伦敦、巴黎、米兰、纽约、旧金山和新加坡的分支机构通过技术情报网络每天传送 10 万条信息。

企业技术信息搜寻的渠道类型、数量、质量及其空间分布等特征直接影响其技术环境监控的效果。战略技术信息搜寻的渠道包括专业协会、专业刊物、互联网、专利信息库、学术会议、国内/国际贸易展览会及技术展览会等，而更有价值的战略技术信息来源于企业与外部机构的人际关系，全球技术环境包含隐性信息和显性信息，隐性信息须通过人与人接触才可以获得，企业与外部机构的人际关系的异质性特征和数量直接影响技术信息流的质量与密度。个人信息的丰富性使微弱技术信号得到监测，文字信息在有关独立事件的收集和交流方面具备优势,文字信息可以有效地补充个人信息,个人信息主要提供特定议题,而文字信息提供更宽领域的信息。

企业在对全球技术环境进行扫描时,不仅需要收集技术发展的状态信息,还须搜寻技术环境中各研发主体的市场意图及其技术方案等方面的信息,为了获得以上不同种类的信息,企业需要利用多种信息渠道的组合效应(Porter,1980)。企业通过一种信息渠道获得的信息可以触发另一种信息渠道的使用,就战略技术而言,企业可以利用多种信息渠道来监控相关研发主体的市场意图、技术方案、研发项目进展状态及其研发结果等多方面的信息,对于所要监控的不同要素而言,每种信息渠道都有其独特的优势,企业须将这些信息渠道进行有效组合以发挥其协同效应,如表6.2所示。

表 6.2 多种信息渠道的组合效应

	信息渠道1(技术刊物)	信息渠道2(技术研讨会)	信息渠道3(国际展览会)	信息渠道4(互联网)	信息渠道5(个人关系网络)	----	信息渠道n
研发技术信息内涵	◆----	----	----	----→	✹		
研发项目发展状态		✹ ←----	----◆				
研发项目实际结果				◆----	----	----→	✹
研发主体技术方案			✹ ←----	----◆			
研发主体市场意图	◆----	----	----	----	----→	✹		

(二) 战略技术监控的运作流程

全球技术环境的变化特征(技术信息清晰度、规律性、变化速率及其战略意义)与企业战略技术环境监控行为(扫描频率、扫描范畴和扫描程序)存在密切关系,如图6.19所示。

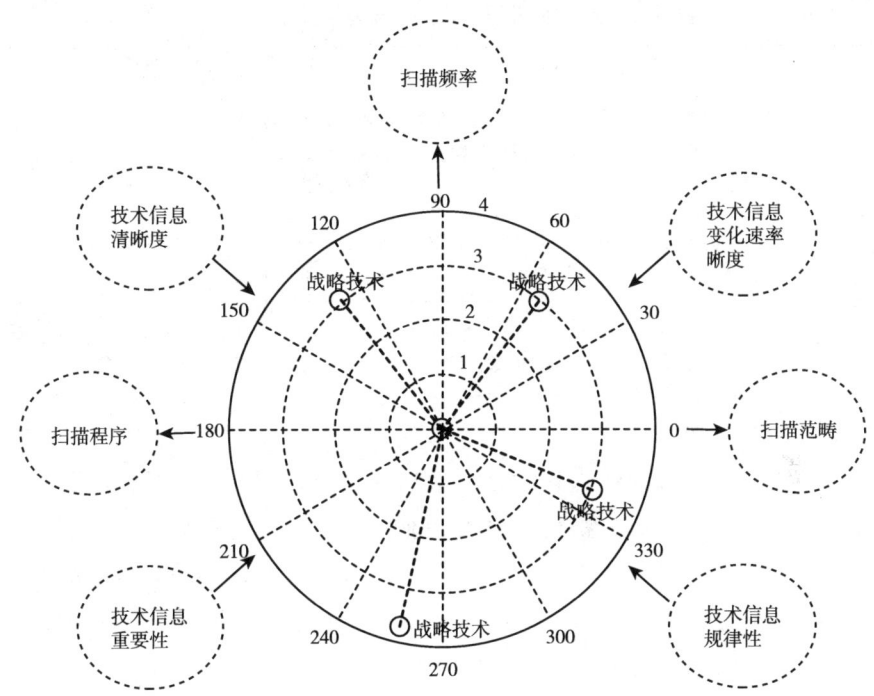

图 6.19 技术环境特征与企业战略技术环境监控行为关系

企业应基于技术信息的强度和清晰度进行扫描定位，其中，技术信息的强度表示该项技术对企业的战略意义，而技术信息的清晰度表示企业对该项技术理解与判断能力。不同的情境需要不同的决策模式，同样，技术环境的不同演变情境需要不同的扫描模式与其匹配。技术环境的演变特征可被分为简单、复合和复杂等情境，相应地，战略技术环境监控模式包括感知、专家诊断、探寻到创造性监控模式，如表 6.3 所示。对于战略技术的扫描模式，企业管理层应对扫描模式的形成过程进行管理，使战略技术环境监控模式不仅可以自然生成，而且可以有意图、有目的性地形成，企业管理层需要及时察觉正在酝酿中的模式，并且帮助它们发展成形，管理者的工作不仅是预先构想具体的扫描模式，而且是有能力识别组织内部各种扫描模式的雏形，并在适当的时候介入并有效地进行管理，企业管理层应作为行为模式的识别者和管理者，而不仅仅是模式的设计者。

表 6.3　技术环境变化特征与战略技术环境监控模式关系

	技术环境的变化特征	战略技术扫描模式
简单	重复且与连贯一致演变特征，人人都能看出明确的因果关系，存在一种正确解决办法，属于"已知的已知"领域	感知、分类、做出反应，确保正确的扫描流程到位，以明确、直接的方式进行内部沟通和分析
复合	变化具有因果关系，但并非人人都能一眼看出，属于"已知的未知"领域	感知、分析并做出反应，需要相关专家进行诊断，倾听相互冲突的建议
复杂	多变性与不可预测性，没有正确的答案，但具有启发性的模式会显现出来，属于"未知的未知"领域	探寻、感知并做出反应，加强内部与外部互动与沟通，开展讨论（集思广益法）、需要采用富有创造性的监控模式

企业需要构建流程结构化战略技术环境监控机制，以有效监测技术环境的变化。流程结构化扫描机制要求企业具有信息收集与处理机制、明确的扫描资源预算、工作流程以及组织定位，信息需求是基于寻找战略技术机会，并具有较宽范围的搜索目标，信息搜索和分析过程具有逻辑性、理性程序和系统分析等特征。

重大的变革总是先在组织的外部发生，目前这种变革是愈演愈烈，在过去50年里，在改变某个产业面貌的重大技术中，至少有一半技术都不是本产业的技术（德鲁克，2006）。如今，全球的技术环境快速变化，如果企业没有时时监控影响产业竞争格局的战略技术的发展状态，该企业错失发展机会的可能性将会很大。战略技术环境监控是企业成功适应技术转变的前提，并被认为是一种能使企业迅速而有效地对技术环境变化做出反应的战略工具。战略技术环境监控是企业技术战略变化的触发器，应制定一种既能产生足够的外部信息同时又不使信息发生污染的扫描机制，为了有效地探测全球技术环境的关键变量，企业应善于运用各种节流器去过滤复杂的外部技术信息以捕捉与企业未来发展相关的关键信息。

构建战略技术环境监控系统以有效地监测技术环境的演变特征，对我国企业实施跨越式发展具有极其重要的战略意义，对高能级科创平台更是如此。然而，在这方面的相关研究才刚刚起步，今后需要结合我国的企业特点，使之在理论上系统化，在管理实践上更具应用性。

第七章 科创大走廊建设全球信息经济科创中心的战略分析

《杭州城西科创大走廊规划》明确提出要建设全球领先的信息经济科创中心。本章利用区位熵法对杭州城西科创大走廊信息产业的集聚程度进行了测量，基于SWOT战略分析的基本框架，分析了科创大走廊建设成为全球领先的信息经济科创中心的内部运行的优势、劣势以及外部环境的机会、威胁，构建了定性的评价指标体系并进行了矩阵分析。利用AHP和Delphi法对关键影响要素指标进行了赋重和评分，对科创大走廊的区域竞争力进行了评价，并就加强大走廊区域创新生态系统建设提出了政策建议。

第一节 研究设计

一、科创大走廊信息产业集聚度分析

杭州信息经济的发展在全国处于第一方阵，信息经济对全市GDP的贡献率超过50%，杭州是世界有名的电商之都。杭州城西科创大走廊未来将主攻未来网络、大数据云计算、电子商务、物联网等先发优势明显且代表未来方向的信息产业。产业集聚度是反映产业集聚程度的一个指标，能够反映产业的竞争力和一个区域的经济实力。测量产业集聚度有多种不同的方法，较为常用的方法指标有：首位度指数、赫芬达尔指数、区位熵、空间基尼系数、空间集聚指数等（赵伟，2009）。本章采用区位熵指数对杭州城西科创大走廊的信息产业集聚程度进行测量。

区位熵（Haggett，1965）自提出以来，被广泛使用以判断区域是否存在产业集聚化及竞争优势，其公式为：

$$LQ_{ij} = (E_{ij}/E_i)/(E_j/E) \tag{7.1}$$

其中，E_{ij}为i地区j行业的就业或产值；E_i为i地区的总就业或总产值；E_j为所有地区j行业的就业或产值；E为所有地区所有产业的总就业或总产值。通常用区位熵的值与1进行比较，高于1则表明行业j在地区i的比重高于全国平均水平，反之亦然。本章以2015年软件产业营业收入情况来测算杭州城西科创大走廊的区位熵，如表7.1所示。

表7.1　　2015年杭州城西科创产业集聚区区位熵情况

区域	软件产业营业收入 （单位：亿元）	国内生产总值 （单位：亿元）	LQ指数
杭州城西科创产业集聚区	349	1403	3.98
杭州市	2314	10050	3.69
全国	42847	686182	1.00

资料来源：根据相关网站公开数据整理所得。由于城西科创大走廊不是行政范围，缺乏相应的统计口径，其物理空间以城西科创产业集聚区为主体，故数据分析以集聚区数据为主。

可以看出，2015年杭州城西科创大走廊信息产业区位熵指数达到了3.98，信息产业集聚比较明显，为未来努力建设成为全球领先的信息经济科创中心战略目标的实施奠定了基础。

二、战略分析的基本框架

战略分析是战略决策的基础与依据，是基于科创大走廊建设全球领先的信息经济科创中心的目标与愿景，对其战略分析的重点在于考察大走廊区域内部和外部影响及制约行为的要素，核心是寻求大走廊区域内部运作与外部环境的契合，保证其使命的顺利实施。SWOT分析框架是常被用来进行竞争战略制定的战略分析工具之一（项国鹏，2014），依据研究主题的需要，本章选择战略管理中广泛使用的SWOT分析框架，如图7.1所示，SWOT分析主要关注组织的内部禀赋与运作、外部环境的构成与特点，并强调组织的内外匹配与契合（Andrews，1971；Learned，1965）。

图 7.1　SWOT 分析框架：组织内外匹配与契合

资料来源：根据 Andrews, K. R. The Concept Strategy, New York: Dow Jones – Irwin, 1971; Learned, E. P., Christensen, C. R., Andrews, K. R. and Guth, W. Business Policy: Text and Cases. Homewood, IL: Richard Irwin, 1965 整理。

第二节　杭州城西科创大走廊的 SWOT 分析

一、科创大走廊的内部禀赋和能力要素分析

（一）优势

1. 优越的地理位置和自然生态环境

杭州城西科创大走廊坐落在美丽的人间天堂杭州市，是杭州城西的科技创新带、快速交通带、品质生活带，地理位置优越、创新资源丰富，如表 7.2 所示。大走廊拥有良好的生态环境，位于杭州西北部生态带和西南部生态带两条城市生态带之间，具有良好的生态基底。大走廊地势由西南西北向东逐渐倾斜，湿地与青山同存，生态资源得天独厚。诚然，生态环境不是创新空间形成的充分条件，但生态正成为城西科创大走廊创新系统的组成要素，与技术、人才、资本、文化融合在一起，构成创新经济培育的重要土壤。优越的自然地理位置和生态环境为促进城西科创大走廊建设成为全球信息经济科创中心奠定了现实基础。

2. 区域内雄厚的创新资源

杭州城西科创大走廊区域分布有浙江大学、浙江工业大学、杭州电子科技大学、杭州师范大学、浙江农林大学等 10 余所高校，50 多个重点院所和 30 多个重点研发平台，区域科研机构显著集聚。浙江大学拥有 18 个学科进入了世界前 1%，年平均发明专利授权量 1500 件，居全国第一位。

城西科创产业集聚区累计培育和引进两院院士、"国千"专家、"省千"专家近 300 名，集聚科技活动人数近 7000 人。青山湖科技城已有香港大学浙江研究院等 46 所科研机构入驻。雄厚的科研力量为科创大走廊的发展提供了优质的科教资源和人才资源，这将是驱动大走廊创新创业的发动机。

表 7.2　　　　　　　　科创大走廊创新资源分布情况

院校资源	浙江大学、西湖大学、浙江农林大学、浙江工业大学、杭州电子科技大学、浙江工商大学、西湖大学、浙江中医药大学、浙江科学学院、浙江外国语学院、杭州师范大学、浙江警察学院、浙江长征职业技术学院、浙江万向职业技术学院、杭州科技职业技术学院、杭州外国语学校
创新平台	西湖区：紫金众创小镇、互联网金融小镇、工创谷小镇、云谷、西溪谷、浙江知识产权交易中心、云谷国际学校、支付宝总部、浙商创投总部； 余杭区：未来科技城、梦想小镇、海创园、南湖小镇、健康小镇、创投小镇、淘宝小镇、浙江省医疗器械审评中心、浙江省医疗器械检验院余杭分院、创新药物早期成药性评价公共服务平台、浙江大学医学研究中心、杭师大科技园、恒生科技园、华立创客社区等； 临安区：青山湖科技城、云安小镇、颐养小镇、云制造小镇、青山湖资本小镇、集贤小镇、绿色制造小镇、香港大学浙江科技研究院、中科院长春应化所杭州分所、中国地质大学浙江研究院、浙江西安交通大学研究院、国电机械设计研究院、浙江省医学研究院、杭州电子科技大学现代信息技术研究院等

3. 位居省内前列的生产力发展水平

城西科创大走廊实际上是近年城西科创产业集聚区发展的"升级版"（王祖强、孙雪芬，2016）。作为科创大走廊空间主体的城西科创产业集聚区 2015 年地区生产总值达到 579 亿元，占杭州市生产总值总量的 5.7%，经济总量连续四年位居全省各产业集聚区之首；集聚区财政收入超过 100 亿元，占全市财政收入的 5.1%。城西科创产业集聚区连续四年综合考评优秀，产业增加值、企业利税总额、固定资产投资等方面均列全省第一，尤其在"产业优化""发展效率"两类指标中表现优异。区域内的特色小镇发展潜力较大，梦想小镇、紫金众创小镇等在国内已有较大影响力，表 7.3 为主要特色小镇及其发展重点。

第七章 科创大走廊建设全球信息经济科创中心的战略分析

表 7.3　　　　　　　科创大走廊主要特色小镇及发展重点

序号	名称	发展重点
1	梦想小镇	采用"有核无边"的空间布局，以互联网产业为特色，致力于打造成世界级的互联网创业高地，成为众创空间的新样板、特色小镇的新范式、信息经济的新增长点
2	云制造小镇	顺应"中国制造2025"，融合"互联网+"的产业发展趋势，以"制造+服务"核心理念为引领，深化新一代信息技术在制造业研发、生产、管理、服务全过程中的系统集成与应用，提高制造业的技术创新能力和生产性服务业发展水平，着力引进一批智能制造示范企业和工程技术服务企业，打造成为全省智能制造、服务型制造的集聚区和示范区
3	西溪谷互联网金融小镇	按照"高新技术引擎、生态文化长廊、创新创意新地"的功能定位，着力打造以互联网金融产业为核心，电子商务、研发与技术服务、信息软件、股权投资、旅游休闲为重点的"一主五副"产业发展平台
4	颐养小镇	以临安锦南新城健康产业为基础，大力推进以健康管理、康复护理、健身康体、养生养老等"治未病"为特色的健康服务业；以人才集聚和科研创新为支撑，逐步形成"医养结合、以医助养、以研促医"的发展模式，促进产业转型升级和产城融合发展
5	云谷小镇	依靠云计算、大数据形成产业集聚，打造集"数字示范城、智能产业城、现代田园城"和"生态智慧岛"于一体的国际云计算和大数据产业中心
6	紫金众创小镇	以浙江大学紫金港校区为中心，形成"一心、一园、一街、一带、一区"布局，辐射以浙大紫金港校区为核心的半径10公里的区块。以完善中小企业创新生态系统为目标，以激发全社会创新创业热情为主线，以构建国际产学研合作平台为载体，创新体制机制、整合社会力量、集聚发展资源，以政产学研协同创新优势加快形成服务大众创业、万众创新的核心支撑
7	淘宝小镇	以阿里巴巴淘宝城为核心，大力发展电子商务、网络经济，强化研发、客服、网站运营、销售、技术、培训等功能，建设扶持中小卖家成长的孵化基地，打造国际一流的零售和创新创业基地。

4. 浓厚的创新创业氛围和良好生态软环境

大走廊内创新氛围浓厚，阿里巴巴在大走廊内倾力打造支付宝、网商银行、淘宝城四期等项目，正努力构建一条全球性电子商务产业链。10多个孕育高新技术企业的梦想小镇、云制造小镇、紫金众创小镇在此云集，成为创新创业的理想之地。区域内基本建立的公共技术服务平台提供了良好的创新创业环境。海创园采用"属地政府建园区、企业投资办平台、条块政策作支撑"的模式，依托浙江活跃的民营经济，集中全省资源推动政策创新和体制机制创新。

（二）劣势

1. 起步时间晚

"城西科创大走廊"第一次见诸报道是 2015 年 11 月，2016 年年初正式建立，发展至今也就两年多的时间，相比于北京中关村、上海张江等区域的起步时间比较晚。尽管科创大走廊区域在浙江省内已处于领先水平，但受开发年限、产业类别、区位环境等因素影响，区域工业总产值及服务业营业收入、创业投资等方面与国内成熟的产业集聚区域相比还有较大的差距，对杭州城西科创大走廊的发展造成了一定的制约。

2. 区域内基础设施尚未完善

缺乏医疗、文体等大型优质公共服务设施，区域交通规划布局明显滞后，公共交通服务能力薄弱，与主城区快速联系通道不畅，与门户枢纽联系效率不高，缺少大型综合交通枢纽布局，区域通勤效率低下。大走廊内虽然有阿里巴巴作为支撑，但其他规模较大的企业较少，园区结构还没有完全成型，不能形成很好的市场竞争力。

3. 区域管理体制亟须理顺

科创大走廊涉及杭州西湖区、余杭区、临安区及相关高校，管理主体较多，同时科创大走廊内部的竞争也难以避免，较难形成统筹规划、统筹开发、统筹管理的合力。政府在大走廊发展中的定位是服务者和统筹者，政府需要制订大走廊发展的整体战略规划，为大走廊的发展提供政策支持，但需注意"政策打架"的问题，要注意政策之间的协调关系，建立健全统一规划、统一协调、分工协作的工作机制。

二、科创大走廊的外部环境要素分析

（一）机会

1. 全球创新发展和国家创新驱动战略的新契机

当今世界，创新能力成为国家竞争力的核心要素。打造国际一流科技创新平台是全球主要创新型国家和地区成功实现创新驱动的宝贵经验。"十三五"时期,国家将创新升至五大发展理念之首,把创新摆在国家发展全局的核心位置,对创新的重视正达到前所未有的高度。国务院出台《关于强化实施创新驱动发展战略进一步推进大众创业万众创新深入发展的意见》,进一步系统性优化创新创业生态环境。浙江省委《关于补短板的若干意见》明确要求补齐科技创新第一短板。创新驱动发展战略是国家重大战略,杭州是国家自主创新示范区,这是杭州城西科创大走廊创新驱动发展大的机遇背景。

2. 浙江省和杭州市优厚的政策环境

浙江省的改革一直走在全国前列,省、市、区出台了一系列支持创新创业政策。杭州城西科创大走廊纳入浙江省"十三五"规划后,浙江省委、省政府提供了强有力的政策支持,出台《关于推进杭州城西科创大走廊建设的若干意见》,从开展行政审批制度改革试点、改革横向科研项目经费管理机制、完善高等学校科研院所成果转化激励机制、放宽领军型创新人才创业政策、加快建设各类高水平创新载体等十多个方面推进杭州城西科创大走廊建设。作为国内最具创新活力的城市之一,杭州市出台有《杭州"创新创业新天堂"行动实施方案》《关于支持大众创业促进就业的意见》《关于杭州市高层次人才、创新创业人才及团队引进培养工作的若干意见》等,进一步完善了科技资源市场化配置机制。省市共同打造一流的创新创业生态系统,提供一流的创新效率和一流的创业成功率,这是政策和制度供给赋予科创大走廊的巨大效应。

3. 杭州市良好的信息经济产业发展环境

产业环境方面,杭州作为历史文化名城,产业发展已呈典型的"321"结构,根据2016年杭州市国民经济和社会发展统计公报,2016年三次产业比例为4.2∶44.2∶51.6,服务业对GDP的增长贡献率达62.9%。其中,全市信息经济实现增加值2688亿元,增长22.8%,对GDP的贡献率已然超过了50%。信息经济是杭州市经济发展的新阶段,也是信息化与工业化协调互动的最佳模式。杭州发展信息经济是顺应经济全球化的必然选择,扎实的信息经济基础和良好的信息经济发展环境为城西科创大走廊建设全球领先的信息经济科创中心提供了难得的历史发展机遇。

(二) 威胁

1. 创新要素集聚竞争日趋激烈

创新创业的关键是要大力聚集人才、技术、资本、项目等资源，创新英才汇聚、创新要素汇集的程度已成为决定区域发展层次的决定因素。因此，亟须加快在科创大走廊发展中引进和培育企业研究院、企业技术（研发）中心和科技创新平台，集聚世界一流大学、研究、设计、检测等高端创新人才及创新主体资源；亟须打开资本对接创新创业通道，推进科技与金融紧密结合，整合各类金融资源要素，打造高端资本集聚转化平台。亟须创新适合于科技资源配置和流动的体制机制，积极推动创新主体之间的互动性、创新链条内部的承接性、产业链与创新链之间的衔接性，努力形成依托市场自发形成的创新创业"自然生态"。

2. 信息经济发展面临更剧烈的区域竞争压力

杭州城西科创大走廊目前尚未形成以信息经济为依托的成熟的发展机制，区域竞争压力巨大。仅长三角地区而言，上海发展物联网产业、宁波开展智慧城市建设、无锡致力于打造世界领先的传感网基地，信息经济的竞争序幕已经拉开，能否抢占先发优势，把握新一轮区域合作和竞争的主动权，有效利用全球信息经济资源和市场，成为推进信息经济建设的关键问题之一。放眼全国，创新的版图上正崛起越来越多的实力超群的区域，与美国硅谷的差距逐步缩小，且已在发展过程中形成自己的竞争优势，北京海淀、上海张江、深圳南山是中国当前最出名的三大科技创新区域。这些"中国硅谷"的有力竞争者，都是杭州城西科创大走廊建设全球领先的信息经济科创中心必须面对的挑战。

3. 未知因素的增多

大走廊发展过程中的生态环境保护至关重要，而西溪湿地、青山湖是科创大走廊里面的重要板块，在经济产业发展的过程中，保护湿地、湖泊的环境面临着很多的不确定因素。在促进科创大走廊的发展过程中该怎样协调保护环境的重任会给科创大走廊的发展带来新形式和新挑战。这些不确定的因素无疑是对杭州城西科创大走廊发展的一个严峻的挑战。科创大走廊能否在发展的热潮中抓住机会，克服威胁，在很大程度上取决于不可

第七章 科创大走廊建设全球信息经济科创中心的战略分析

预知因素的解决情况。

三、SWOT 综合分析矩阵

根据科创大走廊区域的内、外部环境要素的定性分析,做出 SWOT 分析矩阵,分别简要制订科创大走廊的 SO 战略、ST 战略、WO 战略和 WT 战略,如表 7.4 所示。

表 7.4   杭州城西科创大走廊 SWOT 分析矩阵

	优势（S） S1：区位和生态优势 S2：科研力量雄厚 S3：创新氛围浓厚 S4：生产力水平前列	劣势（W） W1：起步时间晚 W2：基础设施未完善 W3：内部协调机制欠缺
机会（O） O1：创新驱动战略契机 O2：优厚的政策环境 O3：信息经济产业发展	SO 战略： 1. 信息产业引领发展 2. 构筑串珠成链的空间走廊 3. 强化需求导向的创新链条	WO 战略： 1. 信息产业高起点发展 2. 打造外联内畅交通体系 3. 政策优势整合内部机制
威胁（T） T1：创新要素集聚竞争激烈 T2：信息经济区域竞争压力 T3：不可预知因素增多	ST 战略： 1. 确立大走廊特色竞争优势 2. 新一代信息技术产业集群 3. 部署渠道活跃的资本链条	WT 战略： 1. 规划统筹实施 2. 导入品质高效的服务功能 3. 借鉴成熟的产业集群的机制

第三节 基于 AHP 和 Delphi 法的区域竞争力量化评价

SWOT 分析矩阵虽被广泛使用,但其最大问题是避开了定量化研究(Panagiotou,2005;Agarwal,2012)。为克服前述 SWOT 定性分析的不足,本章引入 AHP 法和 Delphi 法对科创大走廊的区域竞争力做进一步分析。将科创大走廊发展战略作为 AHP 模型的整体目标,优势、劣势、机遇、威胁作为决策目标,将 SWOT 分析中各个关键要素作为方案层,建立科创大走廊发展的层次分析模型。运用 AHP 法对构建的关键要素指标赋予权重,利用 Delphi 法对各要素指标进行评分。为节省篇幅,具体分析过程略,结果如表 7.5 所示。

表 7.5　杭州城西科创大走廊区域竞争力关键要素判断数据

整体目标	决策目标		关键要素	权重	评分等级	加权分值	综合分值
杭州城西科创大走廊发展战略	内部能力	优势	优越的地理位置和自然生态环境	0.15	4.50	0.68	4.33
			区域内科研实力全国领先	0.35	4.60	1.61	
			生产力水平居浙江省前列	0.30	3.80	1.14	
			创新创业生态软环境良好	0.20	4.80	0.96	
		劣势	起步时间晚	0.25	2.70	0.68	2.58
			区域内基础设施未完善	0.40	3.00	1.20	
			内部协调机制需理顺	0.35	2.00	0.70	
	外部环境	机会	国家创新驱动发展战略契机	0.25	4.00	1.00	4.10
			浙江省和杭州市优厚的政策环境	0.35	4.50	1.58	
			杭州市良好的信息经济产业环境	0.40	3.80	1.52	
		威胁	创新要素集聚竞争日趋激烈	0.30	2.60	0.78	2.86
			信息经济发展区域竞争压力	0.50	3.20	1.60	
			不可预知因素的增多	0.20	2.40	0.48	

注:对优势、劣势、机遇、威胁分别按 100% 权重之和赋予各要素权重,每一要素的评分等级在 5.0~1.0 之间,3.0 为平均数。

根据表 7.5 信息,将外部环境要素和内部能力要素分别作为纵坐标轴、横坐标轴,将优势、劣势、机遇、威胁分析中获得的综合加权分值分别标示在相应的坐标轴上,制作出 SWOT 定量分析战略图,如图 7.2 所示。

根据图 7.2 直观地显示,综合来看,杭州城西科创大走廊无疑具有信息经济科创中心的关键基因,其所处的主要战略区域在 SO 区。根据竞争优势理论,资源、能力是竞争优势的基础,建立在资源、能力基础上的核心能力是竞争优势的源泉(Leonard,1992),兼具战略性、创新性和前沿性的战略性新兴产业的产学研合作受到技术创新因素、结构因素和环境因素的影响(姚潇颖等,2017),这就要求城西科创大走廊要充分发挥内部禀赋和优

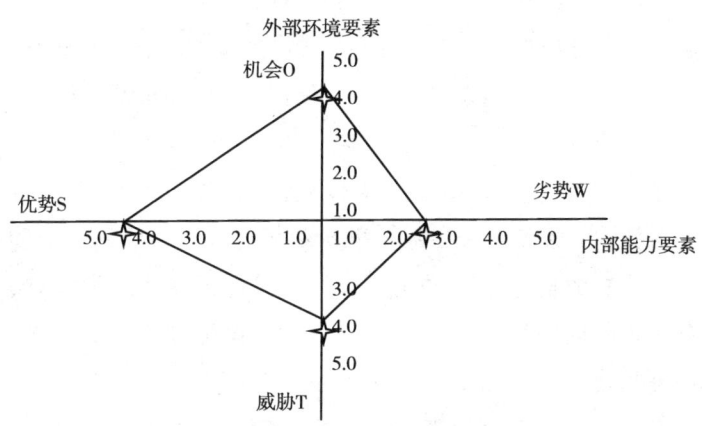

图 7.2　SWOT 定量分析战略图

势,创造促进产学研互动互联的平台,有效地实现内部运作与外部环境的契合,成为引领浙江创新发展的主引擎,打造全国创业创新生态的先行区、最优区,在新一轮信息产业变革中树立具有全球影响力的标杆,努力建成全球领先的信息经济科创中心。

当今世界的竞争实质上是产业之间的竞争,突出表现为辐射全球的产业集群及其所依托的具有全球影响力的科技创新中心。规划建设杭州城西科创大走廊,是"十三五"引领浙江全省发展的"创新极"。本章综合 SWOT – AHP 法,对杭州城西科创大走廊致力于建设全球领先信息经济科创中心战略的优势、劣势、机会、威胁进行了定性和定量相结合的分析,实证分析表明,科创大走廊具有显著的内部禀赋优势和优厚的外部环境机会,应充分发挥内部优势,利用外部机会,向 SO 战略转型,实施积极的增长型战略。

硅谷作为全球最有影响力的科技创新中心,作为全球高技术产业集群的典型受到了理论界与产业界的高度关注,对其成功的原因有不同视角的多重解读。Hwang 和 Horowitt(2012)发现硅谷就像不断产生与进化新技术和新商业模式的"雨林",该区域的成功正是得益于其独特的创新生态系统(Hwang,2012)。目前研究的基本共识是由大学与科研机构、风险资本机构、综合服务机构、人才库、创业精神和创业板市场构成的一个区域创新生态系统是硅谷成功的核心,这其中斯坦福大学强大的科技基础实力与科技精英人才成为硅谷发展的内在核心,创新的心脏斯坦福与硅谷形成了彼此协同互惠共生的正向促进效应(陈劲、郑刚,2016)。借鉴硅谷良好的创新生态系统发展经验,依据前述的 SWOT 分析,对杭州城西科创大走廊未来发展提出如下建议。

第一,核心物种的培育和竞争。核心物种,指的是在生态系统内占主导地位的产业类别,以及对主导地位内价值提供起决定作用环节的产业者。以平台经济为代表的信息经济快速兴起,形成全球经济新增长点和发展新模式。科创大走廊以信息经济为引领,其主导地位和特色优势必须一以贯之。现阶段阿里巴巴一支独大,未来要从云计算、物联网、大数据、人工智能、分享经济等新技术、新模式发展中培育壮大更多本土创新"引擎"企业,引领科技产业发展。只有成长出一批以信息技术为引领的世界级的创新"引擎"企业,才真正称得上是全球领先的信息经济科创大走廊。本土企业也要适应动态变化环境,具备抓住环境洞察、规划设计、组织学习和变革领导等关键因素的动态能力,顺利推进战略转型(唐孝文等,2015)。本土创新"引擎"企业的形成是以大量中小企业的存在为前提的,要给小微企业足够的生长空间,给民营企业更多的阳光和雨露,让大量中小企业能在自由竞争的环境里自然发展,通过野蛮生长、优胜劣汰的筛选机制,最终孵育出一批拥有自主知识产权和知名品牌、具有核心竞争力的本土创新型龙头企业。

第二,配套程度的完善和提升。配套程度,指的是一个生态系统内各类物种的多样性、丰富性与匹配度。可以从纵向产业链条的完善程度、横向相关产业或者业务的丰富性与互补性以及第三方服务配套系统三个方面来看生态系统内不同物种参与者之间的匹配程度。配套程度需要良好的创新生态环境推动创新载体不断提升,需要雄厚的创投资本搭建起精准高效的投融资平台,更需要优质的政府公共服务以及开放、包容的社会氛围和创业文化。

第三,更新力度的加强。更新力度,指的是生态系统内主导地位升级换代的潜力,尤其是决定系统内价值提供的最关键、最高端、最源头的核心企业与机构的不断涌现。而创新的源头,通常来自世界级的著名研究型大学。对杭州城西科创大走廊而言,要强化浙江大学创新引领作用,充分发挥以浙江大学为首的一批高水平研究型大学的创新引擎作用，同时克服现有科研院所的不足，重点集聚国内外一流研发机构，加快打造国家级创新平台，强化国际创新联盟，源源不断地为大走廊创新生态系统提供知识原动力。

第三篇 创新生态篇

创新是发展的第一动力。通过创新培育发展新动能，重要的是构建良好创新生态。而在创新生态中，"热带雨林"式的生态系统能将创造者的创造力、商业智慧、科学研究、金融资本等融合碰撞，源源不断地培养出能够产生伟大创新的生态圈。产业集群平台是典型的生态系统，集群与集群平台之间的竞争已成为区域竞争的焦点，对产业集群治理与创新生态提出了更高的要求。作为全书的第三篇，本篇将对高能级科技创新平台的创新生态进行系统分析并以杭州城西科创大走廊为例进行阐释。

第八章　创新位势、网络交互度与区域创新能力

本章对创新位势、网络交互度和区域创新能力的基本概念进行了解析，论述了创新位势、网络交互度与区域创新能力的关系，探讨了创新位势、网络位势影响区域创新能力的机理，进行了创新网络位势、网络交互能力对城市创新能力影响的实证分析。并以色列特拉维夫、德国巴登—符腾堡州两个典型城市为例，从国际经验视角考察嵌入全球创新网络提升创新能力和在全球创新城市中的地位。

第一节　基本概念

一、创新位势

所谓位势，是物理学上的概念，来源于"万有引力定律"，特定事物的势能的影响因素包括物体规模、密度、空间和距离等，这些因素都影响了位势的变化。经济学从物理学引申出相关概念，分析了企业在国际、行业等方面的位势，从不同方面分析企业位势的高度，包括企业规模、企业素质、企业外部环境等。部分研究者从时间维度分析了企业位势差异的原因及与竞争优势的关系。经济学的"位势"不仅仅与物理学有关，生态学中的生态位也对经济学"位势"有借鉴意义，部分研究者基于生态位的角度分析了技术生态的技术创新能力。还有部分研究者从技术哲学的角度分析了技术生态位的演化哲学和演化模式。从整体来看，企业位势既包括市场规模的扩张，也包含技术创新的发展，而随着技术创新成为企业获

得竞争优势的关键,技术创新角度的"位势"更成为衡量企业竞争力的关键所在。从国家角度看,中国自改革开放以后面临价值链低端参与、缺乏内在攀升动力的问题,在全球化背景下如何通过参与全球化实现产业结构升级转型是中国政府面临的重要课题,而技术创新决定了企业核心竞争力和一国的长期竞争潜力,是中国实现价值链攀升和产业升级转型的根本动力源泉。研究表明,发展中国家要提高技术水平,通过自身条件短时间内难以实现,还要依靠外国技术来源(Hausmann and Rodrik,2003)。传统理论上新兴国家依靠融入全球价值链,通过模仿效应和"干中学"效应实现产品结构升级,但融入跨国公司主导的全球价值链容易导致低端锁定,在要素成本上升和国际分工改变的背景下跨国资本继续转移。因此,有必要在加入 GVC 的基础上,逐步全面地转向嵌入全球创新链(global innovation chains, GIC),实现要素驱动和投资驱动向创新驱动的轨道发展。

在全球创新网络背景下,企业融入全球创新网络,从创新网络中获取技术的追赶和超越。自从 Granovetter(1992)首先提出了嵌入性概念以来,研究者开始关注全球创新网络的嵌入问题,而全球创新网络的形成、网络的治理、网络嵌入机制和网络的绩效等,成为研究嵌入全球创新网络的重要理论基础(Gulati,1998;许冠南,2008;马荣康,2014)。(1)全球创新网络的形成。全球化竞争环境迫使跨国公司加大研发投入,但随着产品生命周期的缩短等,为应对这些挑战,企业必须在多个领域采用新的方法,包括创新流程、组织模式等(Groen et al., 2002; Rhéaume and Gardoni, 2015; Allarakhia and Walsh, 2012),跨国公司已开展并逐渐发展全球研发的创新网络,通过与不同地区不同合作伙伴的合作研发创造出不同的创新成果以适应、维持、发掘新的市场机会(Chaminade, 2012; Ahreum Lee and Ram Mudambi, 2016),这就是全球创新网络(Buckley, 2014; Tierney et al., 2013; Papadopoulos et al., 2013)。全球创新网络被定义为"公司与非公司组织在知识生产及其相关领域以及导致的创新等方面的复杂互动的全球组织网络"(Chaminade and Barnard, 2009; Papadopoulos et al., 2013)。(2)全球创新网络的治理。全球创新网络分为三种类型:国内生产创新的国际开发、跨国公司的全球创新和全球技术协作(Shugurov, 2012; Mikhaylova，2014），在创新网络中各企业的地位有四种类型：领先型、先进型、追赶型和前沿型，这四种类型定义了不同企业在知识链中的地位，代表了知识经济的企业均以上述四种方式参与到知识经济及其高附加值生产活动中去（Ernst，2009；张鑫、王一鸣，2014）。（3）网络嵌入机制。全球创新网络分析可以分为整体网络分析和自我中心网络分析（Shugurov，2012；Mikhaylova，2014）。整体网络分析是指从网络整体出发，关注整个网络中个体之间的互动以及网络的运行情况。自我中心网络分析则是从个体节点出发，关注单个节点的网络特征。在嵌入维度上包含关系嵌入和结构嵌入，其中关系嵌入主要关注企业所嵌入网络联结的内容、方向和强度等，而结构嵌入主要关注企业所嵌入的关系联结在整个网络中的位置。（4）全球创新网络的绩效。由于创新网络具有知识共享、知识创新、知识传播和知识转移等功能（Beatrice，2014；Olmos – Penuela，2014；Marco Guerzoni，2014；李延朋，2014；涂振洲、顾新，2013），企业参与全球创新网络可以获得更多的知识溢出和技术创新能力提升。领先的跨国公司通过建立研发中心和技术联盟等形式在组织内外获取技术资源，激发更高数量、更高质量的专利产出（Arvanitis and Boll，2013；Cano – Kollmann，2016；陈子凤、官建成；刘胜奇等，2015）。Linden Greg（2007）研究了苹果 iPod 全球创新的案例，Leonardo Costa Ribeiro（2014）采用美国专利商标局专利分析了跨国企业"科学足迹技术"跨国界互动，解释了全球创新网络的分布特性。这些文献研究了企业融入全球创新网络提升网络位势的方法和路径。

前述研究主要从企业的角度研究技术创新位势，还有部分研究从区域的角度研究创新位势。城市在全球创新网络的位势是包含城市在全球创新网络的"位"和"势"两个方面："位"是指城市在全球创新网络中所处的位置，"势"是指在网络中的影响力以及与其他城市的距离等因素。

二、网络交互度

班杜拉的交互决定论将交互界定为事物之间的相互作用，并认为环境是影响行为的潜在因素。现有关于交互的研究多集中于计算机和多媒体、教育以及营销等领域，分别研究人机交互、课堂交互能力和企业——顾客之间的交互等。随着关于创新领域的研究深入，交互也逐渐应用于企业创新和合作创新等领域，Morgan 在区域创新生态系统的基础上提出了交互创新论，认为区域创新生态系统中企业、科研机构及制度环境之间相互影响、相互作用的复杂交互过程是创新产生的来源。Rothwell 也认为创新是一个交互过程，企业与外部组织间的思想、技术与信息交互是提升创新绩效的关键因素。创新主体的交互作用实质上就是主体通过资源和知识等要素形成的相互促进与相互制约的关系，是互动的重要表现。

主体在互动过程中不仅促进知识、资源和信息的流动，同时也在交互学习、共同发展，这体现在：（1）以企业为主体的创新组织在开展创新活动的过程中，通过构建知识与技术集聚的创新网络，使得网络中的成员在交互学习过程中实现知识的传递、转移与创新，并且利用互补性资源来提升创新能力，进而提升区域创新绩效；（2）区域通过聚集技术、人才、知识、资金等要素，可有效地激发创新主体开展创新活动，因此主体的交互作用与区域创新网络呈现着相互促进的作用。在网络中，区域创新网络单元之间、单元与网络外部之间总是在不断交互。交互是区域创新的必要条件与催化剂。本章的网络交互度是指区域创新网络单元之间互动、单元与网络外部之间互动的质与量的表现。当交互频繁、良好时，网络交互度大；反之，网络交互度小。本章认为区域创新网络的网络交互度，主要包括开放度、竞争度、耦合度等三个侧面。开放度（W），是指网络单元与网络外界在知识、信息、资金、物质等方面交流的程度，它促进了网络的新陈代谢。竞争度（J），是指网络单元基于获利目的之争胜行为的激烈程度，它为单元功能升级提供强大、持续的压力与动力，从而保证网络持续的活力。耦合度（H），是指区域网络内的各类单元在知识、信息、资金、物质等方面交流、互助的程度，它为网络单元形成知识、信息、资金、物质的整合效应。

三、区域创新能力

信息化、全球化和区域化是当今世界经济的重要特征。在这样的时代背景下，区域经济发展面临着前所未有的竞争和挑战，区域创新能力正日益成为地区经济获取国际竞争优势的决定性因素。对于区域创新能力，Furmanand Porter（2002）认为体现在新技术商业化的能力，不仅仅是技术的创新，也体现在将技术商业化的能力；Tura（2005）等认为它是指地区在区域创新网络中开发与更新既有资源配置，通过创新活动在不断变化的环境里获得的可持续竞争优势；库克认为区域创新系统主要是由于地理上相互分工与关联的生产企业、研究机构和高等教育机构等构成的区域性组织体系，这种体系能支持并产生创新。区域创新系统是区域网络中的企业、大学、研究机构、政府等网络节点在融入区域创新环境过程中组成的能够促进创新产生的系统。区域创新系统是区域创新网络和区域创新环境的有效结合。

区域创新系统的功能包括：（1）进行有针对性的创新活动。作为一种地域系统，区域创新系统能够从地区经济的现状和发展要求出发进行有针对性的创新活动，从而有效地促进区域经济的发展。（2）提高区域创新能力。区域创新系统作为一种相对独立的系统，包容较多的创新要素和主体，能形成较完整的创新体，从而为区域创新打下了基础，也为区域经济的自主创新创造了条件。（3）推动区域产业结构升级。区域创新系统可以通过系统内各创新主体的互动，持续地产生激励创新的动力，形成连锁反应机制，加快创新扩散，从而推动整个区域产业结构的升级。（4）形成区域竞争优势。区域经济发展的关键在于培育和发展能在未来市场上形成区域竞争优势的区域核心竞争力。区域核心竞争力的形成又依靠区域企业竞争力的形态。通过区域创新可以优化、整合区域内的创新资源，提高区域创新能力，形成新产业和新的经济增长点。技术创新对区域经济的巨大乘数效应，是技术创新推动区域经济增长的一个关键。

四、双翼齐飞模型

本章提出的双翼齐飞模型，特指区域创新能力的双翼齐飞模型。所谓双翼，是指产业创新链与金融链，它们分别是区域创新能力发展、腾飞必须借助的两翼，将这两翼的链条连接，就可得到区域创新能力的双翼齐飞模型。飞鸟的身体就是区域创新能力，双翼就是产业创新链与金融链，特定区域就是通过扇动双翼来实现区域创新能力的腾飞。而后面创新位势、网络交互度（相当于风）对区域创新能力（身体）的影响，就将经由此两翼来实现。

创新链轨是本章提出的对技术轨道与技术创新链进行综合的概念。在技术轨道方面，多西（1982）在库恩（1962）科学范式的启发下，首提技术范式概念，将它界定为解决选择技术问题的一类模型或者模式，它决定着研发领域、研发问题、研发程序与研发任务，新旧技术间的更替是新旧技术范式间转换的过程，这近似于科学范式间的交替；当新技术范式兴起，它会逐步减弱旧范式的影响。关于技术轨道，多受自然轨道启发，将技术轨道定义为技术演进的路径，由技术范式隐含的对技术方向取舍的规定性来决定，技术轨道的边界由技术范式性质所决定。柳卸林将技术轨道界定为在某产业技术发展中一组解决某问题的、相互关联的方法。傅家骥将产业技术轨道定义为：在技术创新过程中，业界难以拒绝具有一致性的技术选择的方法、核心的技术路线、技术的整合方式、主导的产品设计模式、主流的制造流程、技术标准。技术轨道，为区域创新提供方向导航，并在技术转轨时提供技术范式选择的战略空间；但是，它却无法为一项技术微观创新过程的实现提供相应参考。在技术创新链方面，它是指包括基础研究、应用研究、技术开发产品、工艺设计、生产、销售服务等创新相关环节的链式集合，反映了科研成果的商业化过程。而且在一个技术轨道中，存在着相关联的技术创新链组成的技术创新束。技术创新链为技术创新过程的实现提供了具体参考，但是无法为区域创新提供方向导航或在技术转轨时提供技术范式选择的战略空间。

第二节　网络交互能力影响城市创新能力的机理

区域创新网络特征可分为创新位势与网络交互度，后者是原有一般网络特征体系的综合，而前者则是新的特征概念。创新位势对区域创新能力的影响特别重要。虽然区域创新网络的良好网络交互度对于区域创新能力会有促进作用,但是我们可以看到,在同样开放度、同样竞争度或同样耦合度的情况下,具有高学研高度、高产业高度、强产权活力、强创新倾向的创新元的区域创新网络,会因为创新元强大的创新能量,而具有明显更强,甚至远远更强的创新能力。在这方面,令人印象深刻的是,中国的创新先锋城市深圳、苏州、无锡等地在提升学研高度方面做出的巨大而崭新的努力、高新技术产业的狂飙发展、民营经济的发达(包括苏州的后发先至)、创新倾向的强烈。因此,为反映实践的新进展,有必要深入研究纳入了新概念"创新位势"的区域创新网络特征体系对区域创新能力的影响机理。

一、创新位势、网络交互度与区域创新能力的关系

(一) 创新位势

创新位势是指区域创新网络中企业、学研机构的机能、质量的优秀程度。若当地集群企业的机能越强、质量越高,为获得更大市场与更高利润,它们就具有越强烈的创新动机,越能高效率地整合与利用创新资源,从而更高效地进行知识创造;并且集群企业作为科技创新产业化的直接载体,其机能越强、质量越高,就越可高效地促进科技创新产业化;同时,当地集群企业的机能越强、质量越高,也越能高效地向当地学研机构传递蕴含科技创新机遇的市场信号,从而提升当地学研机构知识创造能力。因此,集群企业机能越强、质量越高,就越有利于区域创新能力的提升。

若当地学研机构的机能越强、质量越高,就越善于整合与利用创新资源,越善于进行高端知识创造;并且若学研机构机能越强、质量越高,越能以自身品牌效应吸引当地乃至域外企业前来寻求创新支持与合作,因而越能高效率地促进当地集群的科技产业化。因此,学研机构机能越强、质量越高,就越有利于区域创新能力的提升。

总之,包含集群企业与学研机构的当地创新元,其高度越高,就越有利于区域创新能力的提升。

(二) 网络交互度

网络交互度是指区域创新网络单元之间互动、单元与网络外部之间互动的质与量的表现。若网络交互度越高，就越有利于创新相关的知识、信息、资本、物质在网络单元间、内部单元与网络外部间更高效地传递、碰撞、裂变、融合，因而越有利于当地集群的知识创造与科技创新产业化，从而有利于区域创新能力的提升。

网络交互度对区域创新能力的影响，不仅有上述直接影响，而且还通过提升创新元高度来促进区域创新能力：若网络交互度越高，就越有利于当地集群企业与学研机构在发展壮大过程中，能获得更多的外源能量物质与内源能量物质（网内流转或聚裂变生成），这使创新元机能与质量得到提升，也即创新元高度提升。而网络交互度提升所致的创新元高度提升效应，如前所述，会进而提升区域创新能力。也即，创新元高度在网络交互度与区域创新能力间起中介作用。

网络交互能力是指全球创新网络中城市之间互动的质与量的表现，交互能力越高，就越有利于创新相关的知识、信息、资本、物质在网络之间更高效地传递、碰撞、裂变、融合，因而越有利于当地集群的知识创造与科技创新产业化，从而有利于城市创新能力的提升。结合已有文献，全球创新网络的交互能力主要包括开放度、竞争度、耦合度等三个方面。网络交互能力的开放度、竞争度、耦合度对创新能力的影响机理，并将上述分机理进行综合，推论网络交互度指标的影响机理。

创新网络位势在网络交互能力与城市创新能力间的中介效应机理。网络交互能力对城市创新能力有直接的影响，也有通过提升网络位势来促进城市创新能力。若网络交互能力越高，就越有利于城市获得更多的外源能量物质与内源能量物质，提升创新网络位势。创新位势在网络交互度与城市创新能力间起中介作用。先探讨创新网络位势分别在开放度、耦合度、竞争度与城市创新能力间的中介机理，再将上述分机理进行综合，推论创新位势在网络交互能力与城市创新能力的中介机理。

创新位势、网络交互度对城市创新能力影响机理的逻辑关系如图 8.1 所示。

第八章 创新位势、网络交互度与区域创新能力

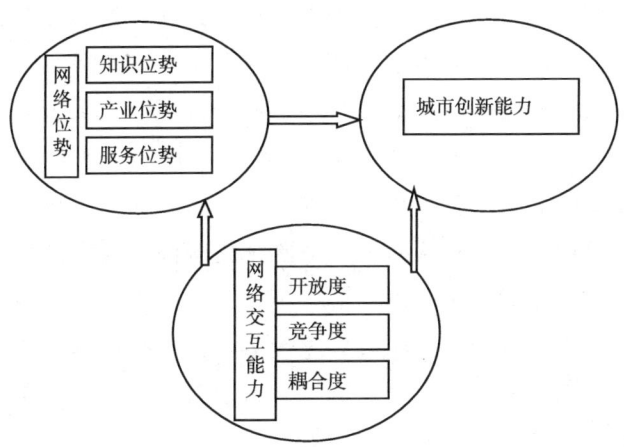

图 8.1 创新位势、网络交互度对城市创新能力影响机理的逻辑

二、创新位势影响区域创新能力的机理

如图 8.2 所示,分别从知识位势、产业位势和服务位势等三个角度进行分析。

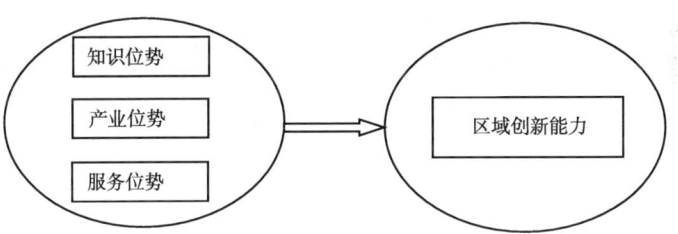

图 8.2 知识位势、产业位势和服务位势对区域创新能力影响

(一) 知识位势与区域创新能力

一个地区的知识越密集,越能吸引较多的知识要素集聚,也越能吸引域外创新型企业进入本地以利用当地学研资源。于是,学研机构就越能吸收这些企业传递的市场信息,因此学研机构的科技创新成果就越能顺应甚至领导市场潮流,这就越能推动当地产业集群的工艺升级、产品升级,或帮助当地集群克服链主设置的进入壁垒而实现功能升级。这样就能帮助集

群占据更高附加值的价值环节，从而集群获得更高利润，有更多资金投入研发，进而提升区域创新能力；而且，集群企业也将向当地政府提供更多财政收入，使政府有更多资金投入学研机构，进而提升区域创新能力。

从特定子行业链看，知识位势越高，越能帮助当地集群企业在与下游企业的纵向竞争中获得非标准化产品的供应优势，提高客户转换成本，提高纵向竞争中的市场势力，从而在上下游价值分配中获得更大份额，进而提升集群利润；在与域外企业的横向竞争中，当地学研高度越高，越能帮助当地集群企业产生成本优势或差异化优势，进而获得更大的市场份额与利润。集群企业更高的利润，将直接提升企业研发投入，或通过政府财政增加学研机构研发投入，从而提升区域创新能力。

当集群企业面临链条升级，需要从子产业链转入子产业链，甚至从当前产业转移到其他产业时，当地学研高度越高，其知识与能力池就具有越丰富的多样性，学研机构知识变轨的动态能力越强，越能克服当地集群的知识资产专用性，迅速将未来产业路径的虚拟集合，较迅速地择优转化成现实，找到最优生态位，从而成功实现链条升级，获得更高利润。这将直接提升企业研发投入，并间接提升当地政府对学研机构的投入，从而提升区域创新能力。

从特定创新链看，如果当地集群所在技术创新链的主要创新动力是市场拉动，需求端市场信息所蕴含创新信息向生产制造传递，再进一步向研发端传递。当集群企业因响应市场所致科技创新机遇而出现知识缺口时，就会向学研机构传递技术创新的信号。学研机构高度越高，就越能迅速而充分地响应此创新需求，迅速帮助企业进行知识补缺，从而实现集群企业与学研机构自身创新能力的提升，当然也就实现了区域创新能力的提升。如果当地集群所在技术创新链的主要创新动力是技术推动时，学研机构高度越高，其基础研究的知识基础就越深厚，就越能为应用研究开辟突破性创新道路。而当学研机构与集群企业交互时，突破性新知识在它们间相互循环增进，不断涌现，从而促进区域创新能力的飞速提升。

从世界技术格局看，核心技术往往掌握在发达国家手中，而且它们往往以国际标准与专利网对核心技术进行层层包裹，形成强大的技术防护墙。在当地集群从外围技术逐步深入核心技术时，就会遭遇到发达国家的技术

第八章 创新位势、网络交互度与区域创新能力

壁垒与技术霸权。当地学研机构高度越高,就越能通过自身研发帮助当地集群企业研发,破解或绕开专利壁垒,实现区域创新能力的长足发展。

当地方集群面临技术范式突变、技术变轨时,学研机构高度越高,越能及时弥补高阶范式与原有范式的知识缺口,并将知识传递给集群企业,帮助它们迅速响应并适应新的技术范式,从而提升区域创新能力。

如果当地集群要跳跃到一个全新的产业技术领域,就需要丰厚的多元化知识储备。学研机构高度越高,它的多元化储备就越丰厚,当集群有跨产业技术的需求时,学研机构就越能迅速响应,并将自身原本薄弱的知识模块迅速地强化与扩张,迅速地完成知识结构转换,并引致集群企业知识结构转换,从而促使区域创新能力在全新领域迅速成长。

基于以上分析,可提出如下假设:

假设 H8-1:知识位势正向影响区域创新能力,知识位势越高,区域创新能力越强。

(二) 产业位势与区域创新能力

从特定产业链节看产业高度越高,高新技术产业越发达,其创新机会比低技术产业机会越多,就越可不断开发出细分市场,甚至创造出新需求,就越有助于当地集群工艺升级、产品升级,从而以更高市场价值与利润,直接为企业自身以及通过财政贡献间接为学研机构带来更多研发资金,从而促进区域创新能力提升。鉴于高新技术产业相对于传统非垄断性产业的较高附加值,当地产业高度越高,越可消化我国各地日益高企的生产成本(我国部分地区的生产成本正在直逼发达国家),从而获取足够利润以支撑区域创新能力的提升。

比起传统行业,高新技术产业的新科技层出不穷,创新机会比较多。因此,当地集群企业在功能升级时,高新技术产业集群打破价值链链主压制的概率较大,更有利于功能升级的实现,以更高市场价值与利润进而研发资金促进区域创新能力提升。

从特定子行业链看,产业高度越高,高新技术产业相对于传统产业有更多的科技创新机会,越有助于当地集群企业在与下游企业的纵向竞争中,获得非标准化产品的供应优势,提高下游企业的转换成本,进而在与上、

下游价值分配中获得更高利润以增加区域研发投入，从而提升区域创新能力。

在与域外企业的横向竞争中，产业高度越高，当地高新技术产品越能以不可替代的差异化功能占领发达国家市场与渠道，从而形成更高利润、更高区域研发投入，进而提升区域创新能力。当集群企业面临链条升级时，须从子产业链转入子产业链。当地产业高度越高，能力池、知识库、高科技人才库的储备就越充足，越容易打破当地集群的成长上限，实现链条升级，找到最优生态位，从而形成更高利润、更高区域研发投入，提升区域创新能力。

从特定创新链看，如果当地集群所在技术创新链的主要创新动力是市场拉动的，当地产业高度越高，高新技术产业越发达，相较于传统产业，就越能以其巨大技术创新空间为商业创意提供无限可能，产生海量新需求信息，经由营销环节向生产制造环节传递，再向研发端传递，促进当地集群高频、丰富的科技创新，提升区域创新能力。

如果当地集群所在技术创新链的主要创新动力是技术推动的，产业处于高度临界状态，一个小的科技发明或发现，最终就可能演化成巨大的科技突破，推动区域创新能力跃变。在当地集群从外围技术逼近核心技术而遭遇发达国家技术壁垒与霸权时，高新技术产业比起低技术传统产业，更容易涌现层出不穷的科技机会，利于当地集群快速突围，提升区域创新能力。

当地方集群面临技术范式突变、技术变轨时，高新技术产业比起传统产业，有着更多的创新机会，集群企业发展高新技术产业，比发展传统低技术产业，更容易捕捉到科技创新机会实现科技变轨，更快提升区域创新能力。如果当地集群要跳跃到一个全新的产业技术领域，就需要丰厚的多元化知识储备，产业高度越高，当地集群覆盖的知识门类就越多，多元化储备越丰厚，比低产业高度的集群可更容易完成知识结构转换，更迅速打开新产业技术领域的创新能力以提升空间。

基于以上分析，可提出如下假设：

假设 H8-2：产业位势正向影响区域创新能力，产业位势越高，区域创新能力越强。

(三) 服务行业位势影响区域创新能力的机理

在服务与中介单元方面：（1）风投机构竞争度的提高，会迫使风险投资机构精心争取优质的、具有巨大市场潜力的科技创新创业项目，并且全力帮助项目负责人提高经营管理能力、化解市场风险，从而有利于地区高新技术产业的发展与升级，提升区域产业高度。（2）银行竞争度的提高，会促使其精心争取为既有远大前程又有一定市场稳定性的高新技术企业发放贷款，以获取可观收益，这有助于当地高新技术产业的发展与升级，提升区域产业高度。（3）服务与中介机构竞争度的提高，会促使它们尽力为当地高新技术企业提供更为出色的服务，从而助推当地高新技术产业发展与升级，提升区域产业高度。

三、网络位势影响区域创新能力的机理

如图 8.3 所示，分别从开放度、竞争度和耦合度等三个角度进行分析。

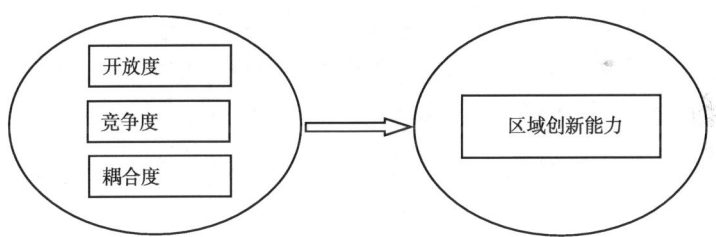

图 8.3 开放度、竞争度和耦合度对区域创新能力影响

(一) 开放度影响区域创新能力的机理

从特定产业链节看，本地集群企业为开发新工艺、生产新产品，或为克服链主控制与设置的进入壁垒，需要获得高能知识、信息与物质的输入。开放度越高，获得输入就越多，越有利于当地集群实现工艺升级、产品升级、功能升级，从而创造出更高价值与利润，形成更高研发投入，从而提升区域创新能力。开放度越高，外来企业进入数量越多，外来企业在当地的能量越大，越能以外来企业（尤其是大型外资企业）力量，打破

当地种种垄断，有利于激发竞争活力，从而促进当地集群企业工艺升级、产品升级、功能升级，实现基于科技创新的快速发展，提升区域创新能力。

从特定子行业链看，开放度越高，越有助于集群企业得到域外高能知识、信息与物质的输入，增进当地集群企业在与下游企业的纵向竞争中的非标准化供应优势与市场势力，也可增进集群企业在与域外企业的横向竞争中的成本优势或差异化优势，进而带来更高利润与研发投入，提升区域创新能力。

当集群企业面临链条升级，需要从子产业链转入子产业链时，开放度越高，就越容易在全球范围找到适合子产业链的最佳资源；当集群企业面临链条升级，从产业转移到其他产业时，开放度越高，就越容易在全球范围中搜索到找到适合本地的、全新的最优链条。从而实现链条升级的最优化，增加利润与研发资金投入，打开区域创新能力的新成长空间。

从特定创新链看，如果当地集群所在技术创新链的主要创新动力是市场拉动的，区域创新网络开放度越高，地方集群越是能在开放的国际市场中发现多样化需求、速变的主流需求，市场信号沿营销—生产制造—研发端路径传递，可为集群创新元指引最有市场价值的技术路线，提高集群技术路径的成功概率，有利于区域创新能力的提升。

如果当地集群所在技术创新链的主要创新动力是技术推动的，区域网络开放度越高，各地基础研究、应用研究领域越能吸纳全球范围的创新人才及其他创新资源，并使之与当地资源融合，促进区域创新能力的提升。在当地集群从外围技术逼近核心技术而遭遇发达国家技术壁垒与霸权时，仅靠单一地区的力量难以克服困难，开放度越高，就越能通过与其他国家或地区进行合作，以共同研发、专利交叉授权等等方式，突破技术壁垒与霸权，实现区域创新能力跃升。当地方集群面临技术范式突变、技术变轨时，开放度越高，越容易探测到技术变轨的窗口机会，也越有利于快速集合全球资源响应新技术范式，提升区域创新能力。如果当地集群要跳跃到一个全新的产业技术领域，开放度越高，就越容易在全球范围内吸收所需知识、信息，实现知识多样化，打破集群知识缺口刚性，迅速实现知识结构转换，在全新产业技术领域迅速提升创新能力。

基于以上分析，可提出如下假设：

假设 H8－3：开放度正向影响区域创新能力。

（二）竞争度影响区域创新能力的机理

区域网络内部竞争度对区域创新能力具有正向推动作用。因为我国各地存在各种行政垄断、行业垄断，并且外企还事实上享有或明或暗的超国民待遇，这些因素的存在，使各地区域内竞争，在行政区域层面上尚未达到过于激烈的程度。因此，竞争对区域创新能力的影响，应表现为正向作用。以下通过双翼齐飞模型分析竞争度（主要关注企业竞争度、学研机构竞争度、服务与中介单元竞争度）对区域创新能力影响的机理。

从特定产业链节看，在集群企业竞争中，当地企业相互激励、相互启发、相互用行动指出对方应改正的不足之处；在学研机构竞争中，学研机构相互启发、相互学习。因而创新元竞争越强，越能促进集群工艺升级、产品升级、功能升级，形成更高利润与研发资金投入，提升区域创新能力。

服务与中介单元竞争度越高，则它们为创新服务的质量越高、价格越合理、功能越丰富，这将有利于当地集群企业与学研机构的发展，促进集群升级，以更高的利润与研发资金投入，提升区域创新能力。

从特定子行业链看，企业竞争度、学研机构竞争度、服务与中介单元竞争度越高，越能激发它们努力拼搏、持续自我提升，并且企业、学研机构、服务与中介单元竞争的优胜劣汰效果越明显，当地创新网络组织新陈代谢就会越顺畅，网络组织体质就会越健康、强壮，使集群整体竞争力不断增强。这可以增强当地集群企业在与下游企业的纵向竞争中的非标准化产品的供应优势，增强与域外企业产业链节的横向竞争中的成本或差异化优势，从而带来更高利润与研发资金投入，提升区域创新能力。

当集群企业面临链条升级，须从子产业链转入子产业链时，网络竞争度越高，部分竞争者越有动力寻找新的子产业链或全新产业来作为新利润增长点，率先进行链条升级，而这是集群试错的一部分，可能开启集群链条升级的大门，从而带来价值与利润的持续成长与更高的研发资金投入，这有利于区域创新能力的提升。

如果当地集群所在技术创新链的主要创新动力是市场拉动的，集群企业竞争越激烈，就越会激发企业关注需求潮流及其微妙变化，并会以很快的速度将多样化需求及其蕴含的科技创新信号传递到企业研发端或学研机构，从而提高集群技术路线的市场利润与研发资金投入，提升区域创新能力。

如果当地集群所在技术创新链的主要创新动力是技术推动的，在基础研究、应用研究、技术开发等各环节上，集群企业竞争、学研机构竞争越激烈，创新元间越会相互启发、优胜劣汰，使整体素质提高，知识创造速度、力度增大，从而推动区域创新能力不断提升；而服务与中介单元竞争越激烈，它们越可更好地服务于集群企业与学研机构创新活动，提升区域创新能力。

在当地集群从外围技术逼近核心技术而遭遇发达国家技术壁垒与霸权时，创新元竞争度越高，在生存与发展的压力下，它们相互激励、相互启发，冲击技术壁垒与霸权的力度就越大；服务与中介单元竞争越激烈，可提供越大的创新助力，从而打开区域创新能力的新成长空间。

当地方集群面临技术范式突变、技术变轨，或在当地集群要跳跃到一个全新的产业技术领域时，企业竞争度、学研机构竞争度越大，竞争压力越会使部分创新元积极率先响应技术变轨窗口机会，从而引导集群迅速响应新技术范式，而服务与中介单元竞争越激烈，可提供越大的创新助力，从而提升区域创新能力。

基于以上分析，可提出如下假设：

假设H8-4：竞争度正向影响区域创新能力。

（三）耦合度与区域创新能力

从特定产业链节看，创服耦合度越高，服务与中介机构（含金融机构、创投机构）越可为集群提供所需资金、人才、信息等服务支持，助推集群升级；产学研耦合度越高，学研机构越能为集群企业提供更多、更优质的科技创新，并努力游说地方政府以更大力度支持集群企业发展，促进集群升级。总之，耦合度的提升，会促进集群企业工艺升级、产品升级、功能升级,增加利润与研发资金投入,从而促进区域创新能力的提升。

从特定子行业链看,创服耦合度、产学研耦合度越高,越可为企业争取到地方政府、服务与中介单元、学研机构的全方位、更大力度的支持,从而提升当地集群企业在与下游企业的纵向竞争中的非标准化优势与市场势力,并且提升在与域外企业的横向竞争中的优势。这可形成更高利润与研发资金投入,提升区域创新能力。

当集群企业面临链条升级,须从子产业链转入子产业链转移到其他产业时,创服耦合度、产学研耦合度越高,集群企业越有充足的资源、充分的知识与信息、充沛的能量、巨大的信心与勇气,跳出资产专用性窘境,直面未来巨大的不确定性,在试错中开启链条升级的大门,以更高利润支撑更高研发投入,打开区域创新能力提升的新空间。

从特定创新链看,如果当地集群所在技术创新链的主要创新动力是市场拉动的,产学研耦合度越高,在创新链各环节,学研机构越易受到集群企业的市场信息指引,使自身在应用研究与应用导向的基础研究方面越容易选对正确方向,有利于创新能力的提升,同时,集群企业市场化的创新努力越能得到学研机构的知识与智力支持,从而提升创新能力。

如果当地集群所在技术创新链主要创新动力是技术推动的,产学研耦合度越高,在基础研究、应用研究、技术开发等创新链各环节,学研机构越能为企业提供前沿知识与智力资源的支持,集群企业就越能为学研机构提供更多科研资金,因而创新元彼此促进,提升了区域创新能力。

在当地集群从外围技术逼近核心技术而遭遇发达国家技术壁垒与霸权时,只靠集群企业力量无法应对,需要地方政府乃至中央政府出面帮助,这就非常需要政创耦合。地方政府可以联合当地创新元,借助对外经济部门乃至国家外交部门来寻求对壁垒与霸权的突破。产学研耦合有助于形成区域技术同盟,以合力突破技术壁垒与霸权。以上耦合都有助于区域创新能力打开新的成长空间。政服耦合度、创服耦合度越高,也会使创新元突破壁垒时更为快速、有力。产学研耦合度越高,企业与学研机构越易在知识、信息上形成变轨或跨越合力,敏锐发现并迅速捕捉新的机遇;政创耦合、政服耦合、创服耦合度越高,政府、服务与中介单元越可为创新元变轨或跨越提供更多资金、人才、制度等方面的支持,使区域创新能力在新轨道或全新的产业技术领域中迅速提升。

基于以上分析，可提出如下假设：

假设 H8-5：耦合度正向影响区域创新能力。

第三节 创新网络位势、网络交互能力对城市创新能力影响的实证分析

本节主要包含四个方面的内容：（1）创新网络位势、网络交互能力、城市创新能力的测度与分析。基于时序全局因子分析法，对创新网络位势指标、创新网络位势分指标（知识位势、创新服务位势、创新产业位势）、全球创新网络交互能力指标、网络交互能力指标（开放度、竞争度、耦合度）、城市创新能力等进行测度与分析。从而全面掌握创新网络位势、网络交互度、创新能力的状况。（2）检验创新网络位势指标、创新网络位势分指标对城市创新地位的影响。（3）计量检验全球创新网络交互能力、主要指标对城市创新能力的影响。（4）计量检验创新网络位势对创新网络交互能力的中介效应。

一、模型设定

为了研究创新位势、网络交互度对城市区域创新能力的影响，以及网络交互度对创新位势的中介效应，设立以下方程：

$$INN_{it} = b_0 + b_1 WS_{it} + b_2 NET_{it} + b_3 WS_{it} \times NET_{it} + e_{it} \quad (8-1)$$

其中，b_0 是常数项，i 代表了区域，t 为年份，WS_{it} 是创新位势，NET_{it} 是网络交互度，INN_{it} 是区域创新能力。一般研究都是以交叉项表示变量的中介效应，因此我们以 $WS_{it} \times NET_{it}$ 的交叉项来研究网络交互度在创新位势与区域创新能力之间的中介效应。数据来源于各年《中国统计年鉴》、《高新技术产业统计年鉴》等。区域创新能力来源于科技部的《中国区域创新能力检测报告》。

二、变量分析

（一）区域创新能力

科技部的《中国区域创新能力监测报告》中构建了包括创新环境、创新资源、企业创新、创新产出和创新效率五个子系统的监测指标体系，共分为 124 个监测指标。目前已经发布了 2015 年、2016 年和 2017 年 3 个年度的数据。

（二）创新位势

按照前面分析，创新位势分为知识位势（KNO）、产业位势（IND）和服务位势（INS）。知识位势是指地区科研机构的先进程度，我们用地区申请专利数量来代替。有的研究使用国家自然科学基金项目的数量，当然这个指标表明国家自然科学基金项目数量越多，地区的科研资源越丰富，但是从创新整体考虑，国家自然科学基金项目并不代表一个地区的创新程度，其商业转化能力也受到很大制约，因此我们采用地区申请专利数量来衡量。该指标数据来源于国家知识产权局。产业位势是指当地产业的发达程度，主要是指高新技术产业，我们采用各地高新技术产业新产品产值来衡量，数据来源于《高新技术产业统计年鉴》。服务位势是指一个地区服务于创新的中介机构数量，为科技创新主体提供社会化、专业化服务以支撑和促进创新活动的机构，能够有效降低创新成本、化解创新风险、加快科技成果转化、提高整体创新功效。中介数量越多，服务位势越高。

我们将前述 3 个指标进行计算，考虑数据的可得性，统一计算 2015 年、2016 年和 2017 年 3 个年度。方法采用时序全局因子分析，首先组建全局数据并将数据标准化取得 Z 值；其次对数据进行有效性检验，检验的方法是 KMO 和 Bartlett 方法，从表 8.1 中可以看出，显著性明显小于 1，可以进行主成分分析。之后进行全局因子分析，得到主成分特征值和贡献率，采用主成分法，以最大方差方法进行旋转，得到因子得分矩阵，以主成分特征值之和和特征值方差占特征值总方差的百分比为权重，将各地区的主成分得分进行加权汇总，计算得出各地区的创新位势的综合得分。

表 8.1　　　　　　KMO 和 Baetlett's Test 结果

KMO		0.6384
Bartlett's test	Approx. Chi – Squacy	659.29
	df	4
	Sig	0

（三）网络交互度

根据前面分析，我们把网络交互度分为开放度（KFD）、竞争度（JZD）和耦合度（OHD）三个指标。开放度一般是指创新网络中单元和外部在知识等要素方法交流的程度，部分研究采用国外技术引进合同金额、外商投资企业投资金额等进行衡量。我们采用进出口占 GDP 的比重代表，在这个工业化的初期和中期，无论是出口还是进口，进出口对于技术的贡献作用非常大。出口对于技术创新的作用得到了理论和实践的广泛验证，而进口对于技术创新的作用也越来越得到认识，主要是由于高科技的中间产品进口对于技术创新的影响。进出口金额和 GDP 数据来源于《中国统计年鉴》。竞争度指标是创新网络单元竞争的激烈程度，由于创新的主体包含高校科研院所、企业等，2017 年我国国内发明专利申请量中企业所占比重达到 63.3%，企业对我国国内发明专利申请增长的贡献率达到 73.5%。可见在专利申请中企业是主体，我们采用企业投入研发资金数量来代表，金额越大，竞争程度越高，数据来源于各年《中国科技统计年鉴》。耦合度是指创新网络中各单元在知识信息等方面的交流程度，主要是创新各主体之间相互合作创新的程度，我们用申请专利的合作网络数量来代替。在国家知识产权中有详细的每个省份的专利数量，而且详细报告了专利的申请者情况，如专利编号、日期、申请人的姓名和地址。该数据库还包括每个专利的引用信息，如专利被引用的次数。从这个专利级别的数据库，我们建立了一个专利数据库来测量创新网络交互度。利用全局因子方法进行归类处理，计算出网络交互度的综合变量。

三、实证分析结果

(一) 基本回归结果

表 8.2 是基本回归结果,首先,利用 OLS 方对两个综合变量进行回归,从第一列的数据看出创新位势和网络交互度对于区域创新能力的影响都非常显著且系数为正,表明创新位势和网络交互度都促进了区域创新能力的提升。从第二列动态面板数据模型回归结果看也验证了第一列的结果。其次,对两个综合变量的交叉项进行可分析,结果见第三列,可以看出,网络交互度在创新位势的促进作用上起到了较大的中介促进作用。最后,创新位势的影响大于网络交互度的影响,说明区域创新能力的提升主要来源于内因,作为外因的网络交互度起到重要的作用。如果本身创新位势较低,当地的创新实力不高,对地区创新能力的提升也不大。从交互项看,网络交互度有助于创新位势的提升。

表 8.2 基本结果

变量	OLS	GMM	GMM
WS	0.2637***	0.3837**	0.374***
	(0.0487)	(0.0039)	(0.0832)
NET	0.0182*	0.0638*	0.0837***
	(0.002)	(0.0343)	(0.0302)
WS*NET			0.193**
			(0.0012)
常数	0.3747**	0.2737***	0.0687***
	(0.0098)	(0.0034)	(0.0214)
年份固定	YES	YES	YES
地区年固定	YES	YES	YES
$r2$	0.455	0.5038	0.636

注: *,**,*** 分别代表在 10%、5% 和 1% 的水平下显著。

除了对综合变量进行分析外,还对两类变量之下的具体指标进行了分析,分别验证假设 H8-1 到假设 H8-5。从表 8.3 中可以看出,分析结果基本符合我们的假设，只是部分因素的影响并不是非常显著。其主要原因在于数据只有2015年、2016年和2017年3个年度，而且代理变量本身存在限制。

表8.3　　　　　　　　　区域创新能力的影响因素

变量	OLS	GMM
KNO	0.013*	0.0643***
	(0.0234)	(0.0022)
IND	0.0422*	0.0034
	(0.0839)	(0.8425)
INS	0.0829***	0.0498
	(0.0331)	(0.0080)
KFD	0.0459*	0.0356
	(0.0036)	(0.0347)
JZD	0.1739***	0.1443**
	(0.0033)	(0.0372)
OHD	0.0372***	0.0336***
	(0.022)	(0.0032)
年份固定	YES	YES
地区年固定	YES	YES
r2	0.6593	0.5984

注：*，**，*** 分别代表在10%、5%和1%的水平下显著。

（二）稳健性检验

首先，对于区域进行稳健性检验，不同地区的创新能力不同，也具有不同的特征。按照1986年"七五"计划的分类，东部地区包括北京、天津、河北、辽宁、上海、江苏、浙江、福建、山东、广东和海南等11个省市；中部地区包括山西、内蒙古、吉林、黑龙江、安徽、江西、河南、湖北、湖南、广西等10个省区；西部地区包括四川、贵州、云南、西藏、陕西、甘肃、青海、宁夏、新疆等9个省区，另外再加上重庆市。从回归结果看，东部地区本身创新能力较强，创新位势和网络交互度对创新能力的影响都为正，且在1%的水平下显著（见表8.4）。特别是知识位势以及开放度两个指标，对于区域创新能力的影响程度较大，而且开放度的影响程度最大，与我们前面分析的内因起主导作用不一致。这主要是由于创新位势包含的三个指标的影响程度都比较大，而网络交互度中只有开放度指标的影响系数大，其他指标影响程度相对较小，因此整体上创新位势的影响系数大于网络交互度。从实践看，中国对外开放的出口和进口都显著地促进了技术的进步，出口的技术溢出效应相对较大。从中西部地区来看，知识位势、产业位势和开放度都对区域创新能力有显著影响。

表 8.4　　　　　　　　区域创新能力的影响因素

变量	东部	中部	西部
KNO	0.3863 *	0.1612 ***	0.1537 ***
	(0.0234)	(0.0022)	(0.0015)
IND	0.0622 *	0.0334 **	0.02458 **
	(0.0479)	(0.0365)	(0.193)
INS	0.1029 ***	0.0532	0.0102
	(0.0333)	(0.0023)	(0.0003)
KFD	0.459 *	0.256 ***	0.1822 **
	(0.0036)	(0.0347)	(0.0786)
JZD	0.0839 ***	0.0343	0.0361 *
	(0.003)	(0.0452)	(0.0084)
OHD	0.032 ***	0013 *	0.0005
	(0.005)	(0.0973)	(0.8373)
年份固定	YES	YES	YES
地区年固定	YES	YES	YES
r2	0.5848	0.5193	0.4837

注：*，**，*** 分别代表在 10%、5% 和 1% 的水平下显著。

第四节　嵌入全球创新网络提升创新能力的案例研究

本书从国际经验视角考察嵌入全球创新网络提升创新能力和在全球创新城市中地位的案例。选取典型城市如以色列特拉维夫、德国巴登—符腾堡州等城市，之所以选择这两个地区，主要是由于这两个地区属于新兴创新中心，德国西南部的巴登—符腾堡州一直在欧盟区域创新指数排行榜上位列第一，以色列特拉维夫的科技型中小企业非常多，在国际创新城市中排位非常高。探究这些地区的创新经验，包括它们曾经遭遇的失败教训。

一、以色列特拉维夫的案例

以色列是世界上最负盛名的创新国家之一，而处于以色列西海岸的特拉维夫，人口大约为40万，不到以色列总人口的1/20，却是以色列的经济和科技中心，占据以色列60%以上的创新种子公司，每年有40多家创新企业被谷歌等高科技公司收购，并被誉为"欧洲创新领导者"和"仅次于硅谷的创业圣地"。特拉维夫的成功奥秘，第一，由于自然资源的贫乏促使创新发展。以色列土地贫瘠、水资源极端短缺，建国初有近2/3的土地被沙漠覆盖。这种恶劣的自然条件，使得投资科技研究、运用科技手段突破自然条件限制是唯一出路。例如，以色列政府在财政上对农业科技研发和推广给予充足的支持，每年用于农业科研开发的专项经费高达8000多万美元，占农业总产值的3%。其还注重技术的实际应用，为此建立了专门的农业技术成果转化服务公司。其中希伯来大学农学院主要由Yissum公司统一负责该大学的技术成果转让，其主要负责将该大学的知名研究人员和学生的发明与专有技术进行市场营销。第二，政府研发投入与金融系统支持。1999～2010年的10年间，以色列的研发占GDP比重超过以科技著称的美国、日本和德国，居于世界首位，2010年后被韩国赶超。同时，以色列在创新研发上重点专攻于计算机软硬件技术创新、通信科技创新以及生物医药创新。以色列具有大量的初创企业（种子阶段的企业和研发阶段的企业）。产生这些企业一方面缘于政府的各类资金支持，另一方面还缘于以色列成熟、活跃而庞大的风险资本市场。根据美国中央情报局相关统计，以色列的人均风险投资2008年达到270多美元，大约是美国的2.5倍、英国的5.5倍、中国的50倍。

特拉维夫的成功经验可以概括为以鼓励创业推动自主科技创新，瞄准全球科技创新的市场需求，专注于创新产品的设计架构，从而吸引全球跨国公司研发部门的加盟，形成良性的城市科技创新循环。其具体策略可以分成五个方面。

（一）避免盲目模仿，准确定位城市发展方向

在 2010 年确立全球城市的发展目标后，特拉维夫专门成立了全球城市行动计划办公室，通过一番考察，特拉维夫决定学习巴塞罗那，走"艺术之都"的路线。在投入大量资源建立美术馆、博物馆和各种文化展览设施之后，特拉维夫的愿景并没有获得实现，政府重新思考特拉维夫到底有何优势。它们认为，要构建全球城市，首先必须是一个商业中心，而要成为一个商业中心，则需要有足够的企业予以支撑。现有的基础并不能吸引外来企业，只能依靠自己力量建立企业。而特拉维夫的原始基因就在于冒险、创新、创业。因此，特拉维夫在 2010 年后正式将其城市定位确立为"永不停息的创新创业城市"。

（二）营建全球媒体沟通平台

特拉维夫将构建全球创新中心作为整个城市工作讨论的主题，并在世界各国重点城市进行游说和招商。例如，特拉维夫举行了"DLD 特拉维夫创新节"，历时 8 天，包含大约 100 项各式国际创新活动，吸引了来自全球的数百家创新公司、风投基金、天使投资人、大型跨国企业。同时，邀请了来自全球各国的商界、政界精英人物，参与创新机制与城市创新发展的讨论。特拉维夫市长罗恩赫尔代又来中国宣讲其关于特拉维夫的战略宏愿，详细解释了引进人才的一系列政策，如全额奖学金吸引中国留学生，外国人来特拉维夫创业可以获得特殊的创业签证，为初创企业提供风险贷款等。特拉维夫市政府建设了特拉维夫国际媒体枢纽空间，其目标就是为国际记者，特别是短期采访的记者提供交流、沟通与思想对话的空间，并定期组织以"创业、创新"为主题的城市旅游和考察，使得记者将特拉维夫的最内在、最真实的创业、工作、休闲状态传播到世界。特拉维夫还与以色列外交部长期合作，邀请世界各国影视媒体前往特拉维夫报道城市的文化设施、饮食、戏剧、海滩生活等。

(三) 自下而上的创业创新

在特拉维夫，18~35岁中的人口占总人口33%以上，这些年轻人大多为大学毕业生和外来寻求创业机会的年轻人。特拉维夫市政府提供近乎免费的基础创业咨询服务。只要有一点创业创新想法，都可以通过预约获得政府相关信息的咨询、培训。当然，不是所有的想法都能获得成功。然而，以色列人会吸取教训，重新投入下一次的项目策划和创新创业尝试之中。本地的风险投资和孵化器在评估新的创意项目策划过程中，也会对失败经历评估，帮助企业更快成长。在年轻人中，创业成为一种时尚行为。据估计，在特拉维夫仅2013年就有45个创新企业被欧洲、美国等国家大公司收购（以色列的发展模式是大多企业将精力集中于创新研发，卖创新技术，而不做生产和分销链条），收购总金额超过64亿美元。

(四) 服务型政府提供灵活服务

特拉维夫政府将自己定位为服务型政府，并且与其构建全球创新中心的城市领导意志相匹配。特拉维夫以一种更加开放的姿态迎接世界各地的人口，对于女性创业、时尚等也甚为宽容。

特拉维夫市政府于2011年在城市最为繁荣的中心商业区接管了香农塔办公大楼七楼的旧公共图书馆，并整修形成了一个集知识交流、图书共享、创业办公的中心枢纽。这个办公空间，由市政府赞助，每年根据政府举办的创业竞赛，选出10个最具成功可能性的企业，以非常低的价格租赁给这10个企业。这个空间还集中了政府提供的信息咨询、培训服务机构，方便任何一个团队来咨询创业计划。如果可行，就可以马上给予办公空间和提供相关手续办理，大大缩短了创业失败可能带来的巨大时间成本。这种高效性、集聚性，大大促进了特拉维夫的创业队伍的增长。根据统计，以色列67%的种子阶段的创业公司，都集中在特拉维夫—雅法地区。同时，特拉维夫还拥有世界顶级跨国企业，如谷歌、微软、通用等。政府要求并鼓励这些企业给予初创企业相应的参观、辅导与学习机会。

特拉维夫政府实现了全城的Wi-Fi覆盖，并且全部免费使用。通过这种网络，政府将各种有利于创业的信息都公开出来。例如，特拉维夫市政府推出了一个专门的服务于创业者的网站（http：//www.telavivstartupcity.com/），详细列出了各种政策。其中，有关于特拉维夫的所有可用的办公空间及信息；所有投资机构的地点、联系信息；所有初创企业的类别、规模、地址、联系方式；所有加速企业的类别、规模地址、联系方式；所有研发中心的研究领域、地址、联系方式等；甚至还列出了所有这些不同企业正需要的工作人才。这些信息用网页地图给出。这个服务也属于一个创新项目，是一个19岁的高中生的作品，灵感来自硅谷的访学。

（五）企业数据库与融资政策

特拉维夫市政府建立了非常详细的各类企业的发展情况数据库，包括企业的规模、人数、区位、产品市场、发展阶段、生产规模、主要融资形式、当前的主要问题等。通过参考这一不断更新的数据库，并通过专业的金融分析工具，分析各类企业的最优融资模式和规模，减轻了政府的财政负担，也使资本配置更加有效与合理。虽然大部分融资交由市场，但特拉维夫市政府依然举办各种创业竞赛，选出最优的团队，给予支持。政府一旦将资本注入之后，就将其所有权和使用权彻底交给企业、团队。企业失败，无须返回资本；如果成功，则须逐年返回资本。

而对于微软、谷歌等这种非常成熟的企业来说，其关注的核心是政府能够提供的服务（信息公开、思想开放、办事流程透明、市场透明等、办事效率高效）、本地的创新支持环境等（各种中小企业在这些大型公司的某些环节的探索、创新）。因此，特拉维夫政府将工作重点置于中小企业特别是本地的企业。这就是为什么特拉维夫能够拥有以色列67%的创新种子企业的原因，也是为什么特拉维夫每年卖给外国大型公司的创新产品在以色列稳居第一的原因。

二、德国的巴登—符腾堡州

德国西南部地区巴登—符腾堡州2017年国内生产总值为4770亿欧元，占德国的15.2%，人均国内生产总值4.37万欧元，超过全德人均3.8万欧元，出口总值为1920亿欧元，是德国出口排名第一的联邦州。之所以取得这样的成就，主要在于该地区特别强调技术创新，大力投入研发，2017年研发投入占 GDP 的比重为 5.1%，而德国平均水平为 2.9%，每 10 万居民人均专利数为 132 个，位居全德国第一。巴登—符腾堡州将其生产总值的 5.1% 用于研发，这使其成为欧盟地区中的创新先锋。巴登—符腾堡州对新产品及流程技术与创新的资金投入在欧洲首屈一指。这样的投资已经初显成效：巴登—符腾堡州的人均申报专利数在欧洲位居第一。此外，该地区拥有高密度的科研和教育设施。州内共有 70 多所高校和 100 多家研究机构，例如，马克斯—普朗克学会，位于海德堡的德国癌症研究中心、德国航空航天中心、巴登—符腾堡州太阳能与氢能研究中心，以及弗朗霍夫学会。巴登—符腾堡州是欧洲最具创新力的地区。这里不仅遍布各种研发设施，而且从事面向未来型高科技行业的员工占有较高比例。这造就了巴登—符腾堡州作为科学与创新中心的全球盛誉。

德国巴登—符腾堡州有两座"桥"，将科研与产业更为紧密地联系在一起。一是巴符州创新联盟；二是史太白国际技术转移机构，其主要合作对象都是中小企业。

1. 巴符州创新联盟

巴符州创新联盟是连接基础型研究与应用型研究的桥梁。德国巴登—符腾堡州科研资源丰富，有 9 所研究型大学、23 所应用型大学、13 家马普协会研究院、17 家弗劳恩霍夫协会研究所，以及由 12 家州立研究所组成的"巴符州创新联盟"。

马普协会研究院金和弗劳恩霍夫协会的研究所是国家级科研机构，分别从事基础研究和战略性应用科技研发，中小企业一般难有机会与其合作，导致研究型大学的科研成果无法直接转化为企业产品。为了解决科研与产业脱节的难题，巴登—符腾堡州政府建立了一批覆盖生物医药、汽车制造、信息通讯、能源和环境等领域的应用导向研究所——"巴符州创新联盟"。该联盟具有三大功能：一是应用型科研，所有研究都按照产品入市必须符合的标准、法规和药典进行；二是为企业，特别是中小企业提供技术服务，包括低价或免费提供仪器设备；三是利用研究成果孵化衍生企业。位于德国最大的生物技术产业园区——图宾根—罗伊特林根技术园区的州立自然与医学科学研究所（NMI）是最早建立的一家巴符州创新联盟。该研究所孵化出 18 家高新技术衍生企业。这些企业规模虽不大，但平均年产值达上千万欧元，大多数是掌握独有技术的"隐形冠军"。NMI 设有多个实验室和技术转移公司，实验室主任大多为应用技术型大学的兼职教授，许多科研人员也出自应用技术型大学。作为非营利机构，研究所每年经费中的 10% 来自州政府，40% 来自德国联邦科技部的竞争性项目资金，50% 来自企业客户。

2. 史太白国际技术转移机构

通过服务和教育来"架桥"，面对科研与产业的脱节，史太白国际技术转移机构就是通过服务和教育来"架桥"。1868 年建立了第一代史太白基金会，发展针对年轻人的创新教育和职业教育。1983 年，巴符州政府全额投资重建了史太白经济促进基金会，旨在把最新的科研成果转化到产业中。2013 年年报显示，史太白有 978 家转移、咨询和研究中心，有 1708 名全职工作人员和 3544 名签约专家，专家来自科研机构和企业，其中教授 730 人；机构的合作伙伴遍及 50 个国家，每年完成 1 万多个技术转移项目，技术转移服务收入 1.45 亿欧元。史太白基金会还拥有史太白大学，培养具有国际视野、擅长技术研发与企业管理的复合型创新人才。在史太白，全职人员多为从事知识和技术转移的项目经理，很多人毕业于史太白大学，既懂技术，也懂企业管理。项目经理与有志于科技成果转化的教授合作，寻找适合将某项技术产业化的企业，或根据企业需求寻找能解决问题的教授；找到后三方一起讨论、再创新，并开展新技术的小试和中试。试验中，如果因不可预知的技术风险造成设备损坏等损失，由史太白基金会出资补偿，巴符州政府为基金会提供财政担保。

第九章　高能级科创平台产业集群治理与创新

产业集群是典型的生态系统。本章基于产业集群治理与创新生态视角主要探讨三个方面的内容：从产业集群的治理逻辑、产业集群的治理机制、产业集群的技术创新模式等方面分析平台产业集群的治理与创新；从产业集群对企业技术创新的促进和产业集群促进集成创新等方面分析产业集群的技术创新优势；从平台创新知识市场的类型、创新知识营运、创新知识交易机制等方面探讨平台产业集群区域创新知识市场。

第一节　平台产业集群的治理与创新模式

产业集群是事实上的典型的生态系统。当前企业的竞争形态，已经由单体企业之间单一的竞争，演变为产业集群内部企业与企业之间的原子式竞争、集群与集群平台之间的竞争、集群与非集群之间的混合竞争，以及本国集群与国外集群之间的全球竞争。产业集群的竞争使得价值链内容越来越复杂，竞争程度越来越激烈和充分，竞争效率越来越高。

一、产业集群的治理

产业集群在技术创新方面所带来的整体创新绩效会远远大于在非集群环境中企业单个创新绩效之和，即产业集群具有显著的创新协同效应。产业集群的创新协同效应主要是指集群的各个企业在技术创新中通过共同分担研发成本、分散创新风险、发挥各自比较优势并增强核心能力、整合集群中各个成员的互补资源,来克服创新过程的障碍并加快创新的进度等。但是,集群化与创新协同效应之间并不是一个简单的线性关系,也就是说,产业集群并非天然具备产生创新协同效应的能力。企业参与集群是为了能分享创新协同效应所带来的好处,但这仅仅是合作各方的心理预期,可预期并不一定就成为现实。那种认为只要企业"扎堆"到一起就自然而然地将产生显著的创新绩效是没有道理的。

实际上,我们虽然看到一些产业集群(如美国的硅谷)有着无可匹敌的技术创新活力,但世界上也有相当一部分的产业集群不仅没有显示出技术创新优势,反而由于缺乏技术创新而一步步走向衰落。众所周知,产业集群中成员之间的关系主要是靠非正式机制来协调的,也就是说,它与企业内部使用管理权威来协调内部关系的方法不同,它并没有强制性和权威性。由于集群内的成员之间是相互独立的,由于对产业集群的集聚效应和更大利益的追求使它们走到了一起。但由于各自利益的不一致性,集群成员容易产生机会主义的倾向。如果机会主义蔓延,则会出现"柠檬市场"现象,这样将会极大抑制集群理论上创新优势的发挥。

由此可见,产业集群的形成是取得协同创新效应的必要条件,但不是充分条件。产业集群是否能够真正实现其协同创新的功能,关键在于能否对之进行有效的集群治理。

(一)产业集群的治理逻辑

集群中成员的互动是建立在集群成员间的关系之上的,这种关系以两种嵌入的方式影响成员间的互动:一是关系嵌入,它是以双边交易的质量为基础,表现为交易双方重视彼此间的需要与目标的程度,以及在信用、信任和信息共享上所展示的行为;二是结构嵌入,它可以看作群体成员间共同合约相互连接的扩展,这意味着组织间不仅具有双边关系,而且与第三方有同样的关系,使群体间通过第三方进行间接地连接,并形成以系统为特征的关联结构。因此,结构嵌入是众多参与者相互互动的函数。在此关系基础之上,会产生成员之间的互动行为,而长期的互动合作反过来又进一步强化相互之间的关系,增强集群组织的吸引力与凝聚力。

成员之间的互动既不是通过市场交易,也不是通过企业的内部一体化过程来实现的，而是通过成员间的彼此协调来完成的。成员间的互动将会产生协同效应。但协同有正协同和负协同之分。正协同是重复博弈的集体理性所形成的帕累托改进，它产生"社会促进效应"。产业集群中的正协同对技术创新产生积极的协同效应，这正是我们所希望看到的。而负协同产生的是"社会惰化"，造成"三个和尚没水喝"的负面结果，这会极大地破坏产业集群对技术创新的促进作用。正协同对互动的反作用加强了企业间的联系，增强了彼此依赖程度，提升了互动频率，使协作关系更加持久，有利于培育共同的商业伦理，了解对方的资源、战略、需求与能力，增进相互之间的适应性。

为了使成员间发生良性的互动，并由良性的互动对技术创新产生积极的协同效应，就需要有一套完善的集群治理机制，以保证从集群成员间关系到成员间良性的互动，使产生正协同的过程能够顺利地进行。

大量研究表明，在绝大多数成功的产业集群中，成员企业为了创新而与集群中的其他主体发展了各种正式和非正式的合作关系，创新正是在这样的正式与非正式的关系中产生和完成的。产业集群的基本构架可以看成是在集群范围内，各个行为主体在相互作用与协同创新的过程中，彼此建立起各种相对稳定的、能够促进技术创新的、正式或非正式的关系总和。

集群成员之间的关系主要有：一种是集群成员在经济活动中所形成的基于正式契约的合作关系，可将其称为经济关系；另一种是集群成员在社会交往中所形成的非正式的或非契约关系，可以将其称为社会关系。

集群中成员间的经济关系表现为集群内的企业在其设计、技术开发、生产、市场营销等创造价值的活动（主要是指集群内的产业价值链上下游各环节之间的价值创造活动）中，选择性地与其他企业或行为主体所结成长期的稳定关系，如企业通过合资、分包、战略联盟等结成的市场交易关系、供应商—分包商关系等，还有企业与大学或研究机构在共同参与技术合作、知识技术扩散等活动过程中而结成研究开发合作关系或者技术交易关系等，以及企业与公共部门、中介服务机构在教育、培训、公共政策扶持等方面所形成的关系。

集群成员间的社会关系，是指集群内各行为主体在相互作用过程中产生的非正式或非契约关系。这些非正式的关系主要是在共同的社会文化背景基础上建立的人与人之间的社会关系,包括企业内部各阶层的管理者、技术专家和生产工人之间的交流,企业家之间、企业内部职工与大学的人员、政府官员等非市场交易活动中建立的公共关系或个人之间的人际关系。这些关系往往是在非正式的交流与接触中、频繁交易或合作过程中基于彼此信任而建立的,所以相对较稳定。

各种社会关系的构筑,虽然需要依赖人工产品或有形物质,但更为关键的是依赖人与人之间的共同经历或社会文化背景以及彼此的信任基础。知识在这种非正式的关系中传递与扩散的方式,往往是通过人与人之间有效的非正式交流或频繁接触而进行的,它能够更有效地传递和扩散隐含知识,从而更有效地推动人力资本和知识产生的社会化过程,加速技术创新的速率。

产业集群中的成员主要包括企业、大学或研究机构、政府及公共部门、中介服务机构以及金融机构,它们在集群协同创新活动中发挥着各自的作用。

(1) 企业。这是指集群中各个进行专业化生产的原材料或半成品供应商、成品的生产商、分包商、销售代理商、各种形式的企业服务商等。它既包括数量众多的中小企业,也包括一些大企业。企业是集群中最重要的经济单元,也是进行技术创新活动实现创新增值的最直接行为主体。

(2) 大学和研究机构。作为知识、技术的支撑机构,大学和各种研究机构不仅可以创造新思想、新知识、新技术,还可以通过教育、培训以及成果转化等方式,有效地促进知识、信息、技术等的扩散或市场价值的实现。大学或研究机构是集群中参与技术创新的重要主体。集群中是否拥有高水平的大学或研究机构,以及能否充分发挥它们在参与技术创新活动中的作用,是集群能否有效实现协同创新功能的重要因素。

(3) 中介服务机构。这主要指于技术创新过程中在技术的供方和技术的用方之间起桥梁作用的机构。它包括产业集群内存在的各种行业协会、商会、创业服务中心等组织机构以及律师事务所、会计师事务所等各种形式的中介机构。作为市场的中介,这些组织部门兼具市场的灵活性与公共服务性等两个方面的特点。它们不仅可以有效协调与规范企业的市场行为,促进创新资源的合理配置,而且还能帮助政府部门和市场激活资源,进而增强集群内创新活力。

（4）政府及公共部门。政府（主要指地方政府）及公共部门不是创新活动的直接参与主体，但在积极营造创新环境、促进创新合作关系的形成与发展、有效规范市场行为以及挖掘潜在创新资源等方面，发挥着不可替代的作用。政府部门同样在集群内创新的行为主体之间扮演桥梁的角色，并通过积极参与营造创新氛围，促进知识、信息的传递与扩散。

（5）金融机构。包括银行机构或金融组织，也包括一些商业银行或投资机构等企业性质的金融组织。在发达的产业集群中，往往集聚了大量的金融机构，如创新基金、风险投资机构、商业银行以及证券市场等。它们提供的金融资本为技术创新活动提供了有力的财务支持。

总的来说，集群各个成员在协同创新的过程中，各自发挥的作用存在差别。其中，企业是直接参与技术创新活动的最主要的行为主体，经常处于创新研究的中心位置。大学和研究机构也直接参与技术创新，但其知识、技术成果等只有转化成企业的产品并在市场上实现价值，才能够完成创新活动的整个过程；大学或研究机构通过教育、培训提供的新知识和新思想也必须渗透到企业的决策与生产经营管理中，才能够实现创新的价值。集群内中介服务机构和政府部门、金融机构等行为主体，则主要是通过为技术创新的直接主体提供良好的创新环境条件和相关服务，间接参与技术创新活动和过程。

（二）产业集群治理机制

产业集群的治理需要依靠集群的治理机制来实现。所谓机制，泛指一个系统的组织或部分之间相互作用的过程和方式。从一般意义上理解，机制可以认为是与实现一个系统运行有关的一切组织机构、方法、制度、规章、习惯等体系。它或有形或无形，贯穿于整个系统的运行过程中，对实现系统目标具有决定性的作用。

产业集群能否成功运作，关键在于其治理机制能否保证集群中的合作各方有强大的动机不去利用信息不对称和不完全契约而谋取私利，能否保证合作成员同步互动且有序高效协作。而这种高效的成员间的互动将有力地推动技术创新，充分发挥集群的技术创新优势。有效的治理机制可抑制机会主义行为,而缺乏有效的治理机制,合作者的不同利益所引起的激励问题将会扭曲合作行为并使合作关系失效。

在产业集群中,机会主义和激励等问题可以通过正式和非正式的机制来解决。正式的机制是指集群成员之间的合法契约与权威、命令、法律、合约等官方结构;而非正式的机制是指信任、承诺、沟通、纽带等社会系统。由于正式机制中的官方结构通常属于产业集群的非可控因素,因此产业集群中的机会主义、激励等问题就主要依靠集群成员之间的合法契约与非正式机制来解决。集群治理机制则主要是指非正式治理机制,即为保证集群有序运作而对集群中成员行为起到制约与调节作用的非正式的宏观规范与微观准则的总和。它的作用在于制约与调节集群中合作各方的行为,使其在合作过程中必须在违规所得与现有伙伴以及潜在伙伴丧失之间做出抉择,必须权衡短期利益与持续交易的长期利益。

为了保证集群组织的有序运作,促进集群成员间的良性互动,进而实现协同效应,需要从宏观和微观两个层面建立有效的集群治理机制。

1. 宏观机制

宏观机制即社会机制,主要包括信任、声誉、联合制裁和文化等。

(1) 信任。信任是集群成员进行合作的基础,它联结合作各方,提供必要的弹性,降低交易成本和合作关系的复杂度。例如,在合作伙伴间建立起信任关系,就不需要签订明确契约来规定成员的行为方式,非正式治理机制因此而逐渐被接受。大量的研究证实,信任可以消除集群成员在外部资源选择、文化侵蚀、知识产权保护、核心资源维持等方面的顾虑。但信任不是在真空中产生的,而必须将之嵌于社会关系之中。关系运作是建立和增强信任的基础,反过来信任又是建立互赖合作关系的条件,是合作关系赖以存续的基础。此外,信任还可从一些已得到信任的第三方向其他结点转移。信任的这种可传递特性为合作关系的建立提供了可能;反过来,社会关系有利于相互之间确认和了解彼此的能力,有利于获取有关合作者资源与能力的知识,有利于在相互评估中获得信任。

(2) 声誉。声誉是一种社会记忆,包括合作者的特征、技能、可靠性和其他与交易相关的属性。随着环境不确定性的增加,交易各方更关心自身的形象与合作者的声誉。良好的声誉记录与成功的形象表现是深入合作的基础，它通过阻止欺骗行为来强化合作保证交易。由于集群中存在的多重联结关系，企业的声誉会迅速地传播，关于违反合作精神的信息在集群成员中广泛传播，也可能扩散到未来潜在的合作伙伴中。在任何一次交易中的违规行为都可能导致声誉损失，对丧失声誉的个体而言都是损失惨重的，对自身信誉的关注将降低集群成员的机会主义倾向，促进集群成员间的坦诚合作而产生积极的协同效应。因此，在重复交易中，声誉是必须考虑的重要参数之一。声誉通过提供个人信任度与意愿度的信息来减少行为的不确定性，从而增强集体或个人之间互动的有效性。

（3）联合制裁。联合制裁是对那些违背共同规范的成员予以集体处罚，包括私下议论、公开传言和短期驱逐等。它通过呈现违规的后果来定义可接受的行为，进而对交易起到保证作用。由于成本的原因，人们常常不去执行社会规范，而由变形规则所支持的联合制裁强迫人们必须执行，它保护了交易，提高了合作的效率，抑制了集群成员的机会主义倾向。制裁的作用在于维护并强化已有的关系，这使群体制裁机制可以代替法庭的角色，变相制裁那些容忍违规的合作者并使之声誉受损，使声誉机制在集群组织中比市场中的作用更加有效。

（4）文化。文化是由行业、职业与专业方面的知识所构成的共同的价值观念、行为规范与期望的系统。它来自直接或间接的关系网以及制度资源和民族文化，并为所有成员所共享。文化能从三个方面加强成员之间的协调：一是通过社会化形成期望聚合；二是用特质语言综合复杂程序与信息；三是为意外情况下的适当行为制定了共同规则。由于合作伙伴之间基本行为规则的存在，使它们不必为每一次交易再进行重复性的工作，从而简化了交易过程，降低了交易费用，提高交易效率。

2. 微观机制

微观层面的集群治理机制是指运行机制，主要包括相互学习、决策协调、激励约束、利益分配等。

（1）相互学习。具有不同管理系统、技术系统、社会信息系统的成员嵌入同一个产业集群组织之中，为集群成员相互之间学习新的技术与知识搭建了一个良好的平台。企业依靠集群组织可以提高创新能力，而技术联盟能整合互补资源去更快更多地创造新的技术。集群成员之间直接接触的频率、联结的程度与接触的方式都会影响它们获取信息与技术的程度。在集群中,合作伙伴之间的直接接触是一个重要的知识来源,特别是那些隐含知识更需要重复持续地沟通与交流,直接接触不仅能把互补性的经验与不同的观念带入合作活动中,合作者也可利用这一学习捷径获得新的知识。

(2)决策协调。产业集群要建立群体决策支持系统,共同解决单一专家所无法解决的决策问题,从而提高信息的及时性与准确性,保证决策的科学性。在信息不对称和不完全契约模型中,分散的所有权需要由分散的决策权来减轻由于信息不对称所带来的代理问题,最优的经济效果可以通过将决策权配置对合作成功产生最大边际效果的代理人来实现。

(3)激励约束。交易伙伴从关心自身利益出发关心集群组织整体的经济活动,并分享经营成功所带来的收益。集群组织有天然的激励作用,与激励相辅相成的是约束。合作者的行为除应受社会机制约束之外,还要受彼此间的关系制约,这主要由成员之间具体的合作方式、任务分工、角色定位来决定。集群组织是一种复杂的分工协作系统,合作伙伴相互之间的依赖性较强,这种互赖性有助于强化自我约束能力。总之,产业集群的创新绩效实现的程度,有赖于集群治理机制中各个方面的增强与相互配合,以实现产业集群对于技术创新促进机制的正常运行。

二、产业集群的技术创新模式

简单地说,产业集群的技术创新优势就是发挥集群的创新协同效应。无论企业是采用自主创新的方式还是合作创新的方式,集群的协同效应都可极大地促进企业进行技术创新。如果从动机来考虑企业是采取自主创新还是合作创新的话,企业采用自主创新的主要是为了对某项技术创新的成果进行独家的控制以独占技术创新的全部收益。与集群外的企业相比,集群内的成员企业在采用自主创新时可享受到集群的协同效应对技术创新的推动优势。合作创新方式不但使集群内成员企业更加充分地获得了集群在技术创新方面的优势,而且在技术创新中的合作模式以及合作创新的过程与集群外企业的合作创新相比都有很大的区别。因而,研究产业集群内企业开展技术创新的合作模式和组织实施方法,分析各种不同模式与方法的优点与不足，对于我国产业集群成员企业在其技术创新工作中进行合作模式与组织实施方法的决策，具有重要的指导意义。

合作创新的具体组织形式选择更能反映产业集群内企业在选择技术创新模式上的特色。关于企业合作创新的具体组织形式，企业应当根据自身的技术创新能力以及技术创新的目的选择合适的合作创新模式。一般来说，合作创新模式有五种选择。

（一）合同创新模式

合同创新模式是指以合同形式确定的合作创新模式。通常是由委托方（甲方）提供资金和规定技术创新目标；受委托方（乙方）提供人力、设备和技术，并实施技术创新过程。创新内容可包括基础研究、应用研究、产品或工艺技术开发以及市场开拓等。一项合同创新可形成两级或更多级合同。合同创新的乙方主体主要是大学、独立研究机构和政府研究开发机构；甲方主体一般是企业，但也可以是政府或研究开发基金会。合同创新的功能主要是利用技术创新的外部分工，弥补内部创新资源或资源结构缺陷。对于甲方来说，其优点是不必参与创新过程而能全部享有最终创新成果，利用资金优势加速新技术、新产品、新工艺的开发，增加企业的技术积累。其缺点是不能分享或不能完全分享创新过程的信息和经验，这种模式比较适合非核心技术或通用技术的开发以及非关键产品开发和关键产品的前期开发等。

（二）项目合伙创新模式

项目合伙创新模式是指企业为完成某一特定技术项目的研究与开发，通过合伙投入并合作组织研究与开发过程，共享研究与开发成果的一种合作创新方式。该模式是企业完全利用外部技术资源和完全利用内部技术资源的一种中间形态，其功能包括三个方面：一是便于进行一些重大的技术创新活动，使那些无力单独完成的单位通过部分投入与参与创新过程，分享创新的阶段成果和最终成果；二是便于开展一些尖端技术的创新活动，尖端技术的创新往往对高级人才和设备的要求高，单个企业无法进行；三是有利于技术扩散。但项目合伙也有一些缺点，如在合伙单位的选择、合作体的管理和成果的分享中都存在许多矛盾和困难。

(三) 基地合作创新模式

基地合作创新模式是指企业与大学或研究机构(包括私人和政府建立的研究机构)建立共同技术创新基地以开展技术创新研发的一种合作创新组织形式。基地一般由企业提供资金或设备,大学或研究机构提供场地和研究人员而建成。基地提供给企业的往往是中间技术成果或中间产品,同时具有较强的技术培训功能。该模式是企业在技术上与大学或研究机构形成分工合作关系的一种重要形式。其主要优点有两个方面:一是有利于开展以知识积累为主要特征的基础研究和应用研究;二是有利于接近大学或研究机构正在进行探索的技术前沿,从而有利于企业把握新技术发展动态,捕捉新的技术信息。但基地合作也存在一些问题,主要是企业一般不参与实际创新过程,因而不能分享创新过程的直接经验,同时基地向企业的技术转让也受多方面因素的影响,不仅受基地的技术能力的影响,而且也受企业技术吸收能力的影响。另外,基地合作往往不以项目为主导,企业合作的效益一般难以准确估价。

(四) 基金合作创新模式

基金合作创新模式是指为促进某一或某些技术领域的发展,以大企业为主体联合中小企业及其他研究机构共同出资建立一定规模的风险基金及其管理组织,并由基金管理组织根据其成员单位的技术创新要求选择技术研发项目及其执行单位来开展技术创新的一种模式。该模式的优点是技术创新的财务风险由基金组织成员单位共同承担,技术风险则由项目执行单位承担;基金组织成员无须承担具体的创新任务,即按合同规定占有最终创新成果。但该模式也有缺点,即企业不能分享技术创新过程中的直接技术信息和经验。

(五) 合资研究公司合作创新模式

合资公司合作创新模式是指由多个大企业(有时也有中小企业和研究机构参加)为增进和加速某些技术领域的创新而共同组建的股份制形式的

合作创新组织,并由它来组织技术创新活动的一种模式。这个合作创新组织往往是一个开放的公司系统,参与企业既可按一定程序进入也可按一定程序退出。一个合资研究公司所选择的创新项目的需求来自多个企业,企业可有选择地参与不同的创新项目。该模式是企业合作创新的一种新形式,其主要功能有:一是创新资源的集聚功能,使研究公司能集中资源、集中时间、集中人才完成一些规模大、技术复杂,周期长,投入大、靠单个企业无法完成的创新活动;二是创新资源的组合功能,即研究公司对成员企业或持股单位提供的创新资源进行重新组合;三是技术转让和技术培训功能,创新过程的终结不仅形成新的创新成果和无形的创新经验,而且形成高质量的创新人才和高质量的管理组织。

第二节 产业集群创新平台的构成要素

对产业集群创新平台的界定有一种观点:为产业集群内部企业实现创新和价值链提升提供服务并具有一定程度公共性的组织,其外延类似于技术服务组织。"为产业集群内部实现创新和价值链提升提供服务"是产业集群创新平台的目标,"一定程度公共性"是其性质。根据该定义,在产业集群内部提供金融、法律服务等完全盈利导向的机构应不属于创新平台。这样界定的优势在于:一方面,吸引政策导向创新平台概念的公共性特点;另一方面,尽量接近学术内涵的知识密集型服务企业概念。

现有文献主要从类型、功能以及组织特征来描述这些与产业集群创新平台相近的组织。例如,将知识密集型服务企业划分为两种类型:传统专业服务企业以及基于新技术服务企业。前者主要是使用技术,后者包括开展软件设计及其他计算机相关活动的企业。有学者指出,创新中介包括十大功能,即预测和诊断、扫描和信息处理、知识处理和重构、守门人和经纪人、测试和确认、鉴定、规制、成果保护、商业化、成果评价,此外,产业集群技术服务组织作为有效的新产品供应者应满足三个特征,即双重性的组织设计、专用性的进入路径与适应性的职能转换。

区域创新系统是国家创新系统的重要组成部分,是国家创新系统在具体区域的深化。国家创新系统这个概念是由英国经济学家弗里曼（Freeman）在1987年首先提出来的。他发现，日本在技术落后的情况下，以技术创新为主导，辅以组织创新和制度创新，只用了几十年的时间，便使国家的经济出现了强劲的发展势头，成为工业化大国，这说明国家在推动技术创新过程中起着十分重要的作用。由此，弗里曼提出了国家创新系统（national innovation system，NIS）的概念。

区域创新系统（regional innovation system，RIS）的研究始于1992年，是国家创新系统的基础和重要组成部分，是借鉴国家创新系统的理论和方法研究一个国家内特定区域的创新问题。这里所说的"区域"，既不同于全球化中的"国家"，也不是行政区域，而是一个经济地理概念。

20多年来，尽管出现了大量关于区域创新系统的研究文献，但区域创新系统的概念一直没有统一。Cooke教授认为，区域创新系统主要是由在地理上相互分工与关联的生产企业、研究机构和高等教育机构等构成的区域性组织体系，而这种体系支持并产生创新。Autio通过研究对区域创新系统形成了新的认识，他认为，区域创新系统是"基本的社会系统，由相互作用的子系统组成""组织和子系统内部及相互之间的互动产生了推动区域创新系统演化的知识流"。而Cooke经过大量研究后又对其原定义做了进一步的说明，认为区域创新系统是指在一定的地理范围内，经常地、密切地与区域企业的创新投入相互作用的创新网络和制度的行政性支撑安排。David Doloreux等研究认为，区域创新系统理论包含两个方面的内容：一是创新活力，它包括企业与"知识组织"，如大学、研究机构等的密切关系，这组成一个支撑性"知识基础设施"；二是区域作为一个整体，可以通过某种治理安排来促进和支持这些关系。为此，区域可被视为一个学习"实验室"，并要形成地方性互动网络，它包括广泛的企业团体和治理结构，以促进创新。Wigger在探讨区域创新系统的概念时，认为广义的区域创新系统应包括：（1）进行创新产品生产供应的生产企业群；（2）进行创新人才培养的教育机构；（3）进行创新知识与技术生产的研究机构；（4）对创新活动进行金融、政策法规约束与支持的政府机构；（5）金融、商业等创新服务机构。

国内对区域创新系统的概念也没有达成共识，甚至出现了一些不同的名称,如"区域创新体系""区域技术创新系统"等。例如,刘金友认为,区域创新体系是指一个经济区域与技术创新的产生、扩散和应用直接相关,并具有内在相互关系的创新主体、组织和机构的复合系统。王核成和宁熙认为,区域创新网络是指某一特定区域内互相联系,在地理位置相对集中的利益相关多元主体共同参与组成的以技术创新和制度创新为导向、以横向联络为主的开放系统,这是在地理位置相互靠近的经济主体之间通过某种方式而形成的一系列长期交易关系集合,其中包括把各类行为主体联结起来的一般联系,更大量的则是体现在系统内以资产、信息、人才、技术的流动等具体形式之上的经济主体之间的交互关系。陈光和王永杰认为,区域技术创新系统是指在一定技术区域内与创新全过程相关的组织、机构和实现条件所组成的网络体系,是由相关社会要素(企业、高等学校、科研机构等)组成的一个社会系统,具有开放系统的一般特性,包括系统的整体性和结构性、系统的有序性和组织性、系统的过程性和动态性等。王稼琼等则认为,区域创新体系与国家创新体系在结构上主要都是由创新执行机构、创新基础设施、创新资源和创新环境组成。区域创新体系是国家创新体系的分系统,区域创新体系与国家创新体系所处的层次不同,其功能也不同。黄鲁成认为,区域创新系统是在特定的经济区域内,各种与创新相联系的主体要素(创新的机构和组织)和非主体要素(创新所需要的物质条件)以及协调各要素之间关系的制度和政策网络。罗守贵和甄峰认为,区域创新系统是一定区域内与创新全过程相关的组织、机构和实现条件所组成的网络体系,是由相关社会主体(政府部门、企业、高校和科研机构等)组成的一个社会系统。区域创新系统不仅包括企业、科研机构和高等院校,还包括政府部门;不仅包括技术创新还包括组织创新、制度创新和管理创新。赵修卫认为,区域创新系统,是指在一定地区范围内,通过有机结合各种创新资源和要素,以促进区域内创新活动为目的的系统。

综合分析以上研究成果可以看出,尽管没有统一的概念,但有很多相似之处,即区域创新系统的概念至少应包括以下内涵:(1)具有一定的地域空间范围;(2)以企业、大学和科研机构为创新主体要素;(3)以地方政府和中介机构为创新辅助要素;(4)各要素通过相关的政策、制度以及创新知识的流动相互关联,组成创新系统的网络结构。

随着电子商务的飞速发展,很多的商家都在充分利用电子商务带来的巨大商机,各种网上支付手段应运而生,网上银行也逐步健全和规范。因此,在区域创新系统中,金融机构也开始发挥更加重要的作用。另外,很多的个体也热衷于创新,如一项专利、一个好的创意就很可能来自个人或某个特殊团队的创新研究,所以也是区域创新系统中不可忽视的一个群体。因此,本章尝试给出以下区域创新系统的概念:区域创新系统是指一个区域内以企业、大学和科研机构以及个体(个人或其他团队)为创新主体,由地方政府、中介机构和金融机构提供辅助支撑服务,为创造、储备、转让和使用创新知识、创新技术和创新产品而相互作用的网络系统。

第三节　平台产业集群的技术创新优势

一、产业集群对企业技术创新的促进

(一) 竞争为企业技术创新提供动力

产业集群内激烈的竞争为企业技术创新提供动力。竞争是企业进行技术创新的基本推动力,而竞争会随着市场上参与企业个数的增多而加剧。在产业集群的相对狭窄的地理范围内通常聚集着几十家甚至上百家企业并进行着同类或相似产品的生产,集群内的竞争非常激烈。由于集群内的企业之间在资金、技术等方面的竞争优势差异很小,从而迫使企业必须通过持续不断地创新来获取竞争优势。不管是走低成本路线还是走产品差异化路线,企业都必须通过技术创新来确立自己的独特地位。因此,迫于生存压力,集群内的企业与集群外的企业相比,更具有实施技术创新的动机。另外,在集群内,企业进行创新的可见度较高,创新者的领先效益和示范效应突出,率先进行技术创新的企业所取得的超额垄断利润,无形中给其他的企业以很大压力和动力,从而推动所有企业重视技术升级和技术创新。正如波特所指出,"发生在集群内部的绝对性压力,包括竞争性压力、同等条件下的压力以及持续比较的压力激励着集群内企业进行技术创新以突出自己。"

（二）集聚效应降低企业的技术创新成本

产业集群的集聚效应可以吸引大量的创新资源，继而降低单个企业的技术创新成本。产业集群的形成，常常会成为技术创新过程所需要的产业独特技能或能力的汇集地。人力资本可以说是企业技术创新活动中最为重要的资源。产业集群能够吸引到大量的具有专业技能的人才。马歇尔早在1922年就指出："雇主们往往到他们会找到其所需要的有专门技能的优良工人的地方去；同时，寻找职业的人，自然会到有许多雇主需要像他们那样的技能的地方去。"企业在长期雇佣管理和技术人员的同时，可以根据自身生产的需要，及时调整工作的数量，减少工资成本和工人劳动保障方面的费用。另外，劳动力在集群内企业间自由流动，使企业内部劳动力变换率也高，劳动力快速流动对其自身素质要求加大，进而促进了信息、思想的扩散和传播。所以集群内劳动力在数量和质量上都可以真正实现有效供给。随着企业分工的深化和技术上的专门化，企业招聘到适用的员工的成本也在上升。集聚意味着更多的机会和较低的流动风险，带来人才的集聚。企业为此所付出的搜寻成本和交易成本都大为降低。

此外，集群内的企业可以共同利用现代化的基础设施、便利的交通通信工具以及配套的生产服务设施等有形资源，这大大降低了企业在技术创新过程中需花费的固定成本。而对无形资源（知识、信息、技术和品牌形象等）的共享则是集群保持创新和竞争活力的源泉。由于产业集群的集聚效应，还可以吸引风险资本的加入，如在硅谷就聚集着大量的风险资本，它们为高技术企业技术创新的成功实现发挥了极其重要的作用。

（三）专业化分工协作提高企业技术创新效率

产业集群内的专业化分工协作提高了企业的技术创新效率。产业集群内发达的专业化分工机制为不同企业之间资本、技术、人力资源等生产要素的灵活组合提供了机遇，使集群成员企业都能将自己有限的资源集中投入单个价值链环节的技术创新活动中，可以充分发挥各自的比较优势，缩短创新周期，降低创新风险，提高创新的成功概率。在一些发达的高技术产业集群中，一个企业从办公空间的设计、整理、准备和管理，多层次专业人员的雇佣、网站的制作、日常管理软件的定制以及会议、人员培训、产品演示等各方面的操作都由专业公司来打理。这样的专业化运作,对于技术创新有着相当的促进作用。从前由一个企业全部实现的价值链而现在分解成几个、十几个专业化的价值链环节,分别由不同的企业来承担,企业就可以集中精力和资源在本企业所擅长的价值链环节进行工艺创新或产品创新,技术创新效率大大提高。而且由于前向价值链环节供给和后向的价值链环节需求比较明晰,企业对于所处价值链环节所进行的技术创新活动也相应地降低了风险。

(四) 产业集群弥补创新资源不足的缺陷

通过企业间合作实现资源共享和互补,产业集群弥补了单个企业创新资源不足的缺陷。资源总是稀缺的,企业从外部获取资源的能力及其内部整合利用资源的能力反映了企业的竞争优势。对于单个企业而言,企业通过投入和兼并等方式扩大资源的占有,通过内部的劳动分工实现资源的有效配置。这里存在一个交易成本的问题,获得资源的交易成本不同,企业的支付能力也不同。单个企业资源占有的数量以及对于资源的控制能力是极其有限的,而在产业集群中企业之间则可以通过合作的方式实现资源互补。

从资源观角度看,企业间资源的配置是不同的,每个企业的自有资源与期望资源之间总会存在"缺口",资源分为同质性资源和异质性资源。任何企业都不可能在所有资源类型中都拥有绝对优势,即便是同一类资源在不同企业也表现出很强的异质性。在以异质性资源为主要投入要素的价值创造活动中,企业的竞争会由产品层面的竞争延伸到资源层面的竞争。而后者在相当长时期内决定着企业的竞争优势。产业集群可以使集群内具有异质资源和不同核心能力的企业在更大范围内实现创新资源优化配置以及核心能力的互补融合,达到资源共享和优势互补的效果,扩大企业运筹资源的边界,从而弥补了单个企业创新资源不足的缺陷。

(五) 产业集群促进创新扩散

产业集群有利于知识和技术的传播,通过知识溢出促进了创新扩散。

技术创新是学习知识、转化知识的过程。知识是人们在实践中积累起来的经验和理性认识的总和。按照 OECD 分类法，知识可分为编码化知识（codified knowledge）和隐含知识（tacit knowledge）。在这两类知识中，隐含知识占据整个知识的绝大部分，而编码化知识则只是冰山一角。在产品生命周期的早期阶段，技术知识、产品生产的诀窍往往是隐含知识。如果产品走向成熟和标准化，技术知识就被编码化成可以远距离传递的信息。从竞争优势的角度来看，起决定性作用的往往是隐含知识。编码化知识可以通过书籍、手册等形式传播，而隐含知识一般难以编码化，知识的获得主要通过实践。个人的价值观、直觉在创造隐性知识过程中起着重要的作用。信息技术的发展，扩大了知识的传播范围，加快了知识扩散的速度，但这仅仅是对于可编码化的知识而言。隐含知识的获得主要依赖于实践与经验的积累。这就如同游泳，须亲自实践才能够掌握游泳技能。由于隐含知识是蕴藏在人的大脑之中，难以编码化，具有很强的个人属性，因此它的传播在形式上也受到制约，基本上只能通过非正式的、偶然的、面对面的以及口头交流等非正式方式进行传播。而且隐含知识的交换不是一次性的市场交易行为，必须以相互信任为基础，必须要建立在长期合作关系基础上。

产业集群恰恰通过为隐含知识提供交换机制而解决了这一困难。产业集群内部企业地缘上的接近，以及集群内部形成的共有的亚文化，为隐性知识的获得和传播方面带来极大的便利。由于知识活动的外溢效应。地缘上的接近使相互竞争的企业或者具有互补性生产活动的企业可以彼此受益。随着时间推移，知识将不断积累，技能将在人员之间传递，尤其是当管理者和具有专门技能的劳动力在区域内流动时，就将更快地促进知识和技术在产业集群内的扩散。这样，产业集群内各个企业的知识和技能就可能在一定程度上逐渐成为集群内公共知识。产业集群为创新活动提供了一种其他组织模式难以获得的动力来源和传播途径，提高了集群内组织获得创新资源—隐含知识—的能力，从而极大地促进了技术创新活动的发展。

（六）产业集群促进企业技术创新能力提升

产业集群有利于企业间的交流与学习，促进企业提高技术创新能力。由于地理临近性和处于共同的社会文化环境中，产业集群的成员企业之间通常存在着大量的正式与非正式交流，相互学习。于是，"行业的秘密不再成为秘密：而似乎是公开了，孩子们不知不觉地也学到很多秘密。优良的工作受到正确的赏识，机械及其制造方面和企业一般组织上的发明和改良之成绩，得到迅速研究：如果一个人有了一种新思想，就为别人所采纳，并与别人的意见结合起来，因此它就成为更新的思想之源泉。"在集群内部，企业之间相互信任，存在长期合作关系，各种非正式的、偶然的、面对面的以及口头的交流方式是非常常见的。例如，在硅谷，向竞争对手求助以解决某一技术难题是司空见惯的事。竞争对手也愿意提供必要的帮助，并相信这种行为在未来必然会得到回报。这种交流与学习方式使在集群内聚集的企业和机构取得了比集群外企业更为有利的创新优势，无形中促进了企业技术创新能力的提高。

（七）降低企业创新风险

产业集群降低了企业技术创新的风险。技术创新是一个复杂的过程，它涉及研究开发、中试、规模生产制造、市场推广等多个环节。在这个过程中，虽然存在技术和市场两个方面的不确定性，但产业集群能够降低单个企业在创新活动中所无法控制的风险。首先，在技术的发展方向上，产业集群有利于企业对主导产业技术路径的把握和对相关产业联动发展的先觉，从而降低了技术上的风险。产业或技术发展一般具有生命周期规律，如处于成长期的产业或技术，由于已经克服了重大的突破性创新，渐进性创新容易预测或把握，或者针对重大的需求变化，可以预见市场未来的重大机会，了解产品的发展方向或潜在的市场空间。由于技术发展具有路径依赖性，使集群内企业往往"一招领先，处处领先"。一旦一种核心技术被攻破，就必然引发一组类似产业群簇共同的演化，导致一系列的渐进性技术创新。

企业通过技术创新不仅获得源于技术上的超额垄断利润，而且通过群体效应形成共同的技术标准，进一步扩大垄断优势。例如，在精密仪器、信息等新兴产业中，采纳一种技术标准的企业数量及其市场份额往往决定了这种技术标准的公认性。不同的技术标准正为争夺市场份额而竞争。而产业集群由于地理接近性、正式或非正式的合作，其技术标准在集群内更容易被认同。采纳技术标准的企业越多,集群的外部效应就越大;采用某一技术标准的硬件设备越多,越需要编写更多的软件来支持这种设备,又增加了该设备的需求量,从而形成循环累积效应。

产业集群使企业大大降低了技术创新的市场风险。企业参与到产业集群中,当地强大的市场需求,特别是相关行业的需求使企业更容易发现产品和服务的市场缺口,寻找创新机会。生产商、用户在地缘上的聚集,使企业能够获得大量与用户进行交流的机会,当地供应商和合作伙伴紧密地参与创新过程,确保与用户需求保持一致,而且缩短了创新的反馈回路,加快了企业的技术创新速度,使新产品尽快推向市场,抢占市场先机。

产业集群一直是区域经济发展机构、公司管理者以及国家战略学者极为关注的经济现象。产业集群的优势除了早期研究所聚焦的外部性和知识溢出外,还包括学者最近提出的创新相关收益等。

二、产业集群促进集成创新

产业集群给企业带来了技术创新优势,上述分析视集群为一种支撑企业技术创新的环境平台,没有在整体上将集群当作一个有机的经济系统来考虑。如果从后种视角来审视,我们将发现产业集群不仅促进了单个企业具有个体特征的自发性创新而且还促进了创新的有序集成,使集群成员的技术创新活动及成果互相协调,从而提高了集群的整体创新功能。集成从管理的角度来说是一种创造性的融合过程,并在各要素的结合过程中,注入创造性的思维。也就是说,要素仅仅是一般性地结合在一起并不能称为集成。只有当要素经过主动优化,选择搭配,相互之间以最合理的结构形式结合在一起,形成一个由适宜要素组成的、相互优势互补、匹配的有机体,这样的过程才称为集成。产业集群中的创新集成可以分为两个方面,即相对于不同价值链环节的纵向集成和处于同一价值链环节的横向集成。作为一个有机的经济系统,产业集群内在的挤压效应和集体学习机制促进了创新的集成。

(一)挤压效应为创新集成提供动力条件

集群中挤压效应的存在为创新集成提供了动力上的条件。所谓挤压效应,是指由于一部分集群企业的创新活动及其成果的出现,会带动相关企业进行技术创新,以应对由此带来的竞争压力。这里的相关企业也包括两类,即具有前后向联系的企业和同一价值环节中的企业。

对前者而言,由于自己的客户或者供应商实现了在某技术上的创新,在投入产出系统上会有渐进或根本的改变。而这种改变传递到自己这里,就可能会自己要求做出相应的调整。事实上,这种调整的紧迫性取决于该企业相对于自己前向或后向创新者的"砍价"能力。如果自己处于被动地位,它受后者创新挤压的力度就很大,特别是如果同行中存在潜在的创新者时就更是如此。正是因为有这种挤压效应的存在,纵向上的集群创新集成才有实现的可能。

同行企业之间的创新挤压效应更容易理解。在一个有效市场的环境里,创新者的创新成果会被购买者很快察觉到,从而获得更多的订单,而同行的非创新者则面临着失去市场份额甚至死亡的危险。这迫使后者采取措施以应对挑战,创新是其中一种选择。不过,同行技术创新并不必然导致对其他企业的创新挤压,其主要原因有两个方面:一是客观上的原因,那就是市场并不完全有效,存在信息不对称,从而使创新者及其创新产品难以被发现。事实上,由于区域形象共享效应,外部的客户对于集群产品的甄别总会受到干扰,如此一来,非创新者就有可能不会受到创新者的很大冲击,挤压的力度就非常有限。二是主观上的原因,即企业可以通过模仿、仿冒创新者的产品或者价格战等手段来应付挑战,而不必借助创新。企业采用上述手段的成本越低、效果越好,同行创新对其挤压效应就越不明显,从而横向创新集成的可能性就越小。因此,要保证必要的创新挤压效应,在集群中形成一种良性的竞争机制非常重要。它要求这种竞争机制必须基于市场秩序规范,以使企业实施非创新竞争策略的成本加大。从而迫使它选择通过技术创新来应对同行的挤压。

(二)集群学习为创新集成提供实现的机制

集群学习概念是欧洲区域创新环境研究小组(GREMI)的学者在研究欧洲高新产业区的过程中提出来的。其本意是指产业区(集群)内的成员企业为了应付技术不确定性的挑战而协调行动,本质上是知识空间转移的一种有效载体。集群学习的关键特征有三点：一是学习主体的多元性；二是实施中的协调性；三是利益上的互惠性。根据集群学习参与者的相互关系，可以将集群学习分为三类：一是集群中有前后向联系的企业参与的集群学习；二是同一价值环节中的同行之间的集群学习；三是前两类的结合，它既有前后向企业之间的集群学习，又有同行企业之间的集群学习。

一般来说，前后向企业的集群学习是推动集群中纵向创新集成的有效机制。这种推动作用是通过以下三个方面实现的：第一，前后向企业的沟通有助于它们认识到存在于彼此间的创新缝隙，从而提出创新集成的方向。第二，前后向的协调与合作为创新集成准备了必要的资源尤其是知识资源。供应链上的知识共享一直被认为是创新的重要来源。在集群学习的框架下，先创新的一方往往能为有待创新的一方提供必要的技术支持从而拉动创新。第三，由于创新建立在前后向企业的良好沟通上，其需求是相对明确的，从而可以保证其商业前景，并在一定程度上消除了创新成果的市场化风险，因此可以从利益上保障创新的集成。在产业集群中，前后向企业间的集群学习有多种组织形式，比较常见的有互相派遣技术人员提供技术咨询或接受技术培训、组建联合研究所进行合作创新、通过建立供应商协会实现制度化的知识共享等。

与前后向企业的集群学习不同，同行企业间的集群学习主要是有助于促进技术创新的横向集成。由于同行之间有明显的竞争和利害冲突，因此有意识的合作相对而言是比较困难的。但是，如在大家面对同样一个严峻挑战或者同样一个诱人的创新机会，却没有任何企业具有相应的资源实力来独立开展创新活动时，那么为了降低风险，横向的集群学习也会成为这些企业的选择。通过这种合作的学习，同行企业之间可以分享创新的成果，使各自的价值创造功能都有所提高，从而使所在价值环节得到优化。除了有意识的合作之外，同行之间还可能进行非正式的知识共享，其具体形式包括人员的流动以及平时的交谈等。这些途径同样会使创新者的知识外溢到同行那里去，并可能与其已有的知识基础相结合，催化出新的创新。一般来说，如果同行之间的集群学习能够得到第三方力量的推动，将会更为有效。

第四节 平台产业集群区域创新知识市场

一、区域创新知识市场的类型

某些企业的创新成果可能用于自主开发新型产品或服务,很多基础研究成果也可以免费共享,如学术期刊、公共机构的研发报告等。除此之外,绝大部分的创新知识只有通过知识交易才能实现其价值。一方面,由于生产创新知识需要投入一定的智力成本、时间成本和资金成本,创新者期望能够有所回报,因此不会轻易贡献出自己的知识;另一方面,在工作和研究过程中,由于知识的复杂性和个人知识总量的限制,人们需要从他人那里获取知识。人们掌握知识的不同导致对知识的不同需求,从而产生了知识市场。

知识市场有很多种类型,从不同的角度可以有不同的划分方法。例如,按照知识商品的种类划分,可以分为出版、咨询、知识产权等;按照解决问题的方式划分,可以分为科研立项型和专家意见型;按照市场的服务对象划分,可以分为专业市场和综合市场;按照市场的依托平台划分,可分为传统市场和网上市场;按照市场的范围划分,可分为内部市场和外部市场;等等。

我们将区域创新系统内的知识市场称为区域创新知识市场。结合所研究的内容,可将区域创新知识市场分为传统市场和网上市场两种类型。前者如传统的咨询公司、技术转让机构等;后者则是以互联网为基础,利用数据库技术、网络技术、通信技术和网上支付技术等,建立一个为知识交易双方提供便捷服务的平台,以促进创新知识的快速转化。

二、创新知识市场的知识营运

既然创新知识是一种商品,则创新知识的共享和转移过程应该类同商品的买卖过程。因此,与传统市场一样,区域创新知识市场的主要参与者也包括买方、卖方和中介机构。买方是指创新知识的拥有者。通常是指为了解决某个问题寻求答案，或为了提升专业知识能力以获得更大成功的企业、大学和科研机构、地方政府及个体。卖方即创新知识的需求者，通常是指从事创新研究并获得成功的企业、大学和科研机构以及个体。在区域创新知识市场中，卖方与买方身份是可以互换的，即创新知识的拥有者同时又是另一项创新知识的购买者。更有可能的是，针对某一件知识，会有多个参与者进行评估、讨论，对其中的内容提出自己的修改意见，也有可能把自己的认识和经验补充进去，这样买方变成了卖方。原始的卖方对此也可能提出自己的看法，这样买方和卖方角色不断地变化，不断地促进知识的共享和交流，提高了知识的含金量。

区域创新知识市场中的知识营运就是通过建立完善的创新知识平台和交易机制，将创新知识的买卖双方紧密联系起来，使创新知识能有效地转移和传播，使创新知识的学习曲线最短，实现创新知识的增值和平台的自我良性发展，在为创新主体带来良好经济效益的同时，促进区域经济的发展。

通过创新知识的营运，买方可以获得知识学习的机会，同时满足创新需求。具体地说，个体可以提升知识水平，提高创新能力；企业可以及时决策，指导生产和销售；大学和科研机构可以进行更深入的创新活动；政府机关可以提高业务素质和工作效率。而对于卖方来说，则可以在贡献创新知识的同时获得应有的报酬，以体现创新知识的商业价值。但是，由于买方的目的可能不同，对创新知识利用的水平参差不齐，知识营运的效果也会有一定的差别。

三、创新知识市场的交易机制

先进的信息技术平台是区域创新知识市场的基础，但更重要的还在于建立创新知识在知识营运平台上的交易机制。与传统市场一样，网上市场也可以分为"拍卖式""一口价式"和"讨价还价（谈判）式"三种交易机制。其中"拍卖式"和"一口价式"相对简单，在很多的购物网站上得到了广泛的应用，如亚马逊网上书店（http://www.Amazon.com）、阿里巴巴（http://www.Alibaba.com）、淘宝网（http://www.taobao.com/）、易趣网（http://www.ebay.com/）等。而"谈判式"的交易机制目前尚没有成功的范例。

创新知识的生产需要融入创新者很多的时间和精力，属于隐性成本，从而使创新知识的价格比一般商品更难确定，所以目前还没有一个统一的价格标准。但卖方可以根据自己的投入情况确定一个可以接受的价格区间，买方也根据该创新知识对自己的作用大小确定一个可以接受的价格区间，当两个区间存在交集时，双方可以采用谈判的方式达成共识，在各自都满意的情况下实现创新知识的交易。即使双方的价格区间没有重叠，但一般来说，由于创新知识的价格会随着时间的增加呈下降趋势，而买方的出价会随着需求欲望的增强或竞争对手的出现逐渐提高，因此也可能在时间 t_0 以后存在买卖双方都可接受的价格水平 P_0。但买方甲也不要为了一个好的价格而故意延迟谈判的时间和进程，因为后来的买方也可能愿出更高的价格 P_1 而抢先谈判成功，如图 9.1 所示。该交易机制的建立能够为买卖双方提供一个关于创新知识交易价格的交流平台，从而提高交易的成功率。

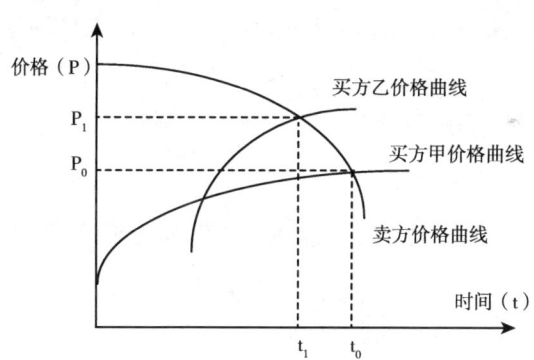

图 9.1　买卖双方价格曲线

需要强调的是，区域创新知识市场中的商品可能是无形的，如研究报告、方案设计等；也可能是有形的，如新发明的医疗器械，但它是一种基于创新知识的产品，这意味着在区域创新知识市场中，买卖双方实质上只是就有形商品中所包含的无形知识进行交易。另外，显性的创新知识比较容易交易，而隐性创新知识很难流动，但往往具有更大的价值。所以在本章研究中把隐性创新知识的交易看作是拥有改种知识的人才的交易，其价格可以用该人才的月薪或年薪加以确定。

第十章　科创大走廊创新生态系统建设

本章基于对区域创新发展的重要学术理论——三螺旋理论及创新生态系统理论的分析和区域创新生态系统的国际发展实践，提出了杭州城西科创大走廊创新生态体系建设的科学架构，分析了科创大走廊创新短板及面临的挑战，建立了基于政产学研用多重创新主体的基础社区创新生态系统理论框架，并构建了包含创新核心层、创新支持层、创新环境层的区域创新生态系统构成要素基本框架，从技术创新、知识创新、服务创新、制度创新四个层面剖析了科创大走廊创新生态系统的创新活动。在此基础上，根据未来全球产业集聚的生态化竞争趋势，从政府在创新生态系统中创新政策独特作用的发挥及生态系统内"雨林"环境的培育等方面提出了加强科创大走廊创新生态系统建设的对策建议。

第一节　区域创新生态系统建设的理论基础和发展实践

当今变革时代，创新正日益成为引领发展的第一动力。伴随创新过程的复杂性增加，异质性要素的协同与创新网络的发展等成为创新范式演进的新方向，创新越来越趋向系统性、全面性的综合范式（陈劲、郑刚，2016）。生物学家贝塔朗菲（Bertalanffy）在20世纪50年代首次提出一般系统论，基于其思想，创新演进逐步形成国家创新系统、区域创新系统、产业创新系统、企业创新系统等创新系统观。创新过程也历经简单线性技术推动、简单线性市场拉动、技术与市场耦合、集成并行及创新网络化等演进（Rothwell，1994）。硅谷的持续创新发展，导致了创新生态的提出（曾国屏等，2013）。Hwang 和 Horowitt 通过对硅谷的创新系统研究发现，硅谷就像不断产生与进化新技术和新商业模式的"雨林"，该区域的成功正是得益于其独特的创新生态系统（Hwang，2012）。基于对创新"3.0"范式演变的梳理和分析，李万和常静等提出，创新范式经历过线性范式、创新系统之后开始进入创新生态系统时代（李万等，2014）。该系统的主要特征包括：多样共生性、自组织演化和开放式协同。"十三五"时期，国家将创新升至五大发展理念之首，把创新摆在国家发展全局的核心位置，对创新的重视达到了前所未有的高度。2017 年 7 月，国务院出台《关于强化实施创新驱动发展战略进一步推进大众创业万众创新深入发展的意见》，进一步系统性优化创新创业生态环境。实施创新驱动发展战略，呼唤着深化创新生态系统的理论和实践的探讨（曾国屏等，2013）。

一、创新发展的理论基础

三螺旋理论和创新生态系统理论是目前分析区域创新发展重要的学术理论。三螺旋理论一经提出便在美国、日本等发达国家受到重视，并在区域研究中心、孵化器和科技园区的规划与实践中彰显出了强劲的生命力。进入 21 世纪以来，各国学者纷纷利用创新生态系统概念，探索如何通过营造良好的创新生态来提升区域或国家创新能力。

（一）三螺旋理论

美国学者 Etzkowitz 和 Leydesdorff（1995）将起源于 DNA 研究中的三螺旋模型用来分析大学—产业—政府之间关系的动力学，认为三螺旋理论应是超越国家创新系统理论的关于创新研究的新范式。该理论的主要论点是：以知识为基础的大学、产业和政府之间的相互作用是改善创新活动的关键所在，其中谁是创新主体不是固定的，三者"交叠"并互相作用，才能推动创新螺旋式上升。根据该模型，区域内的创新主体由三个部门组成，三者的传统职能分别是知识创造、财富生产和政策协调，各部门之间的互动还衍生出一系列新的职能，最终孕育了以知识为基础的创新型社会。

1. 以大学为代表的知识生产机构

自 19 世纪初德国教育家威廉·冯·洪堡将科学研究引入大学以来，现代大学,特别是研究型大学成为集知识传授和知识创造于一体的高等教育机构,不仅是杰出人才培养的摇篮,也是科学研究特别是基础研究的重镇和重大科技成果的诞生地。现代大学以新的形式把教学与研究功能结合起来,同时还参与了科技成果的转化与应用、技术转让、科技服务、国际科技交流与合作等活动,成为新公司尤其是高技术领域新公司形成的来源。大学所创办的衍生企业(也被称为"大学里的公司"),其形式主要有高校教师、学生创办的高技术企业、技术转让产生企业、高校员工乃至高校持股企业等。这些企业的诞生使得人才在高校和企业间频繁地流动,促进科技知识理论与实践在更深的层次达到契合。

2. 高科技创业公司、大型企业集团和跨国公司等产业(或企业)部门

创新是指生产要素的重新组合,这一过程只能通过市场激励企业来完成。在三螺旋模型中,以知识为基础的企业吸纳了大学和政府的要素,并建立在与这些机构相关联的基础上,是一种新型的产业组织;与传统意义上的企业相比,其更具开放性,如公司与大学研究群体等非公司实体合作过程中的组成部分也属于企业的范畴。此外,有些企业还兼具教育功能,例如,一些孵化器公司通常要花2~3年培养刚毕业的大学生,使其更顺利地走上职业道路。

3. 不同层级的政府部门

在创新发展的不同阶段,不同国家(地区)的政府所起的作用不尽相同,且没有具体的标准。例如,墨西哥、新加坡等国家的政府在创新中的作用相当显著;东欧国家由于社会经济制度的改变使得政府作用削弱,但在科技创新政策的制定方面政府仍承担重要角色;美国虽一直对强烈反对政府直接介入产业进行干预,但产业政策形成的内在轨迹却创造了横跨机构范畴的网络和创新行动,形成间接的政府创新政策。对比自上而下、自下而上等不同的政府政策,发现政府推动区域创新的具体方式主要是通过"直接"或者"间接"创新政策来确保产业、大学之间稳定的交流和相互作用,其最终目的是营造一个更为合适的创新环境。

三螺旋理论在区别三个主体及其不同目标的同时,强调了学术界、产业界和政府的合作关系,认为在公共与私立、科学和技术、大学和产业之间的边界是流动的,超越了大学—产业、大学—政府、产业—政府的双螺

旋关系模式。该模型在于创新过程的非线性本质、多主体特征以及创新边界的模糊重叠，多强调创新过程的动力学解释，但对创新系统内除大学、企业、政府之外其他创新要素及创新环境的重要性关注较少。

（二）创新生态系统理论

创新生态系统来源于学者们把创新系统与生态系统在概念上的类比（封凯栋等，2017），创新生态系统这一概念孕育于20世纪90年代，该研究范式表现为由关注系统中要素的构成转向关注要素之间、系统与环境之间的动态过程。创新生态的提出是基于对硅谷持续创新发展的研究，其概念来自生态学中生态系统的类比，包括与创新活动相关的各类物种、种群、群落等要素及创新生态环境（Hwang, 2012；李万等，2014）。目前，创新生态系统受到发达国家的普遍重视和采纳，包括出现在OECD的多处文件和报告中，基于生态化治理的创新管理与政策在各发达国家或地区也方兴未艾。

1. 创新主体及各类支撑要素

创新主体主要指大学及研究机构、企业，创新支撑要素则包括政府政策、风险资本、专业性服务机构、各种行业协会和非正式社交网络等。大学是创新系统的知识和人才来源；企业则通过应用和开发研究推动产品和服务的生产与交付，并实施技术推广；创新支撑要素则为创新生态系统内的创新活动提供政策、信息、技术、服务等多方面的资源，从而保证系统的健康运转。

2. 创新种群

创新种群是指创新主体或要素在一定的地域空间内集聚所形成的产业（或企业）的集合。随着技术的不断升级演化，创新生态系统会形成以不同核心技术为主导的产业（或企业）种群，种群内的引擎企业通常可代表该区域技术的领先水平；由于存在外溢效应、分担风险等优势，种群内中小企业通过协作能克服在创新中缺乏研发资金、技术等劣势，从而加快创新步伐。

3. 创新群落

在创新种群的形成过程中，成功的企业就像"领头羊"，能集聚并带动更多企业跟进,从而在一定地域空间内形成由不同规模具有异质性和互补性的创新型企业及关联机构密集的群落。不同创新群落在创新活动的内容、创新产出的能级等方面都存在着较大的差异;一般来说,创新群落的密度、丰富度、亲和度等数量特征可以反映创新生态系统的活跃程度。

4. 创新生态环境

创新生态环境主要是指为创新生态系统中各组成部分的正常运行提供必要的物质、精神及制度保障,其涵盖的内容既包括社会制度、法律体系、社会习俗与文化、社会网络等软性因素,也包括基础设施、技术与经济存量等硬性因素,这些因素会直接或间接影响创新活动的进行。因此,创新生态环境的选择、适应及改造对创新主体、群落及整个创新生态系统发展演化都至关重要。

从政府的角度,创新生态系统应是一个区域的概念,是区域内各种创新主体及创新支撑要素、创新种群、创新群落及其与创新环境之间,通过物质流、能量流、信息流的联结传导,形成共生竞合、动态演化的具有生态系统特征的复杂创新系统,具有多样性共生、自组织演化和开放式协同的基本特征(李万等,2014)。科创大走廊可视为一个区域性的创新驱动创业的产业生态体系,各种要素能在这里无缝对接、互相融合。依据三螺旋理论中大学、企业、政府三类创新主体在全球科技创新形成过程中的作用,并借鉴创新生态系统理论中各创新主体、要素的特征及创新环境的重要性,区域创新生态体系更加注重多元创新主体之间的互动性、创新链条内的承接性、产业链与创新链的衔接性及与外部环境之间的共生性,其主旨是在可持续发展的理念下促进创新持续涌现,实现高质量的经济增长。

二、区域创新生态系统的国际实践经验

美国硅谷、英国剑桥、法国索菲亚、以色列特拉维夫等科技创新园区,是目前世界上最顶尖科技创新园区和区域创新生态系统的典型代表(胡曙虹等,2016)。特别是硅谷作为全球最有影响力的科技创新中心和全球高技术产业集群的典型受到了理论界与产业界的高度关注,其成功正是得益于该区域大学与科研机构、风险资本机构、综合服务机构、人才库、创业精

神和创业板市场构成的独特的创新生态系统(陈劲、郑刚,2016)。本书认为硅谷形成了由政府部门、大学教师及学生、科研机构研究人员、企业家、风险投资家以及各类中间机构、非正式社区组织等创新要素构成的两个层次的复杂社会经济网络:一是由企业、大学、政府等创新主体及其形成的创新群落构筑的创新核心网络层;二是由创新基础设施、创新文化、专业性服务机构、风险资本、各种行业协会和非正式社交网络构成的创新环境支撑层。其基本经验主要包含以下几个方面。

1. 世界一流大学源源不断地为硅谷创新系统网络输送创新人才和知识成果

作为创新核心主体之一,大学在硅谷创新体系中的主要作用便是为系统中各主体输送人才和知识,从而实现知识、信息、资源等在网络中的流动和传递。

斯坦福大学和加州大学伯克利分校每年要向硅谷输送几千名高级人才,主要从事创新领域的研发工作。斯坦福大学工学院的博士、硕士毕业生,基本都在学校50公里内就业;据统计,斯坦福校友创立的公司每年盈利达到2.7万亿美元,1930年后共创造540万个工作机会。加州州立大学圣荷塞分校、加州大学圣克拉拉分校等培养出大量的优秀工程师,他们精通各种专业设计,善于把新想法转化为实际产品。此外,加州大学圣克鲁兹分校、丘陵学院(Foothill College)、迪·安萨大学(De Anza College)和凤凰大学(University of Phoenix)等一流的专科院校也培养了大批善于解决实际问题的技术人员。

除了为硅谷大量供应一流的工程师外,斯坦福大学和加州大学伯克利分校两所大学作为硅谷地区的知识生产中心,持续不断地为该地区输送最新的研究成果,许多半导体和计算机科学等领域的技术发明,如喷墨印刷术、光盘记录仪、鼠标输入器和计算机用户界面等都被硅谷的企业吸收、应用,并最终形成产品。

硅谷地区的大学与政府的联系较弱,但同当地企业之间建立起了紧密的合作纽带。以斯坦福大学为例,其致力于加强大学与企业之间的联系主要表现为:一是成立了斯坦福大学研究所(SRI),其主要功能是从事和国防相关的研究并帮助发展硅谷的公司;二是通过"荣誉合作项目"向当地的公司开放课堂，鼓励电子公司的工程师直接参与研究生课程或者通过特别的电视教育网络在公司的教室里学习斯坦福大学的课程，加强公司和大学之间的联系，使工程师们既能同新技术保持同步，又能建立专业联系；三是斯坦福工业园区成立后，园区内的公司常常请斯坦福大学的教授担任顾问，并聘用斯坦福大学的研究生为雇员，同时这些公司也会参与同公司业务相关的斯坦福大学的科学研究项目。

此外，硅谷6所社区大学所提供的技术培训项目极大地促进了大学和企业之间的联系。社区大学对地方商业的需求反应极为灵敏，它们与当地公司订立合同，为其雇员专门授课。作为回报，地方技术公司派出顾问，帮助当地大学改进电子学教材，同时也为教师提供兼职工作的机会。

2. 以"引擎"企业为中心构筑了硅谷的创新网络并实现创新种群的不断演化

硅谷创新体系中最活跃的便是由各类企业形成的开放的、相互竞争与协作的企业创新网络。企业创新网络不受任何一个大公司或几个大公司的控制，而是"引擎"企业、中小企业和初创企业通过物质流、信息流、技术流而形成竞争和合作共存的创新网络。

"引擎"企业是创新网络的核心，除具有较大的研发投入和产出、拥有核心技术并主导行业发展外，"引擎"企业对周边地区的开放性很强，通过不断研发向市场推出新产品、新技术，同时也不断培养创新人才；中小企业作为"引擎"企业的供应商，通常也拥有细分领域的核心技术，成为企业创新网络中不可缺少的部分；初创企业多数由应届毕业生或辞职创业工程师等创新型人才创办，常常能发现市场上的空白领域，并通过出卖产品、技术、企业或上市等手段获得成长。理论上讲，硅谷地区大量的小型专业化公司之间会产生相互拆台的竞争；而硅谷的辅助性社会机构、学校和大量合作实践为企业间的学习和调整提供了基本体系，使工业分化并没有导致竞争脆弱和经济衰退，反而有助于增强企业创新网络的弹性和适应性，提高了该地区的技术水平并实现可持续的创新发展。

20世纪50年代至今，硅谷地区经历了数次大的技术变革，每一次技术变革都会导致该地区新的企业和创新集群的形成，同时也会孕育新的"引擎"企业，成为新的产业和创新种群发展的引领者，创新种群的升级演化也在不断重塑着硅谷的创新体系。

3. 政府为硅谷创新系统的形成提供各类规制保障

政府的职能主要在于营造公平、自由的竞争环境,提供有利于长期投资的税收结构,并运用政府采购的手段给予支持。硅谷虽然不是政府计划的产物,但政府的政策支持,特别是政府采购和企业获得的低息贷款对促进硅谷发展起到了至关重要的作用。

首先,联邦政府投入了大量资金扶持大学在国防、航天、通信、信息以及材料领域进行大规模的基础研究,由此源源不断地产生世界一流的技术和发明,培养了世界一流的科技人才,催生出从国家实验室走向硅谷进而扩展至全球的商业成功模式。"冷战"时期,联邦政府向斯坦福大学和加州大学伯克利分校进行大笔拨款,全力发展高科技,政府对大学的大量科研投入使大学能专注于基础研究,从而为科技创新提供持续发展的动力源泉。

同时,不同层级的政府通过出台不同政策以鼓励硅谷的创新活动,并为创新的持续发展提供保障。例如,美国联邦政府在促进技术创新方面的政策主要有:建立知识产权保护和专利制度;建立风险投资基金;直接提供研发经费;增加对教育的投入,以培养更多高素质的科技人才;通过税收制度鼓励向研发活动进行投资;对某些行业进行保护,以避免受到国外公司不公平竞争的损害,直至它们能够在技术上自立;放松反托拉斯政策,使厂商充分利用其创新成果等。而州政府和地方政府致力于硅谷基础设施建设,兴办各类职业与技术类教育,为企业培养各梯级的人才。

总之,联邦及州政府通过各种直接或间接的方式为硅谷地区的创新发展提供包括资金、法律法规、政策等方面的支持,为硅谷地区营造和培育了良好的创新环境。

4. 创新支撑要素是创新活动持续稳定进行的"催化剂"

第一,风险资本。硅谷有着世界上最密集的风险投资基金,紧邻创新企业,形成了外界不易观察到的"生态循环"。20世纪70年代末80年代初,风险投资逐步取代国防军费,成为硅谷创业者的主要资金来源;据调查,2014年硅谷总共收到了145亿美元的风险投资,占全美风险投资总额的比例高达43%。同时,风险投资者也成为当地社会及职业系统的中心人物,风险资本产业也成为硅谷崛起的经济引擎。

第二,专业性服务机构。硅谷的工程师与企业家们建立了一种灵活的行业系统,该系统不是围绕单个企业,而是围绕这一地区及其专业技术网络而建立的。硅谷通过积极发展人力资源服务机构、技术转移服务机构、金融资本服务机构、管理信息咨询服务机构、财务服务机构和法律服务机构等多种类型科技中介,形成了完善的科技中介服务体系,加强了科技创新专业技术网络的构建,促进了硅谷创新要素的整合,提高了硅谷创新产出的效率。

第三,各种行业协会和非正式社交网络。商业协会、行业会议、商品展示会及各种俱乐部等一系列正式、非正式的聚会是硅谷地区人们交换信息的场所,从中可以获知有关竞争对手、顾客、市场和技术最新进展。硅谷地区的社会关系网和专业人员网并不局限于传播技术和市场信息,同时也是有效的求职招聘网络。为鼓励公司间的信息交流,西部电子制造商协会(WEMA,美国电信协会的前身)经常举办各种研讨会和教育性活动,如经营管理培训,主要课题包括从公司融资、营销技巧到生产管理和出口辅助等,这些培训对于在技术方面极具实力而在管理方面毫无背景的许多中小公司管理者而言极具价值。

5. 完善的创新基础设施和开放包容的创新文化培育了肥沃的创新土壤

硅谷的成功并非仅仅源于各创新主体及要素简单地糅合在一起,而是为其营造合适的创新环境,培养自主创新的氛围并使其繁荣。美国经济学家Porter和Stern于2002年首次明确提出创新基础设施这一概念,认为其主要包括公用的创新基础设施及特定集群的创新环境,并且是区域创新系统建构的重要组成部分。

硅谷地区完善的创新基础设施主要包括科技基础设施和城市公共基础设施。大型科学工程、实验基地、大型科学仪器设备、自然科技资源等科技基础设施为开展创新活动提供了基础保障;公共基础设施,如能源供应系统、供水排水系统、交通运输系统、邮电通讯系统等则为创新主体提供了基础生活条件。

同时,创新活动需要与之相适应的创新文化要素作支撑,真正具有创新力的城市(或区域)一定具有深厚的文化土壤。创新文化的特质是崇尚冒险、宽容失败、激励草根、包容异端。硅谷的企业家勇于创新和冒险、崇尚开拓进取以及敢于承受失败的精神支撑着硅谷地区企业的推陈出新。在硅谷，人们通常认为初创公司不是技术公司，而是一部学习机器。硅谷的开放性则体现在该地区移民比例非常高，并且移民来源地多种多样。据统计，初创企业中约1/4的创始人至少有一个是在中国或印度出生，约1/3的科学家与工程师并非在美国本土出生，这表明硅谷当地文化融合了世界各地文化。在硅谷这个创意的大熔炉里，有着不同母语、不同文化背景的工程师、科学家和企业家成为联结硅谷与其母国科技中心的纽带，使硅谷的企业能接触到其他地区的技能、技术和市场，这是硅谷始终保持创新活力的重要源泉。

与此同时，硅谷也正经历着深度变革。2018年9月出刊的《经济学人》(*The Economist*)杂志，发表了"A victim of its own success：Silicon Valley is changing, and its lead over other tech hubs narrowing"一文，深度分析了硅谷这一全球科技创新中心正在发生的变化。文章认为硅谷领先优势正在失去，巨大的成功背后，正逐步浮现出一系列深层次问题：第一，旧金山湾区成为美国生活成本最高的地区；第二，节节高升的薪酬和商务成本限制企业发展；第三，"自给自足"的文化正在切断人才流动；第四，大量替代型的创新城市正在崛起；第五，形成了初创中小企业难以发展壮大的生态；第六，分布式创新模式不再需要集中一处办公；第七，受到限制移民等一系列问题的困扰。硅谷的创新成功之道值得持续学习，但发展中的问题也给杭州城西科创大走廊和其他地区高能级科技创新平台建设更多的启示。基于硅谷等创新体系的建构过程和目前的部分深层次问题，从目前区域创新生态系统的发展趋势来看，良好的创新生态要求相应地促进创新生态形成的战略谋划和创新政策支撑体系，强调以创新生态作为政策工具，值得科创大走廊借鉴。例如，我们可以抓住硅谷人才流出的契机，在制订更符合国际规则的人才政策、提供更高水平的公共服务和宜居宜业的环境方面持续发力，打造人才发展的事业平台，提供灵活多样的合作机制，持续跟踪全球高水平人才、团队动态，加快引进海外高端人才；以系统解决方案应对商务成本的不断攀升，为创新创业者、中小企业提供更丰富更优质的创新资源，冲抵目前难以避免的高成本；培育更具多样性、包容性的创新环境以促进中小企业的不断涌现和壮大等等。

第二节 科创大走廊创新生态体系的基本架构及主要问题

"一带、三城、多镇"的空间结构是科创大走廊创新生态系统建设的基础,创新驱动发展的科创大走廊必须要围绕此基本框架,高效配置创新要素,大幅激发集聚效应,充分发挥协同优势,建立科学的生态布局:强化大学、科研院所知识创新源头作用,发挥科技城的产业集聚效应和龙头企业技术创新的引领作用,突出特色小镇创新创业孵化作用,通过政策引导及制度安排,实现多元创新主体优势资源的整合,促进创新生态系统健康和谐发展。

一、科创大走廊创新生态体系的基本架构

(一)浙江大学创新创业的引领作用

一所世界一流大学往往带动一个创新发展中心相依相存,激发创新动力,形成创新创业生态社区。斯坦福大学强大的科技基础实力与科技精英人才是硅谷创新的灵魂,创新的心脏斯坦福与硅谷形成了彼此协同互惠共生的正向促进效应(陈劲、郑刚,2016)。科创大走廊区域东部起点的浙江大学应为提升大走廊原始创新能力发挥强大的引领作用,围绕浙江大学优势学科知识外溢形成的产业集群化活动区域,知识、人才、产业与科创大走廊空间互动发展,成为智力要素密集、产业链完整、供给层次丰富、辐射能力强的知识型服务业集聚区。

(二)三大科技城的产业集聚效应

产业在地理上的集聚,能够对产业的竞争优势产生广泛而积极的影响。产业联系、地理靠近和行为主体互动是产业创新集聚的三个重要特征,其中行为主体互动是最重要的,包括正式的和非正式的相互交易和交流。浙

大科技城和青山湖科技城在空间上分别位居科创大走廊的东西两端,未来科技城是科创大走廊中部重要节点,是杭州城西科创产业集聚区的创新极核。三大科技城在整个科创大走廊的产业集聚中处于重要核心地位,应成为科创大走廊带上集聚高端科研资源、打造产城联动的示范区。

(三) 十多个特色小镇承载孵化空间

特色小镇是浙江适应和引领经济新常态的新探索新实践,10多个特色小镇的建设是科创大走廊内富有活力的承载空间,是"大孵化器""大加速器"的聚合体。目前梦想小镇、人工智能小镇、云制造小镇、云谷小镇、西溪谷互联网金融小镇等已初见成效,紫金众创小镇定位于师生联合创业的梦工场,将是"环浙大"产业生态集聚的重要载体。未来10多个高新技术产业类的特色小镇将以富有吸引力的创业创新生态成为众多中小微创新创业企业集聚的栖息地,成为科创大走廊生态体系的"苔藓"和"植被"。

(四) 国际视野的科创中心战略定位

基于"一带、三城、多镇"空间载体支撑的科创大走廊的创新生态必须对标全球一流的科技创新中心。在创新内涵上,从单一科技创新向跨领域全面创新转变,形成科技、经济、文化高度融合,创新、创意、创业相互交织的综合性创新中心,有机地将浙江本土创新体系纳入全球创新体系中;在创新模式上,从单区域独立创新向跨区域协同创新转变,加强科创大走廊与美国硅谷、英国剑桥等国际知名科技创新园区的融合发展,紧密依托自身优势,建设富有竞争力的创新产业集群,最终将科创大走廊打造成全球领先的信息经济科创中心。

科创大走廊创新发展应体现综合集成和引领原创两大特点:一是应具备集成创新能力,能够集成科技与创新资源,建立协同合作机制,大幅度提高自主创新能力,形成具备国际竞争力的战略性新兴产业;二是应具有重大原始性创新能力,以之江实验室、超重力离心模拟与实验装置国家重大科技基础设施等为依托,提出和承担国家战略性的重大科技创新任务,逐步形成引领世界的科技创新能力。

二、大走廊创新生态体系建设存在的主要问题及面临的挑战

科创大走廊区域是杭州创新资源主要集聚地之一,在省内处于领先水平,其主体部分杭州城西科创产业集聚区的经济总量、创新效率在15个省级产业集聚区中居第一位。但从总体看,受开发年限、区位环境、产业类别等因素影响,科创大走廊区域与国内成熟的产业集聚区域相比还有较大的差距。在创新机制和创新水平上,受限于当前经济和科技水平的整体形势,总体上还处于追赶国际领先水平阶段,对标国际一流具有优良创新生态的科创中心的差距还比较大。

(一)创新生态中知识创新的源头比较薄弱

直接表现为在高等教育资源和科研资源上明显不如北京、上海乃至南京、武汉等城市,国家布局的重大科研基础设施较少,高层次创新人才偏少,导致基础研究水平和原始创新能力相对薄弱,知识创新源头对整个创新生态系统的辐射能力减弱,一定程度上影响了科创大走廊创建全球领先的信息经济科创中心的根基和保障。

(二)人才资源与创新创业需求融合需要进一步提升

打造良好的创新人才生态系统是科创大走廊人才战略的现实选择,杭州作为数字经济"引领型"城市之一,在人才的吸引力方面有一定优势,以信息经济为引领的科创大走廊集聚人才效应正逐步显现。但与发达国家和国内一线城市发达的人才优势相比,总体上还相对落后,高端科技人才的总量亟待提升,人才政策与战略性产业规划的耦合性有待增强,对人才的公共服务和平台建设有待提升,对外来人才的开放包容度和国际化人才队伍建设需要提高。

(三)主动融入国家创新版图的能力有待增强

目前科创大走廊尚未形成以信息经济为依托的成熟的发展机制,区域竞争压力巨大。仅对长三角地区而言,上海发展物联网产业、宁波开展智

慧城市建设、无锡致力于打造世界领先的传感网基地,信息经济的竞争序幕已经拉开。放眼全国,创新的版图上正崛起越来越多的实力超群的区域,与美国硅谷的差距逐步缩小,且已在发展过程中形成自己的竞争优势,北京海淀、上海张江、深圳南山是目前国内出名的三大科技创新区域。这些"中国硅谷"的有力竞争者,都是杭州城西科创大走廊建设全球领先的信息经济科创中心必须面对的挑战。

第三节 创新生态系统的框架构建及主体创新活动分析

一、区域创新生态系统的基本框架

(一)区域创新生态系统的内涵与理论框架

创新生态系统是由参与创新的主体及其环境相互作用形成的一个开放的有机统一整体(柳卸林等,2015)。区域创新生态系统是指在一定区域范围内,创新主体与创新环境因参与创新的物质、能量、信息的流动相互作用、动态演化和相互依存而形成的具有生态系统特征的网络化创新系统(王凯,2016)。李万和常静等(2014)认为当前创新3.0是以创新生态系统为核心特征的创新范式。其特征为生态系统化的跨组织创新,强调竞争情况下的共生,呈现出"需求+科研+竞争+共生"的"四螺旋"驱动模式,相对应的即"政府+企业+学研+用户"的创新主体,也即创新生态系统所倡导的政产学研用协同创新的有机整体,系统价值通过"体验+服务+产品"来实现,与"政府+企业+学研"的"三螺旋"相比,用户的加入成为最大亮点,着重强调创意设计与用户之间的关系,如图10.1所示,四大创新主体在创新生态环境下相互影响、相互作用。用户创新是当前开放式创新领域的热点问题,虚拟社区的繁荣发展为用户创新带来新的机会。用户创新尚未真正引起政策制定者的关注,应该针对当前"互联网+"背景下虚拟社区的蓬勃发展,促进用户创新的发生和扩散(刘洪民、杨艳东,2017)。

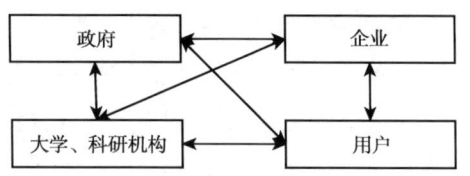

图 10.1 "四螺旋"模式下创新生态系统的多重创新主体

虚拟社区为产学研用多元主体的生态化创新提供了适宜的共生环境（刘洪民、杨艳东，2017）。区域创新生态系统用社区生态化来表示，其基本理论框架如图 10.2 所示。社区生态化的创新生态系统，是创新范式演化发展的结果，在创新生态系统中政府、企业、学研、用户等多重主体缺一不可，各主体间通过能量流、物质流、信息流来实现创新主体与环境间的传导，目标是实现创新投入、管理、需求、基础设施等要素的有机结合，从而实现区域内经济的可持续发展。

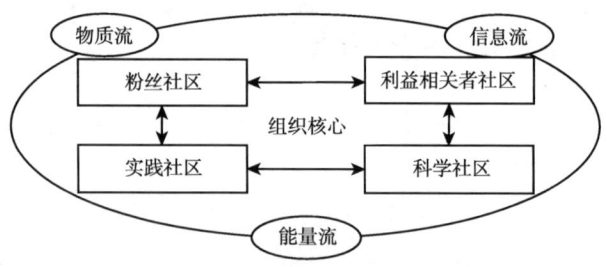

图 10.2 基础社区生态化的创新生态系统理论框架

在此模式下，各主体间通过物质流、信息流、能量流来实现价值交换，促使各创新主体间的互联共通，使区域成为竞争与合作并存的开放动态的创新系统。物质流即实物资本与人力资本，主要需要实践社区和科学社区两个主体发挥作用；能量流即知识资本和金融资本，要求科学社区、实践社区、利益相关者社区发挥作用，能量流在三个流中起主导作用；信息流即市场信息与政策信息，需要粉丝社区与利益相关者社区的作用，该层面需要政府发挥信息流的主导作用。

（二）区域创新生态系统构成要素基本框架

在自然生态系统中，生物因子和非生物因子共同组成了完整的生态系统（见图 10.3），其中生物因子由生产者、分解者和消费者所组成，各成分紧密联系，共同构成生态系统的有机统一（陈劲，2015）。

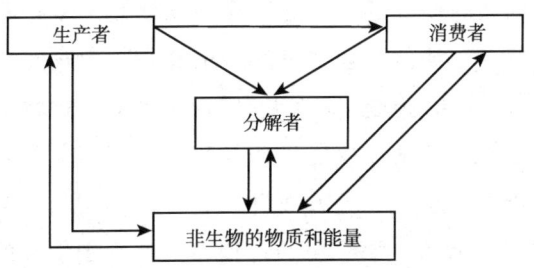

图 10.3　自然生态系统构成要素基本框架

类似的，创新生态系统也由生物因子和非生物因子所组成，各个创新主体是创新生态系统中的生物组成部分，创新环境是系统的非生物因子。创新生态系统的构成要素主要有企业、政府、大学及科研机构、孵化中介机构、用户等多重主体。用户需求是创新的源泉，并贯穿创新的始终，用户的作用更多地体现在企业的产品创新上，为方便讨论，本书将企业和用户合并一起，将企业及用户、大学及科研机构、孵化机构、政府作为区域创新生态系统的构成要素，各创新主体代表的分别是技术创新、知识创新、服务创新、制度创新，如图 10.4 所示。

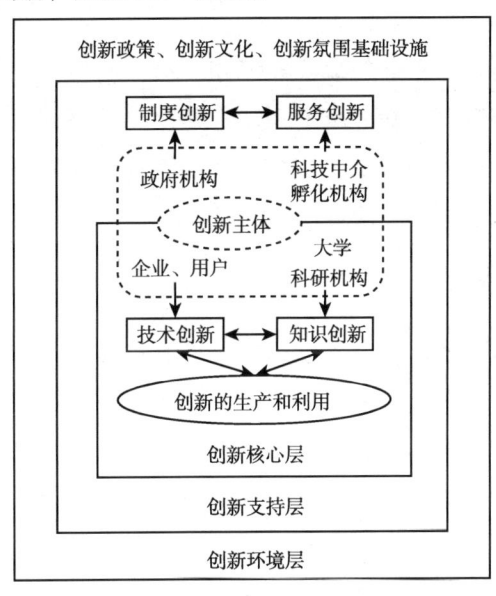

图 10.4　区域创新生态系统构成要素框架

在图 10.4 中，企业是创新生态系统中最主要的构成部分，作为技术创新的主体，其他创新的成果都需要通过企业来实现，承担着技术创新生产者、知识创新消费者、创新产业链分解者的作用，由核心企业和相关的配套与竞争企业组成，同时企业间的竞争与合作也会促进技术创新的进步和创新生态系统的建设。大学和科研机构是知识创新的主要生产者，在促进创新知识产生、培养创新人才等方面发挥着主导作用，与企业一起承担着创新的生产和利用，推动产学研用的合作，是核心创新层的组成部分。政府和孵化机构分别作为制度创新和服务创新的主体，在系统中起到辅助和支持作用，是创新生态系统的重要生物因子。其中孵化机构在创新生态系统中还承担着分解者的身份，通过提供资金、人才培训、会计等服务来促进创新的分解和转化，政府则通过相关政策的制定来支持创新生态系统的建设。非生物因子，即外部环境在创新生态系统中主要是指创新制度、创新文化、创新氛围以及创新基础设施，对区域创新生态系统建设有着重要影响。

二、城西科创大走廊创新生态系统的主体创新活动分析

基于区域创新生态系统构成要素基本框架，科创大走廊的创新活动主要围绕技术创新、知识创新、服务创新、制度创新展开，政产学研用多重主体在此四项创新活动中功能和作用各异，共同影响着科创大走廊创新生态系统的建设。

（一）技术创新

在创新生态系统的创新核心层中，企业是创新的生产和利用者。企业所承担的技术创新是区域创新生态系统建设中的主体部分，服务创新与制度创新从根本上来说是为了推动技术创新，知识创新的价值需要通过技术创新来实现。一般来说，企业技术创新能力高低的影响因素主要有传统决定因素、政府支持力度、企业研发管理三个方面，如图 10.5 所示。从研发管理来说，传统主要是指企业内部的创新管理，与技术创新能力呈现正相关。在创新生态系统中，如何利用开放式创新，统筹协调企业内外部研发

资源来提升创新能力是企业必须面对的新课题。

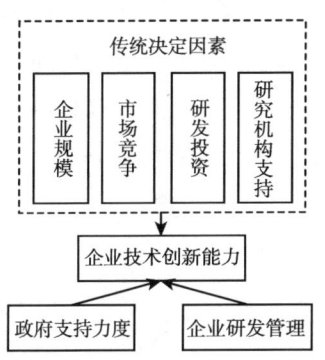

图 10.5　企业技术创新主要影响因素

就城西科创大走廊而言，一定要突出企业的创新主体地位，搭建企业内部生态系统。科创大走廊规划要力争用 5 年左右时间，集聚 1000 家高新技术企业和 1 万家科技型中小微企业。无论是何种企业，技术创新能力的提升是关键，企业必须根据自身特点，采用经济适用的技术创新能力积累途径。不仅仅是产品或工艺方面的创新，还包括市场、管理等多方面的创新。同时推动产业链上的生态环境建设，这不仅利于企业自身的发展，也利于产业的发展。

（二）知识创新

大学和科研机构是知识创新主要责任的承担者，是创新生态系统的知识生产者。对大学和科研机构而言，知识创新的影响因素主要涉及内在因素和外在因素两个方面，如图 10.6 所示。知识创新在创新生态系统中承担着技术创新知识来源的作用，知识创新的发展需要大学与科研机构更好地发挥在区域创新生态系统建设中的作用。

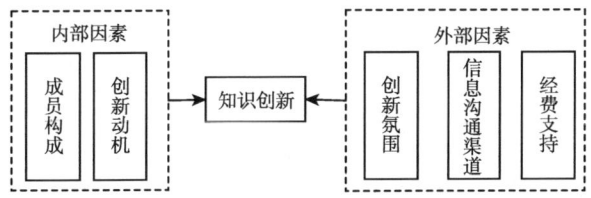

图 10.6　知识创新影响因素

知识创新水平在一定程度上代表了基础研究水平和原始创新能力,这实质上是科创大走廊的根基和保障。浙江大学是杭州城西科创大走廊的"发动机",要强化浙江大学创新引领作用,充分发挥以浙江大学为首的一批高水平研究型大学的创新引擎作用,同时克服现有科研院所的不足,重点集聚国内外一流研发机构和大企业研发中心,源源不断地为系统提供知识原动力。

(三) 制度创新

在区域创新生态系统的建设中,政府承担着制度创新的责任,为创新生态系统的建设提供制度与政策层面的保障。如图10.7所示,制度创新主要体现在动力机制、整合机制、控制机制、保障机制四个方面。政府所承担的制度创新在创新生态系统中主要起到宏观的把控和支持作用,营造良好的创新氛围,整合分配资源,引导要素有序进行,并提供政策方面的保障促进创新生态系统的建设。

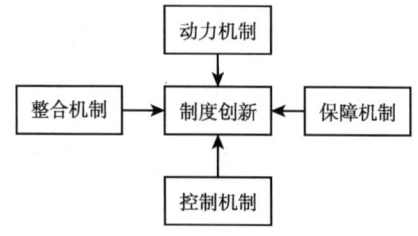

图 10.7 制度创新影响因素

城西科创大走廊的制度创新可参照实施北京中关村和杭州国家自主创新示范区等政策,围绕各类创新主体的需求,提高政府公共服务与企业实际需求的契合度,通过强化针对性的制度供给,实现政府权力的"减法、除法"换取市场活力的"加法、乘法",致力打造更有效率的政务生态系统。

(四) 服务创新

在创新生态系统内,科技中介、孵化机构承担着分解者的角色,提供多种服务促进创新的分解和转化。孵化器承担着服务创新的任务,通过提供企业研发、生产、经验的场地，提供网络与办公的基础设施，给予企业融资、培训等方面的支持，促进企业在初始阶段的健康发展。例如，多元化的资金支撑渠道是国外科技创新园区企业形成具有市场竞争力的技术与产品优势的资金保障。服务创新主要体现在空间设施、支持服务、管理团队、政策资源四个要素，如图10.8所示。

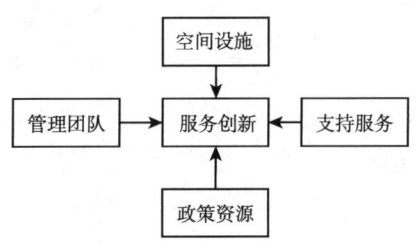

图10.8 服务创新影响因素

服务创新在区域创新生态系统建设中承担着支持性的作用。致力于打造全球领先信息经济科创中心的杭州城西科创大走廊，应重点推进国际化功能服务配套，加强优质省市级公共服务设施覆盖，完善基础性公共服务设施布局，系统性提升整体建设和服务品质，致力打造更加和谐的社会生态系统。

技术创新、知识创新、服务创新、制度创新是科创大走廊创新生态系统的主要创新活动，其关键是政产学研用多重主体的有效协同和共演共生。杭州城西科创大走廊要构建"一带、三城、多镇"的空间布局和完善"互联网+创新创业"的生态系统，必须建立高效的协同管理机制，要突出特色小镇创新创业孵化作用，发挥专业化科创服务平台作用，强化高校科研院所知识创新源头作用，发挥龙头企业科创引领作用，通过政策引导及制度安排，实现多元创新主体优势资源的整合，促进创新生态系统和谐发展。

第四节 基于创新生态系统建设的生态化治理的对策建议

全球科技创新中心是城市功能不断高端化、现代化、区域化和国际化的必然产物。进入21世纪以来，建设有影响力的科技创新中心，正日益成为许多国家和地区应对当前和长远挑战的战略部署。规划建设杭州城西科创大走廊（以下简称"科创大走廊"），努力建成全球领先的信息经济科创中心，是"十三五"时期浙江省深入实施创新驱动发展战略推动供给侧结构性改革的重要举措，是浙江走创新发展之路的重大战略决策，省委、省政府赋予其"引领全省创新发展的主引擎"的重大使命。科创大走廊欲在新一轮信息产业变革中树立具有全球影响力的标杆，努力建成全球领先的信息经济科创中心，必须置于全球创新、开放、包容、竞争的大环境下，致力于构建优良的"互联网+创新创业"的"雨林型"创新生态，实现省政府工作报告中所提出的"产学研用金、才政介美云"十联动，推动基于创新生态化的政府新治理。

全球科创中心在演进发展过程中都可以看到政府强有力的支持。以创新生态作为政策工具，从生态系统角度去设计创新驱动发展相匹配的制度是新时代对政府治理的新要求。在一个良好的区域创新生态系统中，政府在提供公共服务方面应具有高出周边环境的效率。科创大走廊应在创新政策方面先行先试，发挥"敢为天下先"的浙江精神，打造全国创业创新生态的最佳"雨林"环境。

一、执行激励导向的创新政策，促进创新生态化的政府新治理

创新政策是一种激励，创新政策的激励区别于传统的赶超型经济增长方式下的激励方式，更强调激励动机而非激励结果。基于科创大走廊打造全球领先的信息经济科创中心的战略目标定位，在经济全球化及竞争加剧的时代背景下，政府主体部门需要加强开放的意识，激励科创大走廊生态系统中的多元主体通过开放开展合作，促进创新生态的培育和实现；激励创新主体以更加开放的姿态应对市场变化，通过产学研用协同与互补实现创新。决策部门需要研究探索基于生态治理的全生命周期管理，增强对标意识，充分利用大数据和信息技术，统筹结合推演比较和情景模拟，科学高效地开展创新政策的制定、执行、评估、监控和退出等环节。

二、营造开放共生的生态环境，加强全球创新要素的集聚吸引

全球有影响力的科创中心，都有着高度开放的创新环境。创新生态系统具备"开放"的基本特性，开放和合作创新已经成为一种必然和必要的选择。科创大走廊在创新方式上，应加快由封闭式创新向开放共生式创新转变，联合建设高水平、高层次的实验室、工程中心、中试基地、技术转移基地，通过互补性协作，形成持续的创新能力，并逐渐向全球创新体系渗透和融合，主动融入全球创新版图。在全球创新要素的集聚吸引上，政府决策部门要加快政府创新管理的能力迁移，从创新生态的角度重新思考原有管理模式，从培育更具竞争力的创新生态系统着手，提高对承担风险的激励，加强知识产权的保护，抢占先发优势，把握新一轮区域合作和竞争的主动权，有效利用全球信息经济人才、资源和市场。

三、努力培育本土创新"引擎"企业，引领产业发展升级

以平台经济为代表的信息经济快速兴起，形成全球经济新增长点和发展新模式。科创大走廊以信息经济为引领，其主导地位和特色优势必须一以贯之，表10.1为科创大走廊规划建设的新一代信息技术产业集群。现阶段阿里巴巴一支独大，未来要从云计算、物联网、大数据、人工智能、分享经济等新技术、新模式发展中培育壮大更多本土创新"引擎"企业，形成核心物种，引领科技产业发展。核心物种，指的是在生态系统内占主导地位的产业类别，以及对主导地位内价值提供起决定作用的那些环节的产业者。只有成长出一批以信息技术为引领的世界级的创新"引擎"企业，才真正称得上是全球领先的信息经济科创中心。本土创新"引擎"企业的形成是以大量中小企业的存在为前提的，要给小微企业足够生长空间，给民营企业更多的阳光和雨露，让大量中小企业能在自由竞争的环境里自然发展，通过野蛮生长、优胜劣汰的筛选机制，最终孵育出一批拥有自主知识产权和知名品牌、具有核心竞争力的本土创新型龙头企业。

表 10.1　　　　　新一代信息技术发展方向及依托平台

产业领域	产业方向	依托平台
未来网络	新一代信息网络设备和信息终端设备，集成电路设计，高端软件和新兴信息服务系统，创新信息技术服务模式	未来科技城、青山湖科技城
云计算和大数据	云平台技术，海量数据存储、处理、分析、挖掘、展示等领域，网络信息安全软件	未来科技城、云谷小镇
电子商务	电子商务和移动电子商务研发与服务，创新发展国际/国内第三方交易平台	未来科技城、西溪谷、临安市锦南街道和锦北街道
物联网	新型敏感元器件、监控监测设备、智能仪器仪表、无线传感设备、网络通信设备，以及网络运营服务等领域	未来科技城、青山湖科技城、临安市锦城街道

四、加强生态系统内创新源头的更新力度，增加知识和人才供给

更新力度，指的是生态系统内主导地位升级换代的潜力，尤其是决定系统内价值提供的最关键、最高端、最源头的核心企业与机构的不断涌现。而创新的源头，通常来自世界级的著名研究型大学。对科创大走廊而言，要着力建设一批创新型、研究型大学，强化浙江大学、西湖大学的创新引领作用，充分发挥以浙江大学、西湖大学为首的一批高水平研究型大学的创新源头作用，同时克服现有科研院所的不足，重点集聚国内外一流研发机构，加快打造国家级创新平台，强化国际创新联盟，成为国家级科技创新策源地，源源不断地为科创大走廊创新生态系统提供知识原动力和内在驱动力。

五、提升生态系统内物种配套程度，改善创新生态环境

创新生态系统内物种配套程度，指的是一个生态系统内各类物种的多样性、丰富性与匹配度。可以从纵向产业链条的完善程度、横向相关产业或者业务的丰富性与互补性，以及第三方服务配套系统三个方面来看生态

系统内不同物种参与者之间的匹配程度。创新生态系统内多样性物种配套程度需要良好的创新生态环境推动创新载体不断提升，需要雄厚的创投资本搭建起精准高效的投融资平台，更需要优质的政府公共服务以及开放、包容的社会氛围和创业文化。

第四篇

产融协同篇

建设全球科创中心需要一系列资源的配置，既包括人才和科技要素，也离不开产业和金融要素。美国硅谷、以色列特拉维夫和日本筑波等地区的经验表明，风险投资、多层次的资本市场服务体系、金融生态的多样性、金融支持的全球价值链环节等是重要因素。在产融协同创新中，不同知识主体之间以知识为运动介质产生非线性交互作用，各知识主体按照协同方式进行整合，实现产融之间知识优势的互补与融合。

作为全书的第四篇，本篇将从产业金融协同的视角进行系统分析并以杭州城西科创大走廊为应用场景进行简要阐释。

第十一章 金融与全球科创中心建设的国际经验

2008年以后，为应对国际金融危机，各国更加重视技术创新，纷纷制订科技创新计划。为保持头号科技强国的地位，美国先后3次发布国家创新战略报告，从战略高度进行科研布局调整，欧盟启动"地平线2020"，利用科技创新促进增长，增加就业，战胜危机。中国也迫切需要加快创新的步伐，转变处于全球价值链低端的地位，实现产业转型和升级，党的十九大报告提出"加快建设创新型国家"。创新是推动产业升级和经济发展的持续的动力，建设有影响力的科技创新中心，正日益成为许多国家和地区应对当前和长远挑战的重大战略。美国硅谷是全球科创中心的典范，良好的科创环境和成熟的风投机制成为世界各地学习的榜样；以色列的特拉维夫也被称为"世界第二硅谷"；政府主导的日本筑波也成为很多城市效仿的对象。从趋势上看，全球科创中心从欧美向亚太地区转移，创新资源在全球进行资源配置，从封闭研发向开放式融合研发转变，全球创新链进一步形成。近几年，包括上海、北京和深圳等城市提出建立"全球科创中心"。全球科技创新中心这一概念最早于2000年由美国《在线》杂志提出，胡曙虹等（2016）将其定义为科技创新资源密集、科技创新活动集中，在全球价值链中发挥价值增值功能并占据领导和支配地位的城市或地区。

建设全球科创中心需要一系列资源的配置，既包括人才和科技要素，也离不开产业和金融要素。习近平总书记在全国科技创新大会、中国科学院第十八次院士大会、中国工程院第十三次院士大会暨中国科学技术协会第九次全国代表大会上指出："创新是一个系统工程，创新链、产业链、资金链、政策链相互交织、相互支撑，改革只在一个环节或几个环节搞是不够的，必须全面部署，并坚定不移推进。"在建设全球科创中心的背景下，要着力围绕产业链部署创新链、围绕创新链完善资金链,推动"三链"融合。因此,全球科创中心的建设离不开金融的支持,金融在全球科创中心建设中起到什么作用以及如何起作用,美国硅谷、以色列特拉维夫和日本筑波等地区的经验教训值得借鉴。本章在分析各地成功经验的基础上,提出了金融支持对全球科创中心建设的国际经验启示和建议。

一、我国全球科创中心建设的现状

2016年7月,国务院印发了《"十三五"国家科技创新规划》,明确支持北京、上海建设具有全球影响力的科技创新中心。2016年9月国务院发布《关于印发北京加强全国科技创新中心建设总体方案的通知》,提出按照"三步走"方针,不断加强北京全国科技创新中心建设,使北京成为全球科技创新引领者、高端经济增长极、创新人才首选地、文化创新先行区和生态建设示范城。北京建设全球科创中心分为三步计划:在2017年全国科技创新中心建设初具规模;2020年左右全国科技创新中心的核心功能进一步强化,成为具有全球影响力的科技创新中心;2030年左右成为全球创新网络的重要力量,成为引领世界创新的新引擎。

上海在2015年发布《中共上海市委、上海市人民政府关于加快建设具有全球影响力的科技创新中心的意见》的22条意见,明确上海加快向具有全球影响力的科技创新中心进军,对标具有全球影响力,聚焦科技创新实施创新驱动发展战略,体现中心城市的优势和功能。2020年前要形成科技创新中心基本框架体系,2030年形成科技创新中心城市的核心功能。重点打造张江综合性国家科学中心,建设大科学平台、高水平大学和一流科研机构等高端创新资源集聚,大量吸引国际高端创新人才,在体制上全面创新改革试验,加快促进科技成果转移转化(陈琦,2017)。目前顶尖科研成果、国家高水平科技奖项一类新药大约1/3为上海获得,已经掌握一批具有国际领先水平和自主知识产权的产业核心技术,拥有一批具有国际竞争力的创新型企业,引领新兴产业发展,支撑传统产业转型升级。

全球创新研究机构2think依据文化资产(包括体育运动、自然条件和艺术等)、人文基础设施(包括交通运输初创公司、教育和健康等)和具有网络的市场（包括位置、军事以及利用市场的便利等）等3大类指标评估一个城市促进和培育创新的潜力，全球城市分为核心城市、枢纽城市、节点城市和起步城市。如表11.1所示，根据已有的数据，2009年北京和上海的排名比较低，分别为第116名和第52名，可能由于数据采集的原因，在2010年这一数据变化比较大，北京和上海的排名上升非常快，整体来看，北京的排名上升最快，从2009年的116名上升到2016~2017年的30名，而上海从52名上升到32名，被北京超越。当然这个排名的指标是创新的潜力而不是目前已有的创新水平，更强调的是文化资产和教育水平，再加上该数据库采集数据的限制，排名并不能完全真实地反映一个城市的创新潜力和水平，但在全球创新城市创新的排名上已经非常权威，可以部分反映一个城市在全球创新城市中的地位。北京和上海已经从创新的起步城市逐步发展成为枢纽城市。

表11.1　　2think全球创新城市中北京、上海排名

年份	北京	上海
2009	116	52
2010	53	24
2011	53	24
2012~2013	53	29
2014	50	35
2015	40	20
2016~2017	30	32

资料来源：2think数据库。

二、全球科创中心的概况和特点

（一）美国硅谷

硅谷是指美国加利福尼亚州北部高科技公司云集的圣塔克拉拉谷，最初以研究和生产半导体芯片等著称，是当今美国乃至全世界的信息技术产业先锋。硅谷目前拥有超过100万的科技人员，年产值超过7000亿美元，孕育了包括苹果、谷歌、英特尔、惠普、思科、甲骨文、IBM等在内的大批

知名高科技公司,已形成微电子产业、信息技术产业、新能源产业、生物医学产业等产业集群。整体来看,高新技术的驱动是硅谷发展壮大的根本动力,浓郁的创新文化是硅谷持续发展的基本保证,风投等商业模式是硅谷不断壮大的资金基础,鼓励创新的法规政策是硅谷成功的制度保证,成熟的企业生态是硅谷形成发展的重要基础。

(二) 日本筑波

日本筑波科学城是日本政府在 20 世纪 60 年代为实现"技术立国"目标而建立的科学工业园区。开创了科学工业园区的建设的新模式,并且在 80 年代名噪全球。第二次世界大战以后,日本发展的也是技术追随模式,不断学习美国等国家的先进技术,但是全球竞争进入技术竞争时期,购买国外的先进技术受到限制,为谋取更长远的国际竞争优势,日本政府决定在筑波地区打造科学城和创业城。1963 年,日本开始规划,1968 年动工,1973 年以东京教育大学的几个院系为基础创建筑波大学,之后开始把东京的部分科研机构转移过去,建立了规模庞大的综合性科研教育机构和创新创业中心,推动日本的产业实现转型升级,传统产业向高科技产业发生转化。目前筑波大约有 2.2 万名研究人员,约占总人口的 1/10,国家级研究机构 31 个,包括宇宙航空开发机构、国土地理院、产业技术综合研究所、物质材料研究所等,占到日本 30% 的国家级研究机构。另外,还吸引了大量民间研究机构,总数约 300 家的跨国企业和日本大企业在筑波设立了自己的研究所,入驻筑波的风投企业也达到了百余家。

(三) 以色列特拉维夫

在以色列特拉维夫有大约 1500 家高科技创业企业,约占整个国家高科技企业的 23%,其中约 1000 家企业处于早期阶段。特拉维夫以及周围郊区的常住人口约 300 万。在这个人口密度下集中的高科技企业,特拉维夫世界排名第二,仅仅次于硅谷。产生这些企业一方面缘于政府的各类资金支持,另一方面还缘于以色列成熟、活跃而庞大的风险资本市场。以色列地理位置并不具备优势,人口少,资源稀缺,但是通过制订科技创新驱动战略,以色列特别是特拉维夫市在科创上取得了突出的成绩。

(四) 中国台湾地区新竹产业园

中国台湾地区是出口导向型经济的典型，通过承接国际产业转移，发展出口加工工业，台湾经济实现了腾飞，但是传统的出口加工工业并不利于台湾地区的经济持续发展，为此，台湾地区加大了技术创新的力度，以岛内较大的产业规模结合技术创新实现产业升级（李振国，2010）。1980年年底，设立了高科技产业园区——新竹产业园，经过多边的快速发展，目前在电子信息产业上具有突出的地位，全球80%的电脑主板和80%的芯片以及全球70%的笔记本电脑、65%的微芯片和全球95%的扫描仪都由该地区生产。新竹科技园的发展突破了台湾劳动密集产业发展"瓶颈"，把台湾地区的科技产业推向世界舞台，创造出独步全球的产业竞争力。

三、金融支持全球科创中心建设的具体措施

(一) 从政府层面加强支持

即使是市场非常发达的美国硅谷，政府的资金支持也是必不可少的。硅谷成立初期美国军方的支持不可或缺，第二次世界大战时期美国政府对斯坦福大学等科研机构的军事拨款带动了军工行业的发展，军事拨款对于计算机、雷达和固态电子学等科技的发展起到了举足轻重的作用，在20世纪70年代风险投资兴起之前，联邦军事资金是硅谷创业和技术的保证。除了军事拨款以外，政府还提供了一系列优惠措施，包括设备税收减免、税收优惠、人力资源培训。最重要的是政府出资建立了大量的高校和科研机构，目前旧金山湾区有斯坦福大学、加州大学伯克利分校、加州大学旧金山分校、加州大学戴维斯分校和加州大学圣克鲁兹分校等5所科研型高校，有25所国家级或州级的实验室，它们大多得到了联邦政府的资助或美国科技部门的支持，不仅为联邦政府提供服务，同时也为企业提供一些相应的研究。

日本筑波是在政府的行政指令下形成的，其科学技术研发项目大多由政府主导，资金来源在很大程度上依赖政府拨款。首先日本政府制定了一系列政策促进技术创新，包括《技术城促进税则》《增加试验研究费税额扣

除制度》等优惠税收政策，还有部分减免税、发补助金、低息长期贷款等，有力保障和促进了科创中心的发展。为了支持技术密集型企业的发展，凡是新增设备均提供特别利息贷款制度，在新技术开发区的投资企业可使用长期贷款。

以色列特拉维夫早期也依赖于政府资金的支持。首先，政府建立完善的数据库，分析企业的最优融资决策，为政府提供资金有效配置更有效。政府通过一系列的创新创业大赛，发现合适的投资项目和团队，进行资金注入，注入之后的资金政府并不要求回报，失败的项目无须还款，如果成功只需要逐年返回本金。可以看出，政府为引导创新创业提供了最大的资金支持，而且不甘于企业的运作，这是风险投资所不能比拟的。其次，有完善的政策法规体系支持企业。设立专职机构与完善政策法规体系，在民间风投行业尚属空白的20世纪80年代，首席科学家办公室每年通过各类研发基金支持了数以百计的科技创新项目，解决了这些项目融资困难的问题。政府主动为企业的产品创新分担投资风险，对具有"高技术优势"的公司和企业提供税收减免、特殊贷款和投资补贴等优惠措施。符合条件的科技创业公司，可享受最低5%的企业所得税税率优惠（以色列标准企业所得税税率为26.5%）。最后，提供一系列资金支持。包括：（1）研发支持基金。研发支持基金是以色列政府在《产业创新促进法》框架下最早实施，也是适用范围最广、规模最大的一项创新扶持计划。符合条件的以色列企业均可以向首席科学家办公室提出资金支持申请，一般70%左右的企业可以获得通过，并获得不超过研发预算成本20%～50%的支持资金，该项基金每年预算金额约为15亿新谢克尔（约3.8亿美元）。（2）孵化器项目。孵化器计划旨在把私人投资者认为风险过高、过于早期的创新技术孵化成各类初创公司，直到这些公司有能力从私人投资者那里筹资并独立运行。风投行业直到20世纪90年代中期才成熟发展起来，所以孵化器项目的出现，在一定程度上解决了当时大量创业者在种子期及创业初期无法获得资金的问题。孵化器由获得许可的私营机构运作，符合条件的私营机构经过政府投标和评估程序后，可获得授权成为政府孵化器的合作伙伴。在企业孵化的最初两年，大部分风险由政府承担，孵化机构则可以在企业成功后获得丰厚的股权回报。政府只在创业公司取得商业成功后才会收取一定金额的专利权费。目前,首席科学家办公室30%～40%的经费来源都是之前资助公司所上交的专利权费。(3)双边产业研发基金。在开展国际合作方面,首席科学家办公室遴选符合条件的国家及企业、研发机构,通过国际合作分享先进技术、获取国际市场信息,有效推动新技术新产品进入国际市场。与一般的风险投资基金不同,BIRD基金提供的是政策性债权融资,并不要求股权回报。

中国台湾地区新竹科技园的发展成果与政府资金支持密不可分。作为发展中经济体,早期的贴牌生产提供了经验和资金,但是其技术由引进转为自主创新,缺少人才和必要的创新环境。为了吸引海归回台创业,与特拉维夫的科创发展相同,台湾地区也对创新创业提供初始启动资金,但是有两点不同:一是扶持的对象不同,新竹科技园区针对的是海归人员,而特拉维夫针对的是所有人员;二是政府资金的后续退出,新竹科技园区提供项目注册资本的50%(最高限额500万新台币),如果成功,地方政府按照合适的价格或者按照上市以后的股价正常退出,如果不成功也不需要返还地方政府的股份。特拉维夫与此相似,但是政府在成功时的退出按照原投入价格退出。

(二)多层次的金融市场

美国硅谷有发达完善的金融市场。资本是支撑科技型创业企业的源泉和血液,也是其发展壮大的核心支柱。科技型企业在创立和成长的过程中尤其离不开金融资本的支持。美国硅谷地区之所以常年保持全球最富活力,就在于其具有发达完善的金融市场,支撑着科技型创业企业源源不断地涌现和发展。完善的金融市场为创业者进行创新创业提供了足够的刺激动力,也为风险投资者提供了资金退出的机制。美国纳斯达克(NASDAQ)股票市场是专门为小企业提供融资的交易市场,它为硅谷公司上市创造了有利条件。

中国台湾新竹产业园所在的台湾地区也拥有多层次的证券市场。为促进高科技产业的发展,台湾地区设立了多层次的证券市场。第一个层次是台湾证券交易所集中交易市场,目前上市公司800多家;第二层次为台湾证券柜台买卖市场,主要是为公开发行但还没有上市的公司的股票流通服务,成为4家同业公会联合组建的电子交易场所，上柜的股票分为主板、中小板、创业板、国际板等；第三个层次为兴柜市场，主要服务于已经申报上市但是还没有上市上柜之前的公司提供股票流通服务；第四个层次为盘商市场，这是非公开的私人交易场所，而不是一个合法的受监管的市场。可以看出，台湾地区多层次的证券交易场所为不同类型的企业募集资金提供了可能性，为风险投资者和创业者提供了可能的退出渠道。

（三）发达的风险投资

充足的风险资本是科技创新企业成长的动力。针对科技型、创新型中小企业的风险资本，能鼓励创新和创业精神，提高创新效率。纵观高新技术产业的发展历程，利用风险资本实现技术和资本融合，是推动技术创新、实现高新技术企业快速发展的捷径。2013年旧金山湾区吸收了全美45%的风险投资，2014年第二季度这一数字上升到55%，随着纽约高科技创新创业的发展吸引了部分风险投资，硅谷所占比例有所下降，2017年以硅谷为核心的旧金山地区风险投资在250亿美元左右，占到全美国的41.6%。

活跃的风险投资行业是以色列特拉维夫新型高科技产业取得成功的重要助推器和催化剂。以色列的风险投资数量也非常大，目前，以色列已经吸引了全球近35%的风险资本。2017年其风险投资金额相当于法国和德国的总和，以色列的人均风险投资额大约是美国的3倍，是西欧国家人均风险投资额的30倍。在特拉维夫创业企业资金来源中，风险投资所占比例比例一直保持在70%左右的水平（2012年度占比73%、2013年度占比75%），其中，互联网、通讯、软件、生命科学、半导体五大高科技领域分享了约80%的风险投资，市场化的风投行业逐渐替代了各项政府支持计划，成为支持以色列高科技发展的主要力量。在风投机构中，外资风险投资机构占据主导地位，目前，以色列风险投资行业大约有80家的活跃风险投资机构，其中近1/4为外资分支机构，以欧美投资机构为主。尽管机构数量不占优势，但是从投资总额来看，外资机构则占据了主导地位。外资机构风险投资总额在以色列占比高达60%，且近年来该比例仍在上升。此外，尚未在以色列设立基金但通过其他渠道开展风险投资的机构则超过200家，如IBM、微软、Google及思科等。

借鉴美国等其他地区的经验，中国台湾新竹科技园积极鼓励风险投资资本。地方政府采取措施吸引内部风险资金和外部风险资金的进入。1983年地方政府设定宏大风险基金，这是台湾地区最早的风险投资基金。根据组织基金的公司法，台湾地区设立了多项科技奖助基金和种子基金，鼓励银行、保险公司等金融机构创立风险投资公司。新竹产业园区的风险投资规模迅速扩大，10年时间产业园区成立了近30家风险投资公司，而且台湾地区以半导体、计算机信息设备等作为风险投资的重点对象，不盲目追求国际市场热点，极大地促进了新竹科技园区科创的发展。另外，不仅仅是岛内风险投资公司，为提高国际竞争力，台湾地区还大力吸引国际风险投资公司，包括美国、日本、德国等数百亿元新台币的国际资金进入中国台湾地区。

（四）其他金融产品的支持

传统金融组织的风险信贷。除了风险资本以外，传统银行也提供了足够的资金支持，美国专门成立了硅谷银行，以通过风险信贷的方式为高科技企业进行融资，而且银行可以直接持有创新创业公司的股票，把现代资产转换为股权，而发达的金融市场使上市具有便利性，银行可以在企业上市后获得丰厚的收益。日本筑波和中国台湾新竹科技园也主要依赖于传统银行的风险信贷。

与传统的金融工具相比，保险在助推高科技企业发展过程中的作用被较少提及。包括美国国际集团（AIG）在内的保险公司在硅谷企业的创立与发展过程中，尤其在解除创业者后顾之忧方面发挥着重要的作用。例如，针对硅谷高科技创业公司的股权结构和发展特点，它们专门开发了一种针对公司"关键人物"股权买卖的保险产品，从而避免因股权转让造成的公司运行困难。除此之外，保险公司还在硅谷企业与高管的合法避税设计、退休基金设计等方面起到了金融对科技型公司发展的助推作用。

四、金融支持全球科创中心建设的国际经验启示与政策建议

（一）风险投资的重要性无可替代

作为市场化的重要力量，风险投资在创新创业的作用无可替代。无论

是美国硅谷、以色列特拉维夫、中国台湾新竹等，都大力促进风险投资的发展。风险资本对技术型企业，乃至对社会技术的作用，国内外学术界都做过大量的研究，研究对风险资本在技术推动方面的积极作用是一致认可的。高科技创业企业发展的不确定性比较大，因此风险比较高，再加上初创企业缺乏固定资产用于抵押，以及银行信用较低，难以从传统金融机构获得足够的信贷支持，而证券市场上市的规模有限门槛太高，筹资的可获性较低。创业者自有资金毕竟有限，企业要发展，由谁来投资。创业企业通过银行贷款不是出路，最终的出路还是风险投资。对于风险资本，其特点不同于传统资本，其看好的是企业的无形资产，是其未来的成长，是其不确定带来的高额回报，风险投资通过承担高风险来取得高收益，因此风险资本天生就与高新技术企业、技术创新联系在一起。而现实状况也说明了这一点。同样对于技术创新类项目，其过程中也是存在许多不确定性。作为风险投资者来说，其天生就是与风险相结合的，只有具有风险的投资，才能获得足够的收益。在美国，风险投资10%的成功率可保证基金的正常运转，20%的成功率即可实现盈利。

风险资本在科技项目中好的方面可以归纳为：（1）对于科技型企业，特别是中小型高新技术企业而言，风险资本是一种新型筹措资金渠道，风险资本能极大地解决这些企业融资难的问题。风险资本作为国有资金、银行资本的补充，在中小型企业融资有着不可替代的作用，在科技型企业科技创新活动中功不可没。（2）风险资本的介入有利于促进科技产业化，是科研成果转化和高技术产业化的"孵化器"。风险资本对技术实用化起着重要的推动作用，是技术产业化效率较高的一类投资方式。

历年的实际状况也说明这一点，风险投资不考虑利润，则企业发展就会比较困难，有时甚至生存也成问题。美国硅谷的发展，主要是得到了资本市场和风险投资的支持；印度的班加罗尔、中国台湾的新竹，也是科技与金融完美结合的产物。相反，苏联拥有前沿的技术和顶尖的人才，但在高新技术产业发展却乏善可陈，根本原因在于其金融体制僵化。

对于风险投资的使用，应该完善风险投资的来源和管理机制，否则就会产生如以色列特拉维夫科创中心的一些问题，大部分风险投资公司为跨国公司拥有，其进行投资的主要目的是获得较高的投资回报，或者是在美国纳斯达克上市,或者成为跨国公司的研发部门,难以成为细分行业的成长性企业。根据有关部门统计,特拉维夫的企业一般从首次融资到被收购的平均年限不到4年,这一指标在英国和法国分别为6.5年和6.7年,美国的数值更高。因此,这个风险投资支持的金融模式不能支持以色列相关产业持续健康发展。

(二) 政府参与而不主导,市场起决定性作用

对于科创中心的建设来说,政府的作用必不可少(于铭、杨鹏飞,2014)。即使是最市场化的美国硅谷,在成立之初政府这只"有形之手"也发挥了必不可少的作用。其作用主要体现在:(1)提供初始市场。任何新技术的发明和新产品的推出都有市场培育的过程,在市场开发初期客户群体非常少,政府的需求就会对初创企业的发展提供了启动资金和后续持续发展的动力,如美国政府在军用和民用电子晶体和集成电路上资金和市场支持。(2)公共研发投入和创新环境支持。美国政府创建科技创新体系,以市场为基础,以产业政策为依托,以直接的R&D资本投入和间接的税收优惠为手段,R&D的资金主要来源于联邦政府、企业、学术机构和非营利组织,政府把钱给学术机构,把税收政策给企业,而企业则把大量的资金用于成果转化,确保有足够的资金对创新进行正向激励。

对科技创新来说,需要一系列要素资源的优化配置。按照经济学的相关理论,要达到帕累托最优,主要市场发挥决定性作用,通过价格信号引导要素向最优的地方进行配置。科创中心的建设也是同样的道理,需要发挥市场的基础性作用。对于科创中心来说,其要素包括技术、人力资本、资本等,人和资本的自由流动集聚。目前全球高端生产要素和创新要素向亚太地区转移,构建全球科技创新中心所需要的资源丰度和市场深度不断增长,这就更需要发挥市场的基础性调节作用。从前述全球创新中心的实践可以看出,只要发挥了市场对资源配置的基础性作用,就能取得成功,如硅谷、特拉维夫和新竹产业园区,而违背市场发展规模,政府管制得太多太宽,就容易导致失败,如日本筑波科学城(陈翁翔,2009)。从筑波的科创资金来源看,目前资金主要靠政府、财团和企业、财团与政府合建,投资渠道的多元化为筑波的发展注入了长久的发展动力,但是,这种模式

的活力较差,导致了缓慢发展的现状(李振国,2010)。

各科创中心的金融方面的异同如表 11.2 所示。

表 11.2　　　　　　　　各科创中心的金融方面的异同

地域	美国硅谷	以色列特拉维夫	日本筑波	中国台湾新竹
主导机制	市场	市场	政府	地方政府
金融主体	投资机构	投资机构	银行	银行
金融工具	风险投资	风险投资	间接融资	间接融资

(三) 健全多层次的资本市场服务体系

美国硅谷的成功离不开纽约证券交易所和纳斯达克交易所的支持,以色列特拉维夫的发展也与以色列本土证券交易所和美国证券市场息息相关,而中国台湾新竹科技园的异军突起也是主要因为其四个层次的证券服务体系。因此,发展多层次的资本市场,包括主板、创业板、新三板和区域性股权市场,服务于实体经济和供给侧结构性改革、支持创新创业。资本市场应该发挥其在科创中心上的资金融通、资源配置、并购重组等方面的作用,健全适应创新创业的多层次资本市场体系,提供全面系统的投融资服务,加快多层次资本市场体系,推动产品创新、服务创新和业务创新,服务和完善市场功能体系,有效支撑创新驱动发展战略。

(四) 促进金融生态的多样性

对于科创中心来说,多样化的资金支持是必备条件。对于融资来源而言,除了传统的银行贷款、政府资金支持、风险投资等外,还需要创新金融工具。相对于庞大的创新创业企业,传功的金融支持工具显得杯水车薪,仍然得不到资金支持。随着科技金融的发展,为中小创业企业提供了更加可获性的融资渠道,特别是对于非金融中心来说更显得尤为重要。如中国台湾新竹,创新性地发展融资方式,不拘泥于银行和风险投资等形式。在一个组织体系、市场层次、机构种类并不健全的金融生态环境中,金融资源往往难以得到优化配置,对于中国或者金融资源不丰富的地区来说,金融资金分布不合理问题仍然存在,与经济结构调整和转型升级的要求不相适应，需要放宽准入丰富金融生态形态多样性，建立广覆盖、差异化、高效率的科技企业金融服务机构体系，增加科技企业金融服务有效供给、促进竞争，健全商业性金融、开发性金融、政策性金融、合作性金融分工合理、相互补充的金融机构体系。

（五）金融支持的全球价值链环节

从硅谷成功的企业来看，大多企业处于价值链的顶端，从事研发、设计和商业模式的创新，没有宽广的产业基础。如利用全球价值链和贸易自由化的红利，苹果公司逐渐把产品零部件的制造、组装和测试，全部外包给日本、韩国和中国等地的公司，自己则仅仅专注产品研发、设计和销售，这种运营战略使苹果公司可以充分发挥技术和品牌优势，在知识产权法保护下最大限度地获得垄断利润。把制造业环节放在资源配置最优的地区，在全球化高速发展的今天可以获得较高的收益，但是硅谷附近以及美国并没有获得制造业发展的益处，产生制造业"空心化"现象。而且创新的开放性，最主要的是吸引世界各地的人才，而人才具有流动性，当全球化或者人才流动趋势发生转变时，硅谷的全球科创中心地位就会受到挑战。

第十二章 产业和金融的协同创新

一、产业创新和金融创新的研究进展

(一) 关于产业创新

Freeman (1974) 第一次系统地阐述了产业创新的概念,认为产业创新就是"产业"内的"创新"。这一定义也是西方学者的共识,Breschi 和 Malerba (2005) 指出,产业创新是指"一组公司积极发展和制造产业产品,创造和使用产业技术"。陈劲 (1999)、柳卸林 (2000) 等是国内研究产业创新系统较早的学者,他们认为产业创新系统是国家创新系统的子系统,并指出产业创新系统的关键是合作创新网络。石奇 (2006) 从价值链视角阐述产业创新,认为产业创新是产业由低技术水平、低附加价值状态向高技术、高附加价值状态演变的过程。段沛佑和董冲 (2014) 基于供应链探讨了产业创新体系的构建。柳卸林、孙海鹰和马雪梅 (2015) 基于创新生态观提出了从创新生态角度思考我国科技管理模式的建议。张振刚、陈志明和余传鹏 (2015) 基于对创新集成观、创新层次观、切克兰德系统观以及技术路线等相关理论和文献的整理与研究,以"图景—能力—任务—路径"作为维度构建了企业创新路线图,并阐述了其内涵、维度及机理。

关于产业创新动力和模式的研究。Rothwell (1992) 总结了产业技术创新的五个代表性的过程模式:技术推动模式——需求拉动模式——交互作用模式——链环回路模式——系统集成和网络模式。Abemathy 和 Utterback 提出了著名的 A–U 产业创新动态过程模型,揭示了技术创新和产业发展之间的内在联系。刘志迎等 (2007) 基于复制动态机制建立了产业创新复制动态系统的进化博弈模型,研究了在需求约束下产业创新复制动态系统的进化稳定性质，指出产业中首家企业采用创新策略的得益于产业创新成功的决定因素。李锐和鞠晓峰（2009）探讨了其自组织进化机制，构建了产业创新系统自组织进化的动力模型，并对模型的稳定性和演化趋势进行分析。李新春等（2010）在共同前沿生产函数的基础上对不同地区的高技术与非高技术产业创新投入中资金和劳动的单要素效率进行了比较分析，结果显示，目前提高创新产出的关键不是扩大资金投入，而是提高劳动投入和改善资金效率。韩宝龙和李琳（2011）从区域产业创新驱动力的获得方式和空间来源角度将促进区域产业创新能力提升的驱动力划分为6种类型，解析了各驱动力对区域产业创新的作用机理。

关于产业创新的实证研究。Kubeczko等（2006）应用Malerba（2005）的理论模型分析了产业和区域创新系统在支持中欧国家森林业创新中的作用。Gilsing and Nooteboom（2006）以生物制药产业为例，分析了生物制药产业创新系统的探测与开发。张治河和谢忠泉（2006）、刘宏程和仝允桓（2010）基于PC产业中外成功厂商的对比后发现，合适的企业创新路径是在一定限制条件下初始创新路径与产业创新网络共同演化的结果。董豪等（2016）以信息通信产业为例研究产业创新复合系统的协同发展。

纵观国内外产业创新的研究发现，已有研究多以具体产业的创新或结合某个部门的创新为基础进行思考，缺乏从产业发展周期的纵向角度和产业链不同环节的横向角度的相关研究。

（二）关于金融创新

BIS（国际清算银行，1986）最早提出，金融创新包括两种不同现象：一是金融工具的创新；二是金融创新的三大趋势：证券以及使银行信用和资本市场的界限变得模糊不清的趋势、资产负债表外业务越来越重要的趋势、金融市场的全球一体化的趋势。

金融创新是近年来西方金融业中迅速发展的一种趋向，其内容突破金融业多年传统的经营局面。在金融工具、金融方式、金融技术、金融机构以及金融市场等方面进行了明显的创新变革，特别是互联网金融等创新发展等（曹东等，2014；李鑫，2014）。

(三) 关于金融创新与产业创新之间的关系

对于金融创新与产业创新之间的关系国内外的研究尚不多见,已有文献主要集中于两类:一是有关金融发展与经济增长之间关系的研究,二是讨论产业发展的金融支持体系。

研究金融发展与经济增长关系的文献很丰富。Rajan 和 Zingales(1998)在一篇颇具影响力的文献中提出外部融资依赖症,认为金融发展对依赖外部融资的产业的成长促进作用更大,外部融资的产业在那些金融体系发达的国家中增长更快。Shang – Jin Wei 和 Tao Wang(1997)利用 370 个城市的数据,分析了国有银行和国有企业之间的关系,发现银行存在系统的、有利于国有企业的强烈政策导向,并指出这种导向必然会降低非国有部门的增长。卢峰和姚洋(2007)的研究也得到了类似的结论。张军等(2008)利用上市公司数据,检验了金融自由化对于企业投资行为的影响,计量结果表明金融改革缓解了企业的外部融资约束,显示了金融改革的积极作用。Guariglia(2008)的研究表明,绝大多数民营企业的融资是内源性的,中国民营企业外部融资成本较高。

产业发展的金融支持的相关研究集中于以下几类:一是探讨某类产业(或企业)发展的金融支持体系建设,如战略性新兴产业的金融支持问题(顾海峰,2011;王宇伟,2011;范小雷,2007),高新技术、文化产业等的金融支持(何树红,2011;郑婧渊)。二是产业升级和经济发展方式转变的金融支持的研究,如区域经济一体化的金融支持(许存兴,2011)、经济转变方式中的金融支持等(封思贤等,2011;谈儒涌,1999;包群和阳佳余,2008)、产业结构高级化演进的金融支持(顾海峰,2011;龚仰军,2002)。三是对金融支持经济发展的效率进行测算的研究,如孙爱军等(2011)借助 DEA – Malmquist 指数方法,基于中国 1998~2010 年的省域数据,量化计算金融对省域三大产业发展支持的效率;熊正德(2011)基于 DEA 和 Logit 模型测算了战略性新兴产业的金融支持效率;鞠晓生等(2013)融资约束对企业创新可持续性的影响;王超恩等(2016)探讨了在融资约束理论框架下产融结合、金融发展与企业创新产出三者之间的关系。

第十二章 产业和金融的协同创新

可见，国内外对于金融发展与经济增长关系的研究成果丰硕，无论是通过理论分析还是实证考察的结果都表明，金融创新推动着金融发展，金融发展与经济增长关联性很强。然而，立足于金融创新和产业创新协同的角度，用动态的眼光去研究它们之间协同机制的文献目前却很少见。

（四）关于协同创新

协同（synergy）问题最早是 Ansoff（1965）研究企业的多元化问题时提出的。而协同理论的创始人则是德国的物理学家 Haken（1971）。Haken 通过研究发现，在任何系统中，各子系统之间，均依靠有调节、有目的的自组织过程，使不同的子系统协同作用，并产生新的稳定有序的结构。国外协同学被广泛应用于医学、心理学、物理学等领域，在经济管理领域的应用相对较少。Shaver（2006）认为，传染效应和能力效应会负面影响企业并购的协同效应；Fields 等（2007）研究了美国等几个国家银行保险业并购中的协同效应，并且认为这种效应与规模经济、范围经济、并购双方的地理位置显著相关。

协同创新（synergy innovation）理论是在创新逐步转向系统化、网络化范式的背景下应运而生的。近年来，理论界对"协同"再度重视，把协同思想引入创新过程和产业发展成为一种趋势。创新系统是协调某一范围内各类组织（企业、大学和研究院所、公共和私有部门、政府和金融部门等）、制度（政策、市场制度、专利制度、教育和培训制度、研发制度、社会制度等）和社会环境（社会文化背景、非正式的习俗和惯例等）间相互协调、互动和反馈关系的整体机制，它能把特定范围内的多种参与主体整合成一个协调一致的整体，并使整体创新能力大于个体创新能力之和。系统生产、扩散和使用新知识的方式，决定了系统的创新能力与创新绩效（Nelson，1987；Freeman，1992；Lundval，1992；Pavitt and Patel，1994；OECD，1997）。根据主体层次的差异，创新系统可分为国家创新系统和区域创新系统两部分。协同创新的相关研究大致可以分为三类：创新系统论、复杂性系统论和要素协同论。协同创新是产学研等创新主体为了实现重大科技创新而开展的大跨度整合的创新组织模式（张学文，2014）。

复杂性系统论认为，随着经济环境的日趋复杂，复杂性理论日益重视从整体上对企业功能及创新发展的非线性特征进行整合（Jallszen，2002）。协同创新会产生类似于物种进化过程中因相互影响产生的共同进化和共生现象，成功实现协同创新的企业是因为形成了不断寻找新协同机会的移动的新关系网络，在信息交流、资源共享和多业务战略方面实现了共同进化（Eisenhardt and Galunic，2000）。

部分学者运用协同学理论研究了经济问题和现象。李崇阳、李茂青（2007）论述了协同学在软科学领域的应用概况；蒲祖河（2003）应用协同学思想分析了温州民间金融与民营中小企业的协同演进问题；岳忠宪（2004）研究了金融制度与中小企业发展的协同问题；张宗新（2006）研究了金融开放条件下的利率改革与汇率改革的协同问题；马建春（2007）研究了金融制度变革与资本市场结构演进的协同性；王超恩等（2016）认为产融结合能缓解制造业企业创新活动的融资约束从而促进制造业企业的创新产出。

综上所述，从目前国内外已有研究成果看，由于研究目的、研究时间、研究角度、研究方法等诸多因素的局限，有关信息产业协同创新的研究还未形成系统化的理论研究成果。已有研究大多停留在宏观层面，是以国家或区域为研究对象，分析该地区范围内宏观创新主体间的协同关系；少数对企业微观层面协同创新的研究也处于定性分析阶段，缺乏足够的实证研究；从中观层面对产业与金融系统的协同创新的研究更是鲜有涉及。因此，从产业经济学、金融学、协同学、创新理论的角度，运用系统动力学、多目标最优化方法、动态博弈方法、向量自回归模型等工具，从产业发展的战略高度对产融系统的协同创新机制进行跨学科交叉式综合性研究，构建"目标协同""动力协同""行为协同"和"政策协同"的四个层面的研究框架，层层深入，不但能丰富传统的金融理论和产业经济理论等，而且在实践上为建立面向中国制造业可持续发展的产融协同创新平台提供建议。

二、产融协同创新的冲突

（一）产融协同创新的主体

由于各创新主体有着不同的战略定位、经营理念与利益追求，因而在协同创新活动开展过程中存在文化冲突、合作方式冲突与利益分配冲突等多方面的冲突，这些冲突因素将制约和阻碍协同创新项目稳定持续发展，甚至可能导致协同创新项目走向失败。

在协同创新环境下，系统中各协同创新主体间能有效地共享资源和转移资源，并且各协同主体通过形成合作与信任关系进而构成以"风险共担、利益共享"为合作原则的有机整体。一个系统由多种要素组成，协同创新系统也是由多种要素构成的。王延荣等（2013）提出协同创新系统包括知识转移与共享、创新主体流动、创新资源投入以及创新成果产出等过程。与其他创新模式不同，协同创新更为复杂，在协同创新系统中，高校、科研机构与企业是核心参与主体，政府、科技中介机构、金融服务机构等组织是辅助参与主体，各参与方通过创新资源互补进而形成多元主体融合互动并深入协作的系统组织。与普通的创新模式及产学研合作模式相比，除企业、高校与科研机构外，协同创新更为注重政府、科技中介机构、金融服务机构等，这些辅助创新主体的参与能为协同创新系统的构建和发展提供有力的支撑与保障。

1. 企业

在产业中，企业是协同创新系统技术创新的主导者，既是技术的需求者，也是产融协同创新的主体，以企业对于技术的需求方向和需求程度作为协同创新的主导方向。企业在协同创新系统中主要目的是获得技术，在瞄准市场需求的情况下，开发新的技术和创新产品。

2. 金融机构

尽管已有来自政府的资金支持，但协同创新项目往往仍面临着资金匮乏的情况。而金融服务机构的积极参与，正好能为协同创新项目提供更有力的资金支持。可参与协同创新项目的金融服务机构主要包括风投机构与银行机构等组织，其具有投资融资、风险控制与风险管理等职能。在当前知识经济时代，金融服务机构必须积极发挥自身价值从而为协同创新项目核心创新主体提供充足的创新资金。

3. 其他参与方

其他参与方主要包括政府、高校与科研机构、科技中介机构等。在产融协同创新系统中，不仅仅是金融和企业的关系，有时候也涉及了政府、高校科研院所、科技中介机构等。政府在产融协同创新中起到引导、推动和监督的作用，政府为相关参与各方提供良好的环境促使各方能更好地市场化运作在协同创新项目中，高校与科研机构是另一大核心参与主体。它为协同创新系统提供知识来源，主要负责技术研发并提供技术服务。另外，高校还能为企业培育和输送人才，并为企业和社会输送前沿理论知识。同时，高校与科研机构还可直接为企业提供技术创新成果或者是共同参与重大关键技术研发。

4. 科技中介机构

科技中介机构主要包括科学园、技术转移办公室、研发代理机构、代理企业、孵化器等组织。科技中介机构凭借自身的协调能力与核心能力能将整个协同创新系统中的创新要素进行有效整合，并尽量控制成本和有关风险，从而加快协同创新系统内的知识增值速度，最终实现协同创新项目整体利益。

5. 政府

政府在协同创新系统中发挥着重要的引导、推动和监督作用。目前我国市场机制尚不健全，当各种创新资源和生产要素被组织垄断、区域分割时，需要各级政府发挥积极作用，以促进区域经济协调发展。首先，政府为企业、学研方两大核心创新主体创造合适的政策环境，制订并实施相关政策从而为协同创新活动提供政策方面的支持和引导。另外，还可制订行业管制、知识产权保护、科研人员激励等措施。其次，政府能为企业与学研方提供创新资金，通常是通过税收优惠、专项补贴或项目拨款等方式直接或间接地给予企业和学研方提供资金支持。最后，政府还可为各创新主体搭建基础设施平台，如各种大型设备、公用设施、基础设施、配套设施等。

综上所述，在协同创新项目中，企业、高校与科研机构（即学研方）是协同创新系统的核心参与主体，而政府、科技中介机构、金融服务机构则发挥着支撑和辅助的作用，各协同创新主体相互融合，积极投入创新资源并付出努力，共同推动协同创新项目稳定持续发展，如图12.1所示。

第十二章 产业和金融的协同创新

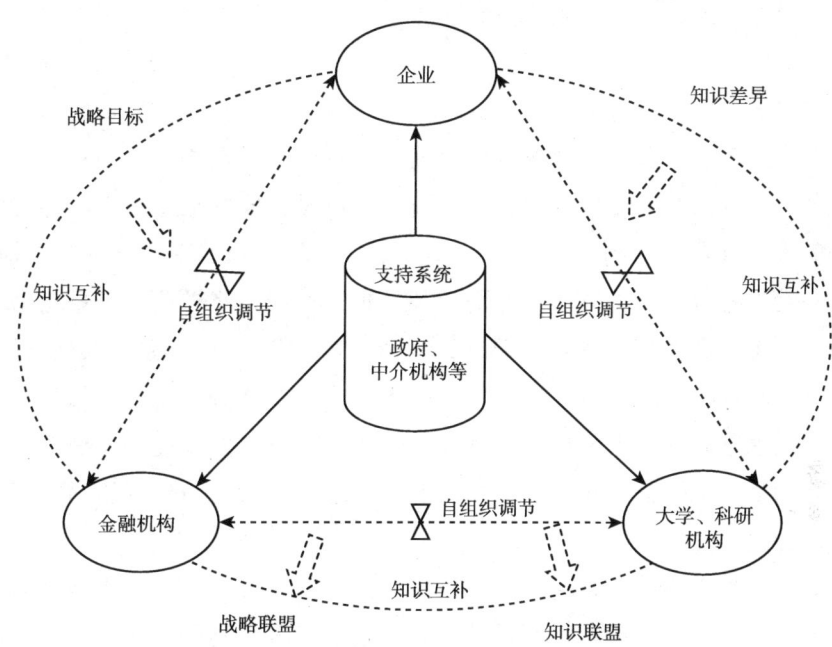

图 12.1 产融协同创新主体目标协同关系的构建

（二）协同创新的利益与冲突

协同创新项目利益分配是指对该协同创新项目最终所产生的整体收益在各协同创新主体间按照一定的比例或规则进行分配的过程。可供分配的项目收益是开展利益分配工作的基础，因此明确协同创新项目利益的内涵和具体内容对保证项目整体利益在各协同创新主体间科学合理地分配具有重要意义。汪之明（2010）认为，协同创新项目利益是指由高校、科研机构与企业等协同参与主体，通过创新要素自由流动并有效集聚进行合作创新，最终由整体系统创造的新增利益。也就是指由各协同参与主体提供创新资源，通过创新要素的优化整合，各创新主体努力工作并共担风险，将科技创新成果进行产业化及商业化后最终获得的各种新增利益。最终项目收益既可表现为实际经济效益的有形利益形式，也可表现为社会声誉的增加、知识经验的积累、市场占有率的提高以及创新主体能力的提升等无形利益形式。

协同创新项目在强调整体收益的基础上力求实现各协同创新主体的利益最大化，根据利益的可获得性及可量化程度，可将协同创新项目利益分为有形利益与无形利益两大类。有形利益是指创新主体可直接获得的，能够进行量化的经济效益，如产品或服务的收益、技术成果、技术转让收益、经济利润等，这部分利益是创新主体参与协同创新项目的直接目标和内在动力，有形利益的多少能体现出协同创新项目的绩效水平。无形利益是指协同创新项目创造的无形效益，在实践中难以量化，它也是短期内各协同创新主体难以获得的利益。但当创新主体可以感受到无形利益的存在时，无形利益就能够促进有形利益的增加，最终无形利益将转化为可量化的有形利益。无形利益包括学习经验、社会形象、品牌商标、商誉等，它也会促进有形利益的增加。通过设计有效的利益分配机制或采取合理的利益分配策略，能够激励各协同参与主体增加创新资源投入并提高工作努力水平以求在创新成果分配期获得更多的利益，这对维持紧密稳定的协同创新关系起着决定性作用。

在政产学研协同创新项目中，各协同创新主体参与项目的直接动力是追求经济利益，并实现自身利益最大化，但由于各协同创新主体有着不同的价值理念和利益诉求，因此，在协同创新活动开展过程中存在诸多影响和制约协同创新绩效的冲突因素。其中，利益冲突是各协同创新主体间最为关键且矛盾最突出的问题，它对协同创新项目的持续稳定发展起着决定性作用。在开展政产学研协同创新项目中，政府的利益需求是推动区域经济协调发展，为经济结构优化、产业转型升级提供科技支撑，从而实现科技与经济一体化发展。企业的利益需求是将学研方研发的科技创新成果或者是企业与学研方联合研发的科技创新成果进行产业化并投入市场，以期提升产品市场竞争力并增加其市场占有率，最终实现经济效益最大化。高校的利益需求主要是凭借自身在科学研究和人才培养方面的优势，加快相关学科建设，为企业培养和输送创新型人才，提高自身的办学综合实力和社会影响力，更好地履行服务社会的职能。科研机构的利益需求是借助协同创新合作平台取得科研创新成就并加快科技创新成果转化。为促进协同创新项目持续稳定发展，需要处理好各协同创新主体间的利益关系，在整体理性的约束下最大限度地实现个体理性。

大学与科研机构更偏向从协同创新项目创造的社会效益的角度考虑其应得利益。企业追求的目标是实现科技创新成果的高效快速转化，提高创新产品的市场占有率并获得最理想的投资回报。当前政产学研协同创新项目涉及多个协同创新主体的资源投入和风险承担，以及在此基础上构建的预期利益分配机制。协同创新项目利益不仅包括有形的经济利润、技术成果，而且还包括品牌商标、学习经验等无形利益。利益的复杂性、创新主体的多元化及各自在协同创新项目中的定位不同等因素，更加剧了政产学研各方从最初的创新资金投入最终的利益分配等各项目阶段的利益冲突。在利益分配比例或系数上，学研方倾向于按各自技术价值的入股比例来决定，而企业作为协同创新中重要的资金供应方，它更倾向于把学研方看成其技术研发的委托方，只用付给学研方相对固定的报酬，而非可以分配股利的股东。另外，在付款方式上，为降低财务风险和道德风险，企业往往采取分期结算的方式付给学研方研发经费，即企业在技术研发阶段先向学研方支付部分经费以保证项目顺利进行，剩余部分的经费在科技成果产业化后一定期限内按最初约定的利益分配比例采取分期付款的方式支付给学研方。而科技创新成果的转化在短期内很难取得显著的经济效益，这就意味着学研方拿到所有研发经费并应用于后续项目需要很长时间，耽误了学研方开展后续项目研发工作的进度，容易导致企业和学研方间发生冲突。综上所述，政产学研协同创新本质上是一个合作博弈的过程，各参与主体间的协同创新是建立在整体理性的约束下追求各自利益最大化的合作模式，各协同创新主体通过沟通协商，制订合理公平的利益分配方案，共同分享项目创造的利益。利益冲突是政产学研协同创新项目中的主要冲突，并且在不同的项目阶段，利益冲突有着不同的表现形式。

三、产融协同创新的形成机制

在产融协同创新中，不同知识主体之间以知识为运动介质产生非线性交互作用，促使各知识主体按照协同方式进行整合、相互合作，通过协调产融各方知识主体、知识本身、知识交互来控制产融之间的合作行为，从而实现产融之间知识优势的互补与融合。协同学是由德国物理学家 Haken 创立的，研究一个系统中各子系统之间的非线性相互作用产生的协同效应，导致系统结构有序演化的自组织理论。产业创新与金融创新的协同机制的研究涉及众多经济变量和参数,反馈机制复杂,它们之间的相互联系和相互作用组成了一个高维的复杂演化系统,需要全面把握其复杂的关系进行分析、计算和检验。图12.2显示了产融协同创新中知识协同关系的动态演化。

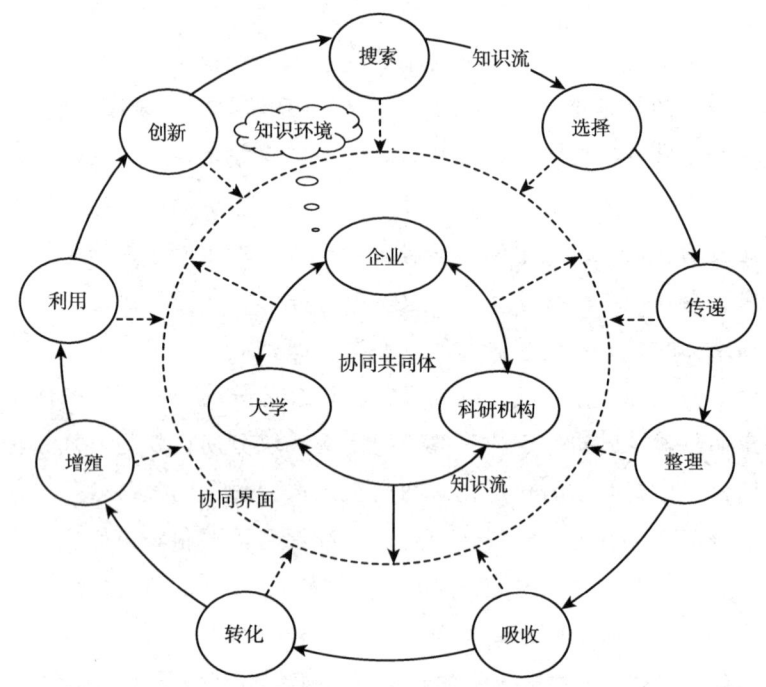

图 12.2 产融协同创新知识协同关系的动态演化

(一) 目标协同

制造业产融协同创新过程中的政府目标、企业目标、金融机构目标等部门都有自己的目标,各主体之间的利益存在不一致的地方,就会存在冲突目标,各主体之间目标需要协同。目标协同问题实质是一个多目标优化问题(multi-objective optimization problem,MOP)。可以多目标优化算法为工具,集合目标协同过程中的政府目标、企业目标和金融机构目标,根据各个子目标的影响因子,揭示在一定约束下各个子目标之间相互协调、实现多目标优化的机制。具体而言,产融各创新主体之间协同关系的结成将所有主体的创新行为基于利益共生紧密捆绑在一起,通过主体之间的相互学习,协同各自拥有的知识资源,促进知识的合理转移及有效共享,从而达到对知识资源的优化组合，实现知识的创新和增值，最终获取协同效应，换句话说，协同关系的形成过程不仅反映了参与创新活动的产学研各主体之间的关系调节，更体现了整个产融协同创新知识流动过程中的知识交互行为，它使各个知识主体之间产生相互联系、相互制约的关系，其间更涉及知识的转移、传播、分享、使用和新知识的创造等一系列过程。

（二）动力协同

产融协同创新的政府驱动力、企业驱动力和金融部门驱动力，这三个动力子系统之间存在相互协同和耦合形成"合动力"的过程，这个"合动力"推动产融协同创新。因此，就需要建立产融协同创新的政府驱动力、企业驱动力和金融机构驱动力三个子系统，将复杂性、反馈性、时滞性和非线性纳入动力协同系统之中，构建三者关系的系统动态模型。

（三）行为协同

第一，产业生命周期不同阶段具有不同的金融支持模式，政策性金融、商业金融和多层次资本市场各适合创新不同阶段。一般来说，产业生命周期的早期阶段，风险较大，市场化机构在衡量风险收益情况下不会投入进去，就需要政策性金融来支持，如以色列就是采取这种模式。到了技术引入市场阶段，由于距离产生效益较近，市场化风险投资机构开始介入，之后标准化阶段就是证券市场和银行等传统金融机构的支持。因此，处于创新不同阶段，金融支持模式也就不同。第二，产业链不同环节的金融支持模式也亦差异。随着信息技术的日新月异，制造业产业链金融已经从线性的单链向非线性的网链方向发展。上述过程中的政府行为、企业行为以及金融机构行为具有不同的特征，也就需要不同的协同机制和模式。

（四）政策协同

产业政策和金融政策需要进行动态协调。产业政策与金融政策是互为基础、互为作用、互为依赖的两轮驱动体系。国际上日本和韩国具有成功的产业政策和金融政策互动关系经验，产生不同产业政策和金融政策协调配合的途径和主要模式是关键。

第十三章 科创大走廊产融协同创新的应用场景

一、科创大走廊产融协同的发展基础

杭州城西科创大走廊是杭州创新资源主要集聚地,依托杭州城西科创产业集聚区的快速建设,已逐渐显现出产城融合发展、创新创业活跃的科技新城雏形。

(一) 生产力水平居全省前列

(1) 区域生产力水平居全省前列。作为科创大走廊空间主体的城西科创产业集聚区,2016 年地区生产总值达到 579 亿元,占杭州市生产总值总量的 5.7%,增速是全市 2 倍,经济总量连续四年位居全省各产业集聚区之首;集聚区财政收入超过 100 亿元,占全市财政收入的 5.1%。城西科创产业集聚区连续四年综合考评优秀,产业增加值、企业利税总额、固定资产投资等方面均列全省第一,尤其在"产业优化""发展效率"两类指标中表现优异。(2) 特色小镇潜力较大。梦想小镇已累计引进创业项目 500 多个,创客 4000 多名,各类基金及投资机构 70 余家,管理资本逾 300 亿元。紫金众创小镇紧邻浙江大学紫金港校区,浙江大学国家大学科技园、西湖科技园已入驻企业近 600 家,企业年营业收入超 60 亿元,2015 年实现财政总收入 7.5 亿元,技工贸总产值 150 亿元。

(二) 科研实力全国领先

(1) 区域科研经费和人才数量均居全国前列。截至 2015 年,城西科创产业集聚区科研经费支出列全省集聚区第 1 位,累计培育和引进"国千"

第十三章 科创大走廊产融协同创新的应用场景

专家102名、"省千"专家142名、两院院士25名，集聚科技活动人数近7000人。（2）区域科研机构显著集聚。区域内已拥有国家第三批海外人才创业基地和浙江省科研机构创新基地，集聚浙江大学研究院、香港大学浙江科技研究院、中科院长春应用化学研究所杭州分所、中国地质大学浙江研究院、浙江西安交通大学研究院、国电机械设计研究院、浙江省医学科学研究院等一大批大院名所。浙江大学等院校科研实力强劲。浙江大学学科门类齐全，整体水平位居国内前列，部分学科已经具有相当的国际影响力，18个学科进入世界学术机构前1%，材料科学、化学、农业科学、工程等4个学科进入世界前50位；2015年发明专利授权量1865件，居全国高校第一；拥有中国科学院院士15人、中国工程院院士18人、"长江计划"特聘（讲座）教授113人、国家杰出青年科学基金获得者119人、引进国家"千人计划"学者76人。同时，区域内浙江农林大学、浙江工业大学、杭州电子科技大学、浙江科技学院、杭州师范大学等其他高校，在碳汇、智能制造、信息、生物等专业领域具有显著的人才科研优势，对科创大走廊发展具有较强的技术支撑作用。

"十三五"期间，科创大走廊将致力发挥浙江大学、阿里巴巴等知名校企的主引擎作用，突出企业的创新主体地位，强化人才的科技创新支撑，彰显杭州在信息建设方面的先发优势、全球影响和巨大的潜力，努力将科创大走廊打造成全球领先的信息经济科创中心，成为具有国际水准的创新共同体、浙江创新发展的主引擎。从规划看，到2020年，科创大走廊初步形成全球领先的信息经济科创中心基本框架体系。（1）创新资源有效集聚。各类人才总量达到30万名左右，引进来杭创新创业的海内外高层次人才1万名，引进和打造高水平科研院所（含企业研究机构）100家，集聚高新技术企业1000家，培育科技型中小微企业1万家。（2）创新环境更加优化。各类基金资产管理规模达到2000亿元，投入小微企业的民间资本和创投资金超过1500亿元，人口集聚规模达到50万人左右。（3）发展质量显著提升。生产总值年均增长15%以上，研究与试验发展经费支出占地区生产总值比重达到5%，新产品产值率达到60%，战略性新兴产业产值比重达到70%，科技进步对经济增长贡献率达到65%以上，全员劳动生产率达到30万元/人。

二、科创大走廊技术创新中的金融支持

在杭州城西科创大走廊的发展过程中，金融资本起到了关键的作用。在规划初期，就对金融资本的发展进行了扶持，在规划的专业小镇中，包括西溪谷互联网金融小镇、创投小镇、青山湖资本小镇等重要金融载体。其中，资本小镇的发展重点为激发金融创新活力、吸引更多金融资本及配套服务机构集聚、加快推进金融业态创新发展、促进实体产业转型升级为目的，按照建设创新型、区域性金融生态系统的要求，构建综合性、多元化的金融服务组织体系，打造成为全国有影响力的金融创新小镇。秉持"产业为本、金融为用"，寻求与创业和天使投资基金的合作，支持创新创业企业在多层次资本市场挂牌、上市和融资，发行各类债券、资产支持证券（票据）、吸收私募投资基金，积极布局证券、保险、财务公司等金融牌照业务，构筑更加活跃的投融资体系，打通创新创业与资本融通的渠道，用资本链条链接产业和创新，助力科技创新与金融创新的融合。

按照"创新链＋产业链＋资本链"三链融合发展要求，突出浙江大学创新引领作用，强化企业的创新主体地位，加快培育自主创新平台，集聚创新创业人才，完善创新政策机制，打造国际性、开放式的产学研成果研发与转化大平台。依托西溪谷互联网金融小镇、梦想小镇等平台，充分发挥"人才＋资本""科技＋金融"优势，集聚大型投资机构、上市企业投融资总部，打造区域财富管理中心、互联网金融集聚区，形成与创新型经济相配套的新金融体系，加强互联网金融环境下新金融商业模式创新。全面提升互联网金融服务能力和普惠水平，鼓励互联网与银行、证券、保险、基金的融合创新，满足多层次实体经济的投融资需求。

大力发展创业风险投资，积极完善科技金融服务体系，积极借力多层次资本市场，推动培育创新创业融资新模式，构建覆盖创新创业全链条的多层次、多渠道、多元化投融资支撑体系，打造更具活力的创新创业生态系统。

（一）设立政府投资基金

2016年浙江省设立10亿元的政府投资基金，立足于杭州城西科技大走

廊，面向全省和全国，重点投向浙江省内具有产业和技术优势的战略性新兴产业、高新技术产业和现代服务业等领域项目。学习以色列特拉维夫的经验，政府投资基金主要投向基础性的初创企业，采用政府引导、市场资金参与方式成立该基金，可以针对不同企业情况，从市场性、公共性两个维度解决企业转型升级中遇到的问题。浙江省在运作政府投资基金上积累了丰富的经验，截至2018年年底，设立的投资基金近1000亿元，一般能达到1∶10的放大倍数，可以有效发挥财政杠杆作用与乘数效应，使积极的财政政策更加精准发力，克服股权投资领域的"市场失灵"，引导带动社会资金投入城西科创大走廊的关键领域与薄弱环节。而且，浙江省发布了《关于创新财政支持经济发展方式加快设立政府产业基金的意见》，加大政府投资基金的投入，规范政府投资基金的运行。

（二）构筑活跃的创投体系

（1）引进创业风险投资。依托杭州市国家科技金融试点城市建设，支持天使投资人、股权投资机构和股权投资管理公司等集聚发展，加强天使投资、科技保险等新产品开发，做大直接融资平台。吸引社会资本参与新兴产业创投计划，引导创业投资更多地向创业企业起步成长的前端延伸。支持开展互联网股权众筹融资试点，增强众筹对大众创新创业的服务能力。积极探索吸引民间资本投向科技创新、投向人才创业的新路子，引进国内外投资机构合作设立子基金，激励发展创业孵化型金融机构。着重推动民间资本基金化，充分发挥浙江民间资本充裕的优势，支持和引导民间资金创立各类风险投资基金。

（2）创新科技金融产品和服务。鼓励发展互联网金融、普惠金融、小微金融等科技创业金融服务方式。推动商业银行成立科技支行或科技金融专营机构，探索投贷联动服务模式，推进科技资源与金融资本对接。鼓励银行提高针对创新创业企业的金融服务专业化水平，对创新创业活动给予有针对性的股权和债权融资支持。鼓励银行业金融机构向创业企业提供结算、融资、理财、咨询等"一站式"系统化的金融服务。探索建立科技信贷风险池，提高科技型中小企业贷款风险补偿能力，扩大风险补偿贷款范围，把创新型中小微企业不良贷款容忍率提至5%。

(三) 借力多层次资本市场

(1) 支持企业在资本市场挂牌、上市和融资。大力提升科技型中小企业运用资本市场的能力，为不同规模、不同行业、不同发展阶段的科技型企业拓宽多样融资渠道。以主板、新三板、创业板、中小板为重点，加强科技型上市企业培育，加快股份制改造，推进科技企业上市。发挥区域性股权市场、柜台市场的积极作用，鼓励科技型企业在浙江股权交易中心挂牌和融资，支持科技型企业上市、并购和转让。争取省股权交易中心设立科创大走廊分中心，积极发挥浙江互联网金融资产交易中心等交易平台功能。支持设立小微券商、小微证券服务机构。

(2) 推动企业股权众筹融资试点。鼓励发展一批股权众筹平台，增强众筹对创新创业的服务能力，服务小微企业创新创业。依托省股权交易平台，加大对种子期和成长初期科技创新型项目的融资支持，支持符合条件的创新创业企业灵活运用企业债、私募债、（超）短期融资券、中期票据、公司债、资产支持票据、非公开定向债务融资工具、可转债等新型债务融资工具。

(四) 培育创新创业融资新模式

鼓励银行与基金、证券、保险、信托等机构合作，探索"商行+投行"经营模式，创新金融产品，不断完善支持创新创业的金融服务体系。鼓励开展专利权、商标权质押评估管理，推动专利权、商标权质押融资和专利保险工作常态化规模化发展。大力开展股权出质和出资登记、动产抵押登记，推进专利、商标等无形资产评估质押工作，改善融资条件。开展高新技术企业科技保险试点，支持发展科技再保险。规范发展科技金融中介服务，加快发展信用评级、资产评估、融资担保、投资咨询等专业服务机构。建立科创大走廊投资引导基金和担保基金或机构，通过融资担保、再担保等形式，为科创大走廊中小企业提供信用增进服务。

第五篇 研究结论

创新驱动和发展无疑是当今时代的最强音，而高能级科技创新平台作为支撑创新驱动的重要载体和核心力量，在区域科技、经济与社会发展中发挥着极其重要的作用。面对更加激烈的国内外科技与经济竞争，国内主要发达地区都已将建设一流的科技创新平台作为实现跨越式发展的战略举措。因此，本书基于此大的背景，就集聚建设高能级科技创新平台所需的相关软科学理论和对策展开研究。围绕这一核心主题，本书的主要内容划分为基础篇、战略篇、创新生态篇和产融协同篇四个篇幅。故而，本书的主要研究结论划分为基础篇、战略篇、创新生态篇和产融协同篇。

第十四章　基础篇的研究结论

基础篇通过对高能级科创平台的内涵与生态化治理、高能级科创平台的体系架构、高能级科创平台建设主体与运营模式的研究，得出以下结论。

一、高能级科创平台的特征和基于新兴信息技术的平台生态化治理

高能级科创平台的主体具备资源配置能力较强、经济增长贡献较大、新经济占主体、税收拉动效应突出和空间布局集聚现象明显等基本特征，美国、欧洲、日本、韩国等主要发达国家和地区在科技创新平台建设方面处于领先地位，主要发达国家和地区在科技创新平台的建设经验如政府作用发挥、创新资源整合、"政产学研用"运行模式、科学的考核评估机制等方面对高能级科创平台的建设实践具有重要的借鉴意义；基于新兴信息技术的平台的关键特征发生了显著演进和变革：平台服务功能由连接转向配置，平台创新模式由自研转向开源，平台治理架构由被动监管转向多元共治。生态化治理包括主体多元、责任分散、机制合作三大部分，平台生态化治理是适应信息社会、经济全球化的客观需要。

二、不同维度下的高能级科创平台的体系结构

以制造业为例，高能级科创平台总体架构可以分为三个层次体系，包括企业级科创平台、产业链级科创平台和生态级科创平台。功能框架可分为要素汇聚层、能力开发层、业务支撑层三个层次；产业公共技术服务平台更强调的是面向产业，为产业提供覆盖技术创新服务链的系统性的产业

共性技术的支撑和公共服务，其基本服务功能包括共性技术研发服务、条件资源保障服务、技术转移孵化服务和共业技术人才积聚与交流服务等四个方面，平台系统架构主要分为资源层、管理层、服务层及用户层四个层次，产业公共技术服务平台的治理机制对平台的实际运行效果起着决定性影响；产业集群区域创新集成和交易平台旨在建立区域创新知识供求的价值链以及创新网络，以推动和促进创新成果的商业化，使创新成果迅速转化为生产力，转化为产品和服务的竞争力。在设计时针对功能需求，将平台分为七个模块：发布功能模块、浏览功能模块、检索功能模块、谈判功能模块、支付功能模块、辅助功能模块和系统管理功能模块。

三、高能级科创平台建设主体与运营模式

高能级科创平台生态圈主要包含平台建设者、服务提供商和用户三大类角色，也是事实上的一个典型的区域创新生态系统，是以企业、大学和科研机构以及个体用户（个人或其他团队）为创新主体，由地方政府、中介机构和金融机构提供辅助支撑服务，为创造、储备、转让和使用创新知识、创新技术和创新产品而相互作用的网络系统；高能级科创平台的主要模式很难简单地进行归类划分，实践层面，随着"互联网+"新兴产业的崛起，"互联网+"小规模且灵活的办公方式使现有的产业园区模式面临巨大挑战。从创新平台建设的主体划分，科技创新平台的运行模式主要有三种，分别是政府主导建设模式、企业主导建设模式与多方混合共建模式。政府主导建设模式的优势是能充分发挥政府统筹、协调作用和资金、人才优势，最大化整合行业资源。其局限性为：一是决策机制的滞后性影响前沿技术研发效率；二是市场导向略低，在一定程度上影响企业积极性。企业主导建设模式具有显著的市场化优势，劣势主要体现在社会资源整合能力较弱、平台运营和发展的时间约束较强、创新成果相对封闭等三个方面。混合共建是一种多主体运营模式，其优点主要集中于较强适应性和时期节点敏感，其缺点主要在于运营主体对"度"的不同理解容易产生矛盾，同时政府的决策强势可能"非正式"地影响甚至左右科技平台的发展方向与运营模式，最终失去多元化运营优势。

第十五章　战略篇的研究结论

战略篇主要从战略的视角探讨高能级科技创新平台，对基于协同创新的高能级科创平台的战略管理、高能级科创平台的技术环境监控系统和杭州城西科创大走廊建设全球信息经济科创中心的战略等进行了深入的分析，得出以下结论。

一、基于协同创新的高能级科创平台的战略管理

协同优势是战略管理的关键战略要素。高能级科技创新平台发展需要高水平的战略协同、高质量的技术创新和高效率的创新管理，协同创新联盟及其基础之上的战略信息监控至关重要。其主要涉及平台的风险预控与组合管理、平台合作网络的变化与控制以及平台合作界面环境的评估与优化。作为协同创新动态全景图的重要组成部分，构建了协同创新的进展显示板、风险演变显示板、项目组合管理显示板、合作网络演变显示板以及合作界面环境显示板。可视化战略信息监控平台可使创新管理者更有效地实施事前控制和前瞻性决策，通过对创新过程动态优化，实现协同创新可持续发展的战略目标。

二、高能级科创平台需建立高效的技术环境监控系统

实证研究表明，促使高能级科创平台采用新技术以提高竞争力的重要因素是平台本身技术监控能力。为了监测技术环境的变化，平台须构建自身的技术监控系统以寻找和获得技术资源。企业环境扫描行为的研究主要基于以下角度：环境单元区隔性研究、环境本身特征及其对企业环境扫描

行为的影响、企业环境扫描行为模式及其与战略和组织结构关系等方面。技术环境监控具有四种相关活动，分别是扫描目的、信息类型、信息来源和管理实践，决定企业以上扫描活动的关键因素分别是企业的组织特征、技术特征、外部环境特征、所在信息网络特征以及企业 CEO 的个人特征。企业在构建结构化探索式技术环境监控系统时，首先要根据技术信息的战略重要性和信息易理解特征，制订技术环境监控的政策和相关程序，同时需要对技术环境监控活动进行组织定位。技术环境监控流程、投入资源特征、环境扫描系统技术特征和组织战略定位与企业绩效存在显著关系。战略技术环境监控是企业技术战略变化的触发器，应制订一种既能产生足够的外部信息同时又不使信息发生污染的扫描机制，为了有效地探测全球技术环境的关键变量，应善于运用各种节流器去过滤复杂的外部技术信息以捕捉与企业未来发展相关的关键信息。

三、科创大走廊建设全球信息经济科创中心的战略分析

利用区位熵法对杭州城西科创大走廊信息产业的集聚程度进行了测量，表明科创大走廊区域信息产业集聚比较明显。基于 SWOT 战略分析的基本框架，分析了科创大走廊建设成为全球领先的信息经济科创中心的内部运行的优势、劣势以及外部环境的机会、威胁，构建了定性的评价指标体系并进行了矩阵分析，综合来看，杭州城西科创大走廊无疑具有信息经济科创中心的关键基因。利用 AHP 和 Delphi 法对关键影响要素指标进行了赋重和评分，对科创大走廊的区域竞争力进行了评价，分析表明科创大走廊具有显著的内部禀赋优势和优厚的外部环境机会，应充分发挥内部优势，利用外部机会，向 SO 战略转型，实施积极的增长型战略。

第十六章 创新生态篇的研究结论

40年科技改革的成就是多方面的，最根本、最基础的成就之一，就是创新生态的改善。创新的力量，源于优良的生态。营造一个宽松公平、活力充沛的创新环境，是对科技人才和各类创新主体最大的支持（改革开放40周年评论，科技日报，2018年11月21日）。通过着力打造"基础创新—种子仓—孵化器—加速器—中试基地—产业园"创新创业闭环，两年来，"热带雨林"式的创业生态在杭州城西科创大走廊初显成效。创新生态篇通过对创新生态的系统分析并以杭州城西科创大走廊为例进行阐释，得出以下结论。

一、创新位势、网络交互度与区域创新能力

创新位势包含城市在全球创新网络的"位"和"势"两个方面，"位"是指城市在全球创新网络中所处的位置，"势"是指在网络中的影响力以及与其他城市的距离等因素。网络交互度是指区域创新网络单元之间互动、单元与网络外部之间互动的质与量的表现，主要包括开放度、竞争度、耦合度等三个侧面。区域经济发展的关键在于培育和发展能在未来市场上形成区域竞争优势的区域核心竞争力，技术创新对区域经济的巨大乘数效应，是技术创新推动区域经济增长的一个关键；进行了创新网络位势、网络交互能力对城市创新能力影响的实证分析，表明创新位势和网络交互度都促进了区域创新能力的提升，网络交互度对创新位势起到了较大的中介促进作用，且创新位势的影响大于网络交互度的影响。并以以色列特拉维夫、德国巴登—符腾堡州两个典型城市为例，从国际经验视角考察嵌入全球创新网络提升创新能力和在全球创新城市中的地位。

二、产业集群是典型的生态系统

集群与集群平台之间的竞争已成为区域竞争的焦点,对产业集群治理与创新生态提出了更高的要求。美国的硅谷有着无可匹敌的技术创新活力,但世界上也有相当一部分的产业集聚不仅没有显示出技术创新优势,反而由于缺乏创新而逐步走向衰落。产业集聚中成员之间的关系主要是靠非正式机制来协调的,并没有强制性和权威性。产业集聚是否能够真正实现其协同创新的功能,关键在于能否对之进行有效的集聚治理。

三、科创大走廊创新生态系统设计

基于对区域创新发展重要学术理论——三螺旋及创新生态系统理论的分析和区域创新生态系统的国际发展实践,提出了杭州城西科创大走廊创新生态体系建设的科学架构,分析了科创大走廊创新短板及面临的挑战。建立了基于政产学研用多重创新主体的基础社区创新生态系统理论框架,并构建了包含创新核心层、创新支持层、创新环境层的区域创新生态系统构成要素基本框架,从技术创新、知识创新、服务创新、制度创新四个层面剖析了科创大走廊创新生态系统的创新活动。在此基础上,根据未来全球产业集聚的生态化竞争趋势,从政府在创新生态系统中创新政策独特作用的发挥及生态系统内"雨林"环境的培育等方面提出了加强科创大走廊创新生态系统建设的对策建议。

第十七章　产融协同篇的研究结论

产融协同篇主要从产业金融协同的视角进行系统分析并以杭州城西科创大走廊为应用场景进行简要阐释，得出以下结论。

一、金融与全球科创中心建设的国际经验

国际经验表明，金融支持对全球科创中心建设的作用举足轻重，美国硅谷、日本筑波科学城、以色列特拉维夫、中国台湾新竹等地区的实践都证实了这一点，其中发达的风险投资、多层次的资本市场服务体系、金融生态的多样性、金融支持的全球价值链环节等是重要因素。这对杭州城西科创大走廊及国内其他区域建设全球科创中心有重要的启示。

二、产业和金融的协同创新

在产融协同创新中，企业、高校与科研机构（即学研方）是协同创新系统的核心参与主体，而政府、科技中介机构、金融服务机构则发挥着支撑和辅助的作用，各协同创新主体相互融合，积极投入创新资源并付出努力，共同推动协同创新项目稳定持续发展。在政产学研协同创新过程中，由于各协同创新主体有着不同的价值理念和利益诉求，因此，在协同创新活动开展过程中存在诸多影响和制约协同创新绩效的冲突因素，其中利益冲突是政产学研协同创新中的主要冲突，并且在不同的项目阶段，利益冲突有着不同的表现形式。在产融协同创新中，应通过目标协同、动力协同、行为协同、政策协同，不同知识主体之间以知识为运动介质产生非线性交互作用，各知识主体按照协同方式进行整合，实现产融之间知识优势的互

补与融合。

三、科创大走廊产融协同创新的应用场景

在杭州城西科创大走廊的发展过程中,金融资本起到了关键的作用。在争创全球领先的信息经济科创中心的过程中,应大力发展创业风险投资,积极完善科技金融服务体系,积极借力多层次资本市场,推动培育创新创业融资新模式,构建覆盖创新创业全链条的多层次、多渠道、多元化投融资支撑体系,打造更具活力的创新创业生态系统。

参考文献

[1] 曹东,曹巍,吴俊龙.互联网时代金融创新与监管的博弈研究.东南大学学报(哲学社会科学版).2014,16(4):59-65.

[2] 曹广喜.FDI对中国区域创新能力溢出效应的实证研究——基于动态面板数据模型[J].经济地理.2009(06):894-899.

[3] 曹如中,史健勇,郭华,邱羚.区域创意产业创新生态系统演进研究:动因、模型与功能划分[J].经济地理.2015(02):107-113.

[4] 曹勇,秦以旭.中国区域创新能力差异变动实证分析[J].中国人口资源与环境.2012(03):164-169.

[5] 曾国屏.竞争与协同:系统发展的动力和源泉[J].系统辨证学学报.1996(7):7-13.

[6] 曾国屏,苟尤钊,刘磊.从"创新系统"到"创新生态系统"[J].科学学研究.2013,31(1):4-12.

[7] 曾昆.国外科技创新平台建设经验综述[J].中国工业评论.2017(12):68-72.

[8] 陈畴镛.构建良好的创业创新生态系统[J].杭州(周刊).2014(12):22-23.

[9] 陈华.创新范式变革与创新生态系统建构——创新驱动战略研究的新视角[J].内蒙古社会科学(汉文版).2015(05):125-129.

[10] 陈广汉,蓝宝江.研发支出、竞争程度与我国区域创新能力研究——基于1998—2004年国内专利申请数量与R&D数据的实证分析[J].经济学家.2007(03):101-106.

[11] 陈劲.智慧聚展:企业基于商业和创新生态体系的战略[M].杭州:浙江大学出版社.2015.

[12] 陈劲,陈钰芬,余芳珍. FDI 对促进我国区域创新能力的影响 [J]. 科研管理. 2007 (01): 7-13.

[13] 陈劲,阳银娟. 协同创新的理论基础与内涵 [J], 科学学研究. 2012 (2): 161-164.

[14] 陈劲,郑刚. 创新管理: 赢得持续竞争优势 [M]. 北京: 北京大学出版社. 2016.

[15] 陈琦. 硅谷模式对上海创建全球科创中心的政策启示——基于区域创新网络理论 [J]. 商业经济研究. 2017 (1): 209-211.

[16] 陈武,何庆丰,王学军. 基于智力资本的区域创新能力形成机理——来自我国地级市样本数据的经验证据 [J]. 软科学. 2011 (04): 1-7.

[17] 陈翁翔,林喜庆. 科技园区创新模式比较与启示——基于硅谷、新竹和筑波创新模式的分析 [J]. 中国行政管理. 2009 (10): 113-115.

[18] 陈喜乐,朱本用. 近十年国外科技治理研究述评 [J]. 科技进步与对策. 2016, 33 (10): 148-153.

[19] 陈向东,刘志春. 基于创新生态系统观点的我国科技园区发展观测 [J]. 中国软科学. 2014 (11): 151-161.

[20] 陈鑫,沈高洁,杜凤姣. 基于科技创新视角的美国硅谷地区空间布局与规划管控研究 [J]. 上海城市规划. 2015 (02): 21-27.

[21] 丛海彬,邹德玲,蒋天颖. 浙江省区域创新平台空间分布特征及其影响因素 [J]. 经济地理. 2015, 35 (01): 112-118.

[22] 创新之匙: 杭州城西科创大走廊 [J]. 浙江人大. 2018 (10): 73.

[23] 杜义飞等. 产业创新的价值结构研究——我国发电设备制造业产业创新分析 [J]. 科学学研究. 2007, 25 (5): 1014-1017.

[24] 董雨,魏国健. EIT-KIC 平台对我国构建区域性协同创新平台的启示 [J]. 中国高校科技. 2018 (10): 28-30.

[25] 董艳,张大亮,徐伟青. 用户创新的条件和范式研究 [J]. 浙江大学学报 (人文社会科学版). 2009, 39 (04): 43-54.

[26] 封凯栋,付震宇,李君然. 创新研究的系统性方法: 源起与发展 [J]. 中国科技论坛. 2017 (2): 11-16.

[27] 封思贤. 经济增长方式转变中的金融支持——来自长三角的实证分析 [J]. 中国软科学. 2011 (5): 74-81.

[28] 方舟, 倪玉娟, 庄金良. 货币政策冲击对股票市场流动性的影响——基于 Markov 区制转换 VAR 模型的实证研究 [J]. 金融研究. 2011 (7): 43-55.

[29] 盖文启, 王缉慈. 论区域的技术创新型模式及其创新网络——以北京中关村地区为例 [J]. 北京大学学报 (哲学社会科学版). 1999 (05): 29-36.

[30] 郭斌, 许庆瑞等, 企业组合创新研究 [J], 科学学研究. 1997, 15 (1): 12-18.

[31] 构建高能级平台, 打造区域创新高地 [J]. 今日科技. 2017 (06): 5-7

[32] 国家科技基础条件平台建设战略研究组编. 国家科技基础条件平台建设战略研究报告, 科学技术文献出版社. 2006.

[33] 龚丽敏, 江诗松, 魏江. 产业集群创新平台的治理模式与战略定位: 基于浙江两个产业集群的比较案例研究 [J]. 南开管理评论. 2012, 15 (02): 59-69.

[34] 韩宝龙, 李琳. 区域产业创新驱动力的实证研究——基于隐性知识和地理邻近视角 [J]. 科学学研究. 2011, 29 (2): 314-320.

[35] 郝立勤, 赖于民. 公共科技基础条件平台建设与政策探讨 [J]. 科学学研究. 2006, 24 (z1): 103-107.

[36] 赫尔曼. 哈肯. 协同学——大自然构成的奥秘 [M]. 凌复华译, 上海译文出版社. 2005.

[37] 何向武, 周文泳, 尤建新. 产业创新生态系统的内涵、结构与功能 [J]. 科技与经济. 2015 (04): 31-35.

[38] 侯健敏, 党兴华. 研发合作及技术转移影响区域创新能力路径研究 [J]. 科学学与科学技术管理. 2010 (09): 56-61.

[39] 侯鹏, 刘思明. 内生创新努力、知识溢出与区域创新能力——中国省级面板数据的实证分析 [J]. 当代经济科学. 2013 (06): 14-24, 122.

[40] 侯润秀, 官建成. 外商直接投资对我国区域创新能力的影响 [J].

中国软科学.2006（05）：104-111.

[41] 胡冬云,陶丹.面向行业产业的协同创新中心运行机制研究[J].中国高校科技.2012（11）：22-24.

[42] 胡汉辉,邢华.产业融合理论及对我国发展信息产业的启示[J].中国工业经济.2002（2）：23-29.

[43] 胡志伟.创新元高度、网络交互度对区域创新能力的影响研究[D].南昌.南昌大学博士学位论文.

[44] 胡曙虹,黄丽,杜德斌.全球科技创新中心建构的实践——基于三螺旋和创新生态系统视角的分析：以硅谷为例[J].上海经济.2016（3）：21-28.

[45] 黄鲁成.关于区域创新系统研究内容的探讨[J].科研管理.2000,21（2）：43-48.

[46] 黄阳华,吕铁.市场需求与新兴产业演进——用户创新的微观经济分析与展望[J].中国人民大学学报.2013（3）：54-62.

[47] 姜黎辉.面向协同创新动态演进的战略信息监控平台研究[J].中国科技论坛.2014（8）：16-22.

[48] 姜黎辉.组群创新形态下企业合作网络动态控制能力研究[J].上海管理科学.2009,31（2）：75-79.

[49] 姜黎辉.企业战略技术扫描研究[J].中国软科学.2009（03）：155-165.

[50] 姜黎辉,张朋柱,龚毅.企业环境扫描行为研究综述[J].经济管理.2008（Z1）：177-185.

[51] 蒋樟生,郝云宏.知识转移视角技术创新联盟稳定性的博弈分析[J],科研管理.2012（7）：88-97.

[52] 鞠晓生,虞义华.融资约束、营运资本管理与企业创新可持续性[J].经济研究.2013（1）：4-16.

[53] 厉飞芹."创新极化效应"条件、问题与实现路径——以杭州城西科创大走廊为例[J].杭州学刊.2018（02）：56-67.

[54] 李宝山.集成管理—高科技时代的管理创新[M].北京：中国人民大学出版社.1998.

［55］李凤莲，马锦生．企业技术创新与营销的界面管理［J］．哈尔滨商业大学学报（自然科学版）．2002（5）：593-596.

［56］李习保．中国区域创新能力变迁的实证分析：基于创新系统的观点［J］．管理世界．2007（12）：18-30，171.

［57］李连发，辛晓岱．外部融资依赖、金融发展与经济增长：来自非上市企业的证据．金融研究．2009（2）：73-86.

［58］李立，矫学荣，王志虎．青岛楼山精细化工科技创新公共服务平台运行模式研究［J］．中国科技论坛．2007（9）：91-95.

［59］李廉水，吴先华．江苏、香港和韩国制造业及其劳动生产率的比较研究［J］．江苏社会科学．2010（5）：244-251.

［60］李万，常静，王敏杰，等．创新3.0与创新生态系统［J］．科学学研究．2014，32（12）：1761-1770.

［61］李万，王敏杰．构建企业创新生态系统助推城市经济转型升级——以小米科技的"创新生态帝国"为例［J］．华东科技．2014（08）：64-66.

［62］李新春，李胜文，张书军．高技术与飞高技术产业创新的单要素效率［J］．中国工业经济．2010（5）：68-77.

［63］李燕青．高能级平台是实现高质量发展的重要基石［J］．杭州（周刊）．2018（31）：45.

［64］李振国．区域创新系统演化路径研究：硅谷、新竹、中关村之比较［J］．科学学与科学技术管理．2010（6）：126-130.

［65］刘健．区域创新网络的实质及其意义［J］．当代经济研究．2006（01）：36-39.

［66］刘军，李廉水，王忠．产业聚集对区域创新能力的影响及其行业差异［J］．科研管理．2010（06）：191-198.

［67］刘宏程，仝允桓．产业创新网络与企业创新路径共同演化研究：中外PC厂商的比较［J］．科学学与科学技术管理．2010（2）：72-76.

［68］刘洪民，刘炜炜．创新生态体系的基本架构与政府生态化治理的对策——以杭州城西科创大走廊为例［J］．杭州学刊．2018，150（4）：86-93.

［69］刘洪民，韩熠超．杭州城西科创大走廊创新生态系统建设的框架

构建与政策建议 [J]. 科技和产业. 2017, 17 (12): 25-29.

[70] 刘洪民, 杨艳东, 韩熠超. 杭州城西科创大走廊建设全球信息经济科创中心的战略分析与政策建议 [J]. 科研管理. 2018, 39 (S1): 337-344.

[71] 刘洪民, 杨艳东. 用户创新与产学研用协同创新激励机制 [J]. 技术经济与管理研究. 2017 (7): 31-34.

[72] 刘洪民, 杨艳东. 制造业共性技术研发协同知识链及知识流动模型 [J]. 科技进步与对策. 2016, 33 (9): 41-46.

[73] 刘洪民, 姜黎辉, 王中魁. 制造业共性技术研发的知识管理评价体系构建 [J]. 科研管理. 2016 (S1): 99-103.

[74] 刘洪民, 姜黎辉, 王中魁. 战略性新兴产业技术研发的知识管理流程评价 [J]. 技术经济与管理研究. 2016 (2): 99-103.

[75] 刘兰剑, 党兴华. 合作技术创新界面管理研究及其新进展 [J]. 科研管理. 2007 (3): 161-165.

[76] 刘沙, 连建新, 毛文瑾. 我国产业创新生态系统构建研究 [J]. 商业经济研究. 2015 (16): 124-125.

[77] 刘晓玄, 周晓艳. 金融资源与实体经济之间配置关系的检验——兼论经济结构失衡的原因 [J]. 金融研究. 2011 (2): 57-70.

[78] 刘志迎. 需求约束下的产业创新动态系统进化博弈研究 [J]. 科学学与科学技术管理. 2007 (12): 55-58.

[79] 柳卸林, 胡志坚. 中国区域创新能力的分布与成因 [J]. 科学学研究. 2002 (05): 550-556.

[80] 柳卸林, 孙海鹰, 马雪梅. 基于创新生态观的科技管理模式 [J]. 科学学与科学技术管理. 2015, 36 (1): 18-27.

[81] 柳卸林. 用户主导赋予创新强大动力源——国家电网特高压输电工程创新研究 [N]. 科技日报. 2014-7-8 (06).

[82] 卢峰, 姚洋. 金融压抑下的法制、金融发展和经济增长 [J]. 中国社会科学. 2004 (1): 42-55.

[83] 鲁钊阳, 廖杉杉. FDI技术溢出与区域创新能力差异的双门槛效应 [J]. 数量经济技术经济研究. 2012 (05): 75-88.

[84] 罗国锋,林笑宜. 创新生态系统的演化及其动力机制 [J]. 学术交流. 2015 (08): 119-124.

[85] 梅亮,陈劲,刘洋. 创新生态系统:源起、知识演进和理论框架 [J]. 科学学究. 2014 (12): 1771-1780.

[86] 孟祺. 金融支持与全球科创中心建设:国际经验与启示 [J]. 科学管理研究. 2018, 36 (03): 106-109.

[87] 彭本红,鲁倩. 移动互联网产业系统生态化治理研究 [J]. 中国科技论坛. 2016 (10): 32-38.

[88] 齐亚伟,陶长琪. 环境约束下要素集聚对区域创新能力的影响——基于 GWR 模型的实证分析 [J]. 科研管理. 2014 (09): 17-24.

[89] 冉奥博,刘云. 创新生态系统结构、特征与模式研究 [J]. 科技管理研究. 2014 (23): 53-58.

[90] 冉光和,徐鲲,鲁钊阳. 金融发展、FDI 对区域创新能力的影响 [J]. 科研管理. 2013 (07): 45-52.

[91] 饶胜,张强,牟雪洁. 划定生态红线创新生态系统管理 [J]. 环境经济. 2012 (06): 57-60.

[92] 孙国强. 网络组织的内涵、特征与构成要素 [J]. 南开管理评论. 2001 (4): 31-34.

[93] 孙庆. 区域科技创新平台空间布局模式及其选择研究 [J]. 科技管理研究. 2012, 32 (18): 36-39+44.

[94] 孙庆,王宏起. 地方科技创新平台体系及运行机制研究 [J]. 中国科技论坛. 2010 (3): 16-19.

[95] 宋思远. 杭州城西科创大走廊"互联网+"新兴产业园区空间形态研究 [D]. 浙江大学. 2018.

[96] 宋之杰,于华,徐晓华,徐蕾. 国内外创新生态系统研究进展 [J]. 燕山大学学报(哲学社会科学版). 2015 (03): 118-127.

[97] 邵云飞,范群林,唐小我. 基于内生增长模型的区域创新能力影响因素研究 [J]. 科研管理. 2011 (09): 28-34.

[98] 谈儒勇. 中国金融发展和经济增长关系的实证研究 [J]. 经济研究. 1999 (10): 53-61.

[99] 唐孝文, 刘敦虎, 肖进. 动态能力视角下的战略转型过程机理研究 [J]. 科研管理. 2015, 36 (01): 90-96.

[100] 王炳富, 郑准. 协同创新视角下用户创新影响因素理论框架构建 [J]. 科技进步与对策. 2016, 33 (17): 14-19.

[101] 王超恩, 张瑞君, 谢露. 产融结合、金融发展与企业创新: 来自制造业上市公司持股金融机构的经验证据, 研究与发展管理. 2016 (7).

[102] 王珺, 岳芳敏. 技术服务组织与集群企业技术创新能力的形成. 管理世界. 2009 (6): 72-81.

[103] 王凯. 区域创新生态系统情景下产学知识协同创新机制研究 [D]. 杭州: 浙江大学. 2016.

[104] 王锐淇, 张宗益. 区域创新能力影响因素的空间面板数据分析 [J]. 科研管理. 2010 (03): 17-26, 60.

[105] 王学军, 陈武. 区域智力资本与区域创新能力的关系——基于湖北省的实证研究 [J]. 中国工业经济. 2008 (09): 25-36.

[106] 王雪原, 王宏起, 李文奇. 创新平台的识别与等级认定 [J]. 科学学研究. 2011, 29 (6): 924-929.

[107] 汪志波. 产业技术创新生态系统演化机理研究 [J]. 生产力研究. 2012 (03): 192-194.

[108] 王祖强, 孙雪芬. 杭州城西科创大走廊: 功能定位与发展思路 [J]. 浙江经济. 2016 (13): 23-24.

[109] 吴贵生, 谢伟. 用户创新概念及其运行机制 [J]. 科研管理. 1996 (5): 14-19.

[110] 吴林海. 中国科技园区域创新能力理论分析框架研究 [J]. 经济学家. 2001 (3): 106-111.

[111] 吴绍波, 顾新. 战略性新兴产业创新生态系统协同创新的治理模式选择研究 [J]. 研究与发展管理. 2014 (01): 13-21.

[112] 吴绍波. 新兴产业平台创新生态系统的配套产品合作开发机制研究 [J]. 软科学. 2015 (02): 51-55.

[113] 吴绍波. 战略性新兴产业创新生态系统协同创新的知识投入激励研究 [J]. 科学学与科学技术管理. 2013 (09): 71-76.

[114] 吴越,宋思远.杭州城西科创大走廊"互联网+"新兴产业园区空间形态对比研究——以阿里巴巴西溪园区、海创园首期与梦想小镇为例 [J].建筑与文化.2018 (10):83-85.

[115] 魏守华,吴贵生,吕新雷.区域创新能力的影响因素——兼评我国创新能力的地区差距 [J].中国软科学.2010 (09):76-85.

[116] 夏清华,陈超.以海尔为案例的中国本土制造企业商业生态重构研究 [J].管理学报.2016,13 (2):165-172.

[117] 项国鹏,杨卓.战略分析工具:研究脉络梳理及分析框架构建 [J].科技进步与对策.2014,31 (19):160-165.

[118] 辛冲,冯英俊.企业组织与技术的协同创新研究 [J],研究与发展管理.2011 (2):37-43.

[119] 熊正德等.基于DEA和Logit模型的战略性新兴产业金融支持效率 [J].系统工程.2011,29 (6):35-40.

[120] 徐磊.如何建立有效的界面——关于技术创新界面管理的探讨 [J].科研管理.2002,23 (3):79-83.

[121] 徐枞巍.高校应成为协同创新的"发动机" [N],科技日报.2012-1-9 (3).

[122] 许庆瑞,郑刚.全面创新管理 (TIM):企业创新管理的新趋势——基于海尔集团的案例研究 [J].科研管理.2003,24 (5):1-7.

[123] 许庆瑞,朱凌等.从研发—营销的整合到技术创新—市场创新的协同 [J].科研管理.2006,27 (2):22-30.

[124] 薛澜,陈玲,王刚波.中美产业创新能力比较:基于对IC产业的专家调查 [J].科研管理.2016 (4):68-80.

[125] 姚潇颖,卫平,李健.产学研合作模式及其影响因素的异质性研究——基于中国战略新兴产业的微观调查数据 [J].科研管理.2017,38 (08):1-10.

[126] 杨波,刘伟.领先用户在线参与新产品开发的动机研究 [J].预测.2011,30 (2):66-70.

[127] 杨伟,戚安邦,杨玉武.企业技术创新主体性程度的区域差异及其对区域创新能力的影响 [J].经济地理.2008 (06):955-959.

[128] 于铭,杨鹏飞. 市场主导与政府主导创新模式的比较研究——以硅谷与筑波为例 [J]. 当代经济. 2014 (13): 82-83.

[129] 余凌,杨悦儿. 产业技术创新生态系统研究 [J]. 科学管理研究. 2012 (05): 48-51.

[130] 余唯,李海燕. 科技创新平台共享中存在的问题与对策 [J]. 科技管理研究. 2018, 38 (10): 23-27.

[131] 赵春荣. 政府的职责: 创建创新生态系统——论山西转型发展之路 [J]. 经济问题. 2014 (07): 122-125.

[132] 赵放,曾国屏. 多重视角下的创新生态系统 [J]. 科学学究. 2014 (12): 1781-1788, 1796.

[133] 赵伟. 空间经济学: 理论与实证新进展 [M]. 杭州: 浙江大学出版社. 2009.

[134] 赵希男,温馨,王艳梅. 基于个性优势特征分析的区域创新能力评价与分析 [J]. 科学学研究. 2009 (03): 473-480.

[135] 詹湘东. 基于用户创新社区的开放式创新研究 [J]. 中国科技论坛. 2013 (8): 34-39.

[136] 张军,金煜. 中国金融深化和生产率关系的再检验: 1987-2001 [J]. 经济研究. 2005 (11): 34-44.

[137] 张旺. 智能化与生态化: 网络综合治理体系发展方向与建构路径 [J/OL]. 情报理论与实践: 1-10 [2018-12-05]. http://kns.cnki.net/kcms/detail/11.1762.G3.20180816.1745.011.html.

[138] 张学文. 知识功能视角下的产学研协同创新路径: 来自美国的实证测量. 科学学与科学技术管理. 2014, 35 (5): 100-109.

[139] 张廷. 社会资本视角下的地方高校协同创新研究 [J]. 中国科技论坛. 2013 (4): 16-20.

[140] 张振刚,景诗龙. 我国产业集群共性技术创新平台模式比较研究——基于政府作用的视角 [J]. 科技进步与对策. 2008, 25 (7): 79-81.

[141] 张振刚,李云健,陈志明. 科技服务业对区域创新能力提升的影响——基于珠三角地区的实证研究 [J]. 中国科技论坛. 2013 (12): 45-51.

[142] 张治河,谢忠泉. 我国钢铁产业创新与发展的问题及管理措施 [J]. 中国软科学,2006 (2): 31-37.

[143] 郑庆昌,谭文华,黄静晗. 福建省产业公共技术服务平台建设研究 [J]. 中共福建省委党校学报. 2008 (1): 19-24.

[144] 郑彤彤,谢科范. 基于系统动力学的用户创新行为演化分析 [J]. 管理学报. 2015, 12 (12): 1824-1831.

[145] 郑彤彤,谢科范. 用户创新行为的演化博弈分析 [J]. 工业工程. 2014, 17 (3): 6-12.

[146] 中国急需打造完备的创新生态系统 [J]. 硅谷. 2012 (21): 211-212.

[147] 钟无涯. 科技创新平台主体异质性与运营差异比较 [J]. 科技管理研究. 2015, 35 (14): 83-88.

[148] 朱军浩. 何为创新生态系统?美国的创新生态系统及启示 [J]. 华东科技. 2014 (11): 66-69.

[149] Agarwal R, GrasslW, Pahl J. Meta-SWOT: introducing a new strategic planning tool [J]. Journal of Business Strategy, 2012, 33 (2): 12-21.

[150] Andrews KR. The Concept Strategy [M]. New York: Dow Jones-Irwin, 1971.

[151] Ansoff I. Corporate Strategy [M]. New York: McGraw Hill, 1965.

[152] Bert S, Geert D. Strategic technology alliance termination: An empirical investigation. Journal of Engineering and Technology Management [J]. 2008, 25 (4): 305-320.

[153] Brigitte G, Bernard D. Innovation and network structural dynamics: Study of the alliance network of a major sector of the biotechnology industry [J]. Research Policy, 2005, 34 (10): 1457-1475.

[154] Chakraborty et al. Takeover Defenses, Golden Parachutes, and Bargaining over Stochastic Synergy Gains: A Note on Optimal Contracting [J]. European Journal of Finance, 2008, 14 (3): 273-280.

[155] Dennis Palmini. Uncertainty, risk aversion, and the game theoretic

foundations, of the safe minimum standard: a reassessment [J]. Ecological Economics. 1999 (29): 463 –472.

[156] Dodgson M, Hughes A, Foster J, et al. Systems thinking, market failure, and the development of innovation policy: The case ofAustralia [J]. Research Policy, 2011 (5): 1 – 12

[157] Eisenhardt K M, Galunic, D C. [J]. Harvard Business Review, 2000, 78 (1): 91 –106.

[158] Etzkowith H, Leydesdorff L. A triple helix of university government relations: a laboratory for knowledge based economic development [J]. EASST Review, 1995 (1): 14 – 19.

[159] Fields L. P. et al. Bidder Returns in Banc assurance Mergers: Is there Evidence of Synergy [J], Journal of Banking & Finance, 2007, 31 (12): 3646 –3662.

[160] Florian N, Pedro F. Complementarities of internal R&D and alliances with different partner types [J]. Journal of Business Research, 2013, 66 (10): 1080 – 1086.

[161] Freeman et al. The Economics of Industrial Innovation [M]. Cambridge: MIT Press, 1997.

[162] Freeman, Luc Soete. Developing science, technology and innovation indicators: What we can learn from the past [J]. Research Policy, 2009: 583 – 589.

[163] Furman J L, Porter M E, Stern S. The determinants of national innovative capacity [J], Research Policy 2002, 31 (6): 899 –933.

[164] Gilsing V., Nooteboom B. Exploration and exploitation in innovation systems: the case of pharmaceutical biotechnology [J]. Research Policy, 2006, (35): 1 –23.

[165] González – Pernía, J. L., Peña – Legazkue, I., Vendrell – Herrero, F. Innovation, Entrepreneurial Activity And Competitiveness at A Sub – national Level [J]. Small Business Economics, 2012, 39 (3): 561 –574.

[166] Goth G. Army – Backed Flexible Display Effort: A Symbol of Public –

Private Partnership [J]. Journal of Pervasive Computing. 2006, 5 (3): 4-6.

[167] Haggett P. Locational Analysis in Human Geography [M]. London: Edward Arnold, 1965.

[168] Haggett P. Locational Analysis in Human Geography [M]. London: Edward Arnold, 1965.

[169] Herstatt C, Von Hippel E. Developing New Product Concepts via the Lead User Method: A Case Study in a' Low Tech' Field [J]. Journal of Product Innovation Management, 1992, 9 (4): 213-221.

[170] Hienerth C, Lettl C, Keinz P. Synergies among Producer Firms, Lead Users, and User Communities: The Case of the LEGO Producer-User Ecosystem [J]. Journal of Product Innovation Management. 2014, 31 (4): 848-866.

[171] Hwang V W. Horowitt G. The rainforest: the secret to building the next Silicon Valley [M]. Los Altos: Regenwald. 2012.

[172] Ismail Serageldin. Toward Sustainable Management of Water Resources [M]. Washington: The World Bank, 1995.

[173] Johnson J L, Sohi R S. The development of interfirm partnering competence: platform for learning, learning activities, and consequences of learning [J]. Journal of Business Research, 2003 (56): 757-766.

[174] Kubeczko K., Rametsteiner E., Weiss G. The role of sectoral and regional innovation systems in supporting innovations in forestry [J]. Forest Policy and Economics, 2006 (8): 704-715.

[175] Learned EP, Christensen CR, Andrews KR. Business Policy: Text and Cases [M]. Homewood, IL: Richard Irwin, 1965.

[176] Lehman G and Tregoning I. Public-Private Partnerships, Taxation and a Civil Society [J]. Journal of Corporate Citizenship. 2004 (15): 77-89.

[177] Leonard B. D. Core Capabilities and Core Rigidities: A Paradox in Managing New Product Development [J]. Strategic Management, 1992 (13): 115-125.

[178] Lett C, Herstatt C, Gemuenden H G. Users Contributions to Radical

Innovation: Evidence from Four Cases in the Field of Medical Equipment Technology [J]. R&D Management, 2006, 36 (3): 251 – 272.

[179] Levén P, HolmströmJ, MathiassenL. Managing research and innovation networks: Evidence from a government sponsored cross – industry program [J]. Research Policy, 2013 (9): 1001 – 1012.

[180] Malerba F. Sectoral systems of innovation [A]. The Oxford Innovation Handbook [C]. New York: Oxford University Press, 2005: 380 – 406.

[181] Maura M, Rodney M. High tech start – ups in University Science Park incubators: the relationship between the start – up's lifecycle progression and use of the incubator's resources [J], Technovation, 2008, 28 (5): 277 – 290.

[182] Mohnen P, Roller L H. Complementarities in innovation policy [J]. European Economic Review, 005 (49): 1431 – 1450.

[183] Riddel M, Schwer R K. Regional Innovative Capacity with Endogenous Employment: Empirical Evidence from the U. S. The Review of Regional Studies. 2003, 33 (1): 73 – 84.

[184] Muller E, Zenker A. Business Services as Actors of Knowledge Transformation: The Role of KIBS in Regional and National Innovation Systems. Research Policy, 2001, 30 (9): 1501 – 1516.

[185] Panagiotou G, Wijnen R. The telescopic observations framework: an attainable strategic tool [J]. Marketing Intelligence & Planning, 2005. 23 (2): 155 – 171.

[186] Cooke P. Regional Innovation Systems, Clusters and the Knowledge Economy. Industrial and Corporate Change. 2001 (10): 945 – 975.

[187] Philippe D D. An Incomplete Contract Perspective on Public Goods Provision [J]. Journal of Economic Surveys. 2005, 19 (2): 149 – 180.

[188] Raechelle M. Mechanisms for Financing International and National Public Goods [J]. The World Economy. 2005, 28 (8): 1095 – 1117.

[189] Rajan R, Zingales L. Financial dependence and growth [J]. American Economic Review, 1998 (88): 559 – 586.

[190] Robert L K. Tiong. Risks and Guarantees in BOT Tender [J]. Journal

of Construction Engineering and Management. 1995, 121 (2): 183~189.

[191] Rothwell R. Towards the fifth - generation innovation process [J]. International marketing review, 1994, 11 (1): 7-31.

[192] Shaver J. M. A Paradox of Synergy: Contagion and Capacity Effects in Mergers and Acquisitions [J]. Academy of Management Review, 2006, 31 (4): 962-976.

[193] Shine B. C. et al. Brand Synergy Effects in Multiple Brand Extension [J]. Journal of Marketing Research, 2007, 44 (4): 663-670.

[194] Smith A, Vob J P, Grin J. Innovation studies and sustainabilitytransitions: The allure of the multi - level perspective and its challenges [J]. Research Policy, 2010 (39): 435-448.

[195] Todd M. A. Managing risk and uncertainty in complex capital projects [J]. The Quarterly Review of Economics and Finance, 2004, 44 (5): 751-767.

[196] Tura T, Harmaakorpi, V. Social Capital in Building Regional Innovative Capability [J]. Regional Studies, 2005, 39 (8): 1111-1125.

[197] Victor G, Wim V, Michiel P. Mind the gap: Balancing alliance network and technology portfolios during periods of technological uncertainty [J]. Technological Forecasting and Social Change, 2013, (5): 1-12.

[198] Von Hippel E. Democratizing Innovation: The Evolving Phenomenon of User Innovation. Journal fürBetriebswirtschaft, 2005, 5 (1): 63-78.

[199] Von Hippel E. Economics of Product Development by Users: The Impact of 'Sticky' Local Information [J]. Management Science, 1998, 44 (5): 629-644.

[200] Von Hippel E. Katz R. Shifting Innovation to Users via Toolkits [J]. Management Science, 2002, 48 (7): 821-833.

[201] Von Hippel E. Perspective: User Toolkits for Innovation [J]. Product Innovation Management, 2001, 18 (4): 247-257.

附录

软科学与科技决策参考

（软科学通报）

2018 年第 1 期

（总第 90 期）

浙江省科学技术厅
浙江省科技发展咨询委员会
浙江省科技发展战略研究院　　　　　　　　2018 年 4 月 10 日

加强杭州城西科创大走廊创新生态系统建设的对策建议[①]

浙江科技学院　刘洪民

按：规划建设杭州城西科创大走廊（以下简称"科创大走廊"），是"十三五"期间省委、省政府做出的一项重大战略决策，既为转变区域经济发展方式探索了新的方向，也为全面深化改革树立了新的观念，成为我省面向未来、决胜未来的全新平台。浙江科技学院刘洪民教授带领的课题组总结国外创新生态系统建设成功实践经验，分析科创大走廊创新生态体系建设的基础科学架构，对标全球一流的科技创新中心建设，指出了科创大走廊创新发展中存在的问题，分别从政府在创新生态系统中政策引领及作用生态系统内"雨林"环境的培育等方面提出了加强科创大走廊创新生态系统建设的对策建议。现予以刊发，供领导和有关部门参阅。

[①] 本文为 2017 年度省软科学研究计划重点项目《集聚建设高能级科技创新平台对策研究——基于杭州城西科创大走廊生态化治理的政策建议》（项目编号：2017C25018）的研究成果。

全球科技创新中心是城市功能不断高端化、现代化、区域化和国际化的必然产物。进入新世纪以来，建设有影响力的科技创新中心，正日益成为许多国家和地区应对当前和长远挑战的战略部署。规划建设杭州城西科创大走廊是浙江走创新发展之路的重大战略决策，省委、省政府赋予其"引领全省创新发展的主引擎"的重大使命。科创大走廊欲在新一轮信息产业变革中树立具有全球影响力的标杆，努力建成全球领先的信息经济科创中心，必须置于全球创新、开放、包容、竞争的大环境下，致力于构建优良的"互联网＋创新创业"的"雨林型"创新生态系统，实现省政府工作报告中所提出的"产学研用金、才政介美云"十联动，全面推动基于创新生态化的政府新治理。

一、区域创新生态系统建设的理论基础和发展实践

（一）区域创新生态系统的基本框架

创新生态系统是一个区域的概念，是区域内各种创新主体及创新支撑要素、创新种群、创新群落及其与创新环境之间，通过物质流、能量流、信息流的联结传导，形成共生竞合、动态演化的具有生态系统特征的复杂创新系统，具有多样性共生、自组织演化和开放式协同的基本特征。科创大走廊可视为一个区域性的创新驱动创业的产业生态体系，各种要素能在这里无缝对接、互相融合。依据三螺旋理论中大学、企业、政府三类创新主体在全球科技创新形成过程中的作用，并借鉴创新生态系统理论中各创新主体、要素的特征及创新环境的重要性，区域创新生态体系更加注重多元创新主体之间的互动性、创新链条内的承接性、产业链与创新链的衔接性及与外部环境之间的共生性（如图1所示），其主旨是在可持续发展的理念下促进创新持续涌现，实现高质量的经济增长。

（二）区域创新生态系统的国际实践经验

美国硅谷、英国剑桥、法国索菲亚、以色列特拉维夫等科技创新园区，是目前世界上最顶尖科技创新园区和区域创新生态系统的典型代表。特别是硅谷作为全球最有影响力的科技创新中心和全球高技术产业集群的典型受到了理论界与产业界的高度关注，其成功正是得益于该区域大学与科研机构、风险资本机构、综合服务机构、人才库、创业精神和创业板市场构

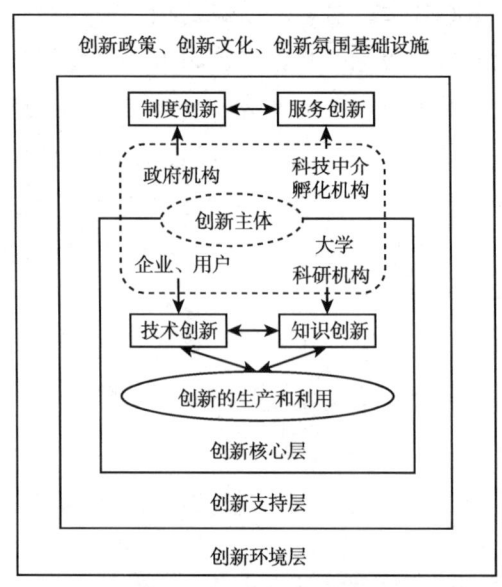

图 1　区域创新生态系统构成要素基本框架

成的独特的创新生态系统。这些典型国际科技创新集聚区生态系统建设的核心要素是良好的创新生态为创新创业提供了持久活力,其基本经验主要包含以下几个方面:一是世界一流大学源源不断地为创新系统网络输送创新人才和知识成果;二是以"引擎"企业为中心构筑了区域创新网络并实现创新种群的不断演化;三是奋发有为的政府为创新系统的形成提供各类规制保障;四是风险投资、专业性服务机构、行业协会等创新支撑要素是创新活动持续稳定进行的催化剂;五是完善的创新基础设施和开放包容的创新文化培育了肥沃的创新土壤。同时从目前区域创新生态系统的发展趋势来看,良好的创新生态要求相应的促进创新生态形成的战略谋划和创新政策支撑体系,强调以创新生态作为政策工具,值得科创大走廊的借鉴。

二、科创大走廊创新生态体系建设的基本架构

"一带、三城、多镇"的空间结构是科创大走廊创新生态系统建设的架构,围绕此基本框架,对标全球一流的科技创新中心建设,高效配置创新要素,大幅激发集聚效应,充分发挥协同优势,建立科学的生态布局。强化大学、科研院所知识创新源头作用,发挥科技城的产业集聚效应和龙头

企业技术创新引领作用,突出特色小镇创新创业孵化作用,通过政策引导及制度安排,实现多元创新主体优势资源的整合,促进创新生态系统健康和谐发展。其中,在创新内涵上,从单一科技创新向跨领域全面创新转变,形成科技、经济、文化高度融合,创新、创意、创业相互交织的综合性创新中心,有机地将浙江本土创新体系纳入到全球创新体系中进行演进和提升;在创新模式上,从单区域独立创新向跨区域协同创新转变,加强科创大走廊与美国硅谷、英国剑桥等国际知名科技创新园区的融合发展,紧密依托自身优势,建设富有竞争力的创新产业集群,最终将科创大走廊打造成全球领先的信息经济科创中心。

(一) 浙江大学创新创业的引领作用

一所世界一流大学往往带动一个创新发展中心,相依相存激发创新动力,形成创新创业生态社区。斯坦福大学强大的科技基础实力与科技精英人才是硅谷创新的灵魂,创新的心脏斯坦福与硅谷形成了彼此协同互惠共生的正向促进效应。科创大走廊区域东部起点的浙江大学应为提升大走廊原始创新能力发挥强大的引领作用,围绕浙江大学优势学科知识外溢形成的产业集群化活动区域,知识、人才、产业与科创大走廊空间互动发展,成为智力要素密集、产业链完整、供给层次丰富、辐射能力强的知识型服务业集聚区。

(二) 三大科技城的产业集聚效应

产业在地理上的集聚,能够对产业的竞争优势产生广泛而积极的影响。产业联系、地理靠近和行为主体互动是产业创新集聚的三个重要特征,其中行为主体互动是最重要的,包括正式的和非正式的相互交易和交流。紫金港(浙大)科技城和青山湖科技城在空间上分别位居科创大走廊的东西两端,未来科技城是科创大走廊中部重要节点,是杭州城西科创产业集聚区的创新极核。三大科技城在整个科创大走廊的产业集聚中处于重要核心地位,应成为科创大走廊带上集聚高端科研资源、打造产城联动的示范区。

(三) 十多个特色小镇承载孵化空间

特色小镇是浙江适应和引领经济新常态的新探索新实践,十多个特色小镇的建设是科创大走廊内富有活力的承载空间,是"大孵化器"、"大加速器"的聚合体。目前梦想小镇、人工智能小镇、云制造小镇、云谷小镇、西溪谷互联网金融小镇等已初见成效，紫金众创小镇定位于师生联合创业的梦工场，将是"环浙大"产业生态集聚的重要载体。未来十多个高新技术产业类的特色小镇将以富有吸引力的创业创新生态成为众多中小微创新创业企业集聚的栖息地，成为科创大走廊生态体系的苔藓和植被。

三、科创大走廊创新生态体系建设中存在的主要问题

科创大走廊创新发展应体现综合集成和引领原创两大特点。一是应具备集成创新能力，能够集成科技与创新资源，建立协同合作机制，大幅度提高自主创新能力，形成具备国际竞争力的战略性新兴产业；二是应具有重大原始性创新能力，以之江实验室、超重力离心模拟与实验装置国家重大科技基础设施等为依托，提出和承担国家战略性的重大科技创新任务，逐步形成引领世界的科技创新能力。但总体看，受开发年限、区位环境、产业类别等因素影响，科创大走廊区域与国内成熟的产业集聚区域相比还有较大的差距。在创新机制和创新水平上，受限于当前经济和科技水平的整体形势，总体上还处于追赶国际领先水平阶段，对标国际一流具有优良创新生态的科创中心的差距还比较大。

（一）创新生态中知识创新的源头比较薄弱

直接表现为在高等教育资源和科研资源上明显不如北京、上海乃至南京、武汉等城市，国家布局的重大科研基础设施较少，高层次创新人才偏少，导致基础研究水平和原始创新能力相对薄弱，知识创新源头对整个创新生态系统的辐射能力减弱，一定程度上影响了科创大走廊创建全球领先的信息经济科创中心的根基和保障。

（二）人才资源与创新创业需求融合需要进一步提升

打造良好的创新人才生态系统是科创大走廊人才战略的现实选择，杭州作为数字经济"引领型"城市之一，在人才的吸引力方面有一定优势，以信息经济为引领的科创大走廊集聚人才效应正逐步显现。但与发达国家和国内一线城市发达的人才优势相比，总体上还相对落后，高端科技人才的总量亟待提升，人才政策与战略性产业规划的耦合性有待增强，对人才的公共服务和平台建设有待提升，对外来人才的开放包容度和国际化人才队伍建设需要提高。

(三) 主动融入国家创新版图的能力有待增强

目前科创大走廊尚未形成以信息经济为依托的成熟的发展机制，区域竞争压力巨大。仅长三角地区而言，上海发展物联网产业，宁波开展智慧城市建设，无锡致力于打造世界领先的传感网基地，信息经济的竞争序幕已经拉开。放眼全国，创新的版图上正崛起越来越多的实力超群的区域，与美国硅谷的差距逐步缩小，且已在发展过程中形成自己的竞争优势，北京海淀、上海张江、深圳南山是目前国内出名的三大科技创新区域。这些"中国硅谷"的有力竞争者，都是杭州城西科创大走廊建设全球领先的信息经济科创中心必须面对的挑战。

四、基于创新生态系统建设的政府生态化治理的对策建议

回溯全球科创中心的演进发展过程，都可以看到政府强有力的支持。以创新生态作为政策工具，从生态系统角度去设计创新驱动发展相匹配的制度是新时代对政府治理的新要求。在一个良好的区域创新生态系统中，政府在提供公共服务方面应具有高出周边环境的效率。科创大走廊应在创新政策方面先行先试，发挥"敢为天下先"的浙江精神，打造全国创业创新生态的最佳"雨林"环境。

(一) 执行激励导向的创新政策，促进创新生态化的政府新治理

创新政策是一种激励，创新政策的激励区别于传统的赶超型经济增长方式下的激励方式，更强调激励动机而非激励结果。基于科创大走廊打造全球领先的信息经济科创中心的战略目标定位，在经济全球化及竞争加剧的时代背景下，政府主体部门需加强开放的意识，激励科创大走廊生态系统中的多元主体通过开放开展合作，促进创新生态的培育和实现；激励创新主体以更加开放的姿态应对市场变化，通过产学研用协同与互补实现创新。决策部门需要研究探索基于生态治理的全生命周期管理，增强对标意识，充分利用大数据和信息技术，统筹结合推演比较和情景模拟，科学高效地开展创新政策的制定、执行、评估、监控和退出等环节。

(二) 营造开放共生的生态环境，加强全球创新要素的集聚吸引

全球有影响力的科创中心，都有着高度开放的创新环境。创新生态系统具备"开放"的基本特性，开放和合作创新已经成为一种必然和必要的

选择。科创大走廊在创新方式上，应加快由封闭式创新向开放共生式创新转变，联合建设高水平、高层次的实验室、工程中心、中试基地、技术转移基地，通过互补性协作，形成持续的创新能力，并逐渐向全球创新体系渗透和融合，主动融入全球创新版图。在全球创新要素的集聚吸引上，政府决策部门要加快政府创新管理的能力迁移，从创新生态的角度重新思考原有管理模式，从培育更具竞争力的创新生态系统着手，提高对承担风险的激励，加强知识产权的保护，抢占先发优势，把握新一轮区域合作和竞争的主动权，有效利用全球信息经济人才、资源和市场。

（三）努力培育本土创新"引擎"企业，引领产业发展升级

以平台经济为代表的信息经济快速兴起，形成全球经济新增长点和发展新模式。科创大走廊以信息经济为引领，其主导地位和特色优势必须一以贯之。现阶段阿里巴巴一支独大，未来要从云计算、物联网、大数据、人工智能、分享经济等新技术、新模式发展中培育壮大更多本土创新"引擎"企业，引领科技产业发展。只有成长出一批以信息技术为引领的世界级的创新"引擎"企业，才真正称得上是全球领先的信息经济科创中心。本土创新"引擎"企业的形成是以大量中小企业的存在为前提的，要给中小微企业足够生长空间，给民营企业更多的阳光和雨露，让大量中小微企业能在自由竞争的环境里自然发展，通过野蛮生长、优胜劣汰的筛选机制，最终孵育出一批拥有自主知识产权和知名品牌、具有核心竞争力的本土创新型龙头企业。

（四）加强生态系统内创新源头的更新力度，增加知识和人才供给

更新力度，指的是生态系统内主导地位升级换代的潜力，尤其是决定系统内价值提供的最关键、最高端、最源头的核心企业与机构的不断涌现。而创新的源头，通常来自世界级的著名研究型大学。对科创大走廊而言，要着力建设一批创新型、研究型大学，强化浙江大学、筹建中的西湖大学的创新引领作用，充分发挥以浙江大学、西湖大学为首的一批高水平研究型大学的创新源头作用，同时克服现有科研院所的不足，重点集聚国内外一流研发机构，加快打造国家级创新平台，强化国际创新联盟，成为国家级科技创新策源地，源源不断地为科创大走廊创新生态系统提供知识源动力和内在驱动力。

（五）提升生态系统内物种配套程度，改善创新生态环境

创新生态系统内物种配套程度，指的是一个生态系统内各类物种的多样性、丰富性与匹配度。可以从纵向产业链条的完善程度、横向相关产业或者业务的丰富性与互补性以及第三方服务配套系统三个方面来看生态系统内不同物种参与者之间的匹配程度。创新生态系统内多样性物种配套程度需要良好的创新生态环境推动创新载体不断提升，需要雄厚的创投资本搭建起精准高效的投融资平台，更需要优质的政府公共服务以及开放、包容的社会氛围和创业文化。